权威·前沿·原创

皮书系列为
"十二五""十三五""十四五"时期国家重点出版物出版专项规划项目

BLUE BOOK

智库成果出版与传播平台

中东欧文化蓝皮书
BLUE BOOK OF CENTRAL AND EASTERN EUROPEAN CULTURE

中东欧国家文化发展报告
（2024）

**REPORTS ON THE CULTURAL DEVELOPMENT OF
CENTRAL AND EASTERN EUROPEAN COUNTRIES (2024)**

中东欧国家的中国文化研究

Research on Chinese Cultural Studies in Central and Eastern European Countries

主　编／茅银辉　蒋　涌
副主编／徐恒祎

社会科学文献出版社
SOCIAL SCIENCES ACADEMIC PRESS (CHINA)

图书在版编目（CIP）数据

中东欧国家文化发展报告 . 2024：中东欧国家的中
国文化研究／茅银辉，蒋涌主编 . --北京：社会科学
文献出版社，2024.12. --（中东欧文化蓝皮书）.
ISBN 978-7-5228-4546-3

Ⅰ . G15

中国国家版本馆 CIP 数据核字第 2024AS1678 号

中东欧文化蓝皮书

中东欧国家文化发展报告（2024）
——中东欧国家的中国文化研究

主　　编／茅银辉　蒋　涌
副 主 编／徐恒祎

出 版 人／冀祥德
组稿编辑／周　丽
责任编辑／徐崇阳
文稿编辑／孙玉铖
责任印制／王京美

出　　版／社会科学文献出版社·生态文明分社（010）59367143
　　　　　地址：北京市北三环中路甲 29 号院华龙大厦　邮编：100029
　　　　　网址：www. ssap. com. cn
发　　行／社会科学文献出版社（010）59367028
印　　装／天津千鹤文化传播有限公司

规　　格／开　本：787mm×1092mm　1/16
　　　　　印　张：17.25　字　数：257 千字
版　　次／2024 年 12 月第 1 版　2024 年 12 月第 1 次印刷
书　　号／ISBN 978-7-5228-4546-3
定　　价／158.00 元

读者服务电话：4008918866

本书为广东外语外贸大学"中国—中东欧人文研究科研创新团队"（项目编号：TD1803）的阶段性成果之一。

本书为广东外语外贸大学区域国别研究院资助的系列蓝皮书之一。

主要编撰者简介

茅银辉 博士,教授,博士生导师。广东外语外贸大学区域国别学院(国际关系研究院)院长、外国文学文化研究院院长兼非通用语教学与研究中心主任、中东欧研究中心主任,教育部外语教学指导委员会非通用语分委员会委员,广东省外国文学学会理事,中国外国文学学会比较文学与跨文化研究会理事,中国—中东欧国家智库交流与合作网络理事,中国欧洲学会中东欧研究分会理事。主要研究方向为波兰文学、中东欧区域国别、中外比较文学等。出版专著、译著、编著10余部,主持国家级项目2项,独立承担或参与省部级项目近10项。两次获得全国非通用语科研成果一等奖。曾因与波兰高校的科研合作成果突出,两次获得波兰罗兹大学颁发的"校长奖章"。获波兰总统亲授的中波友谊功绩勋章"波兰共和国骑士十字勋章"。

蒋 涌 经济学博士,外国语言文学博士后,教授。广东外语外贸大学研究生院副院长,中东欧研究中心副主任。主要研究方向为中东欧研究、语言经济学。发表论文近20篇,其中核心论文近10篇、国际论文8篇。参编教材2部,获得教学成果奖2项。主持国家社科基金项目1项,教育部项目1项,省级项目4项,参与多个国家级(含省部级)项目。

徐恒祎 博士研究生,讲师。广东外语外贸大学区域国别学院(国际关系研究院）塞尔维亚语及克罗地亚语专业教师。主要研究方向为巴尔干地区外交、社会与文化。翻译《汉语塞尔维亚语大数据百科术语辞典》《外教社克罗地亚语英语汉语图解词典》《汉语800字：波斯尼亚语版》等词典多部。

摘　要

　　本书的研究主题是"中东欧国家的中国文化研究"。在"一带一路"倡议持续深入和中国—中东欧国家合作机制不断深化的新发展格局下，中国文化在中东欧国家的传播持续升温，研究中国文化在中东欧国家的传播意义逐渐凸显。通过梳理中国文化在中东欧国家的传播历程和特点发现，依托"一带一路"倡议和中国—中东欧国家合作机制，中国文化在中东欧国家的传播形式多样、亮点纷呈，整体呈现中方主动传播、中东欧国家积极推进，兼具中外汇聚合力、官方多部门联合、民间广泛参与的特点，在汉语教育、文学译介、学术研究、双边对话等多维度取得显著成效，硕果累累。此外，中医药、武术等国粹也走进中东欧文明的"百花园"，贡献中国智慧、传递中国理念。通过梳理研究也发现，由于汉学在中东欧各个国家的起步时间不一，中东欧部分国家尚未创建专门的学术期刊或研究所，存在缺乏本土汉语教材的问题，本硕博一体化的汉语人才培养体系也亟待完善。因此，双边、多边仍需积极谋求紧密合作，打破地域、学界、机构层级的限制，推动中国文化在中东欧国家稳步、健康、快速发展。

关键词： 中国—中东欧国家合作　文化国际传播　中国文化　海外传播

目　录 ◁

Ⅰ　总报告

B.1　东方风来拂百芳：中国文化在中东欧国家的传播

　　　　………………………………… 茅银辉　冯宝蕙 / 001

Ⅱ　分报告

B.2　阿尔巴尼亚的中国文化研究报告 ………………… 冯　越 / 013

B.3　波斯尼亚和黑塞哥维那的中国文化研究报告 ………… 王晓伊 / 029

B.4　保加利亚的中国文化研究报告 ………………………… 刘帅杰 / 046

B.5　克罗地亚的中国文化研究报告 ………………………… 徐恒祎 / 061

B.6　捷克的中国文化研究报告 ……………………………… 高晓潼 / 080

B.7　希腊的中国文化研究报告 ……………………………… 凌海慧 / 098

B.8　匈牙利的中国文化研究报告 …………………………… 王梦圆 / 118

B.9　波兰的中国文化研究报告 ……………………………… 梁小聪 / 140

B.10　罗马尼亚的中国文化研究报告 ……… 唐妍彦　贾晓泽　郑明明 / 178

B.11　塞尔维亚的中国文化研究报告 ………………………… 马曼露 / 198

B.12 斯洛伐克的中国文化研究报告 ················· 黄敏颖 / 210

B.13 斯洛文尼亚的中国文化研究报告 ········· 蒋 涌 谢毓玮 / 228

后 记 ·· / 245

Abstract ··· / 247

Contents ·· / 249

皮书数据库阅读**使用指南**

总 报 告

B.1

东方风来拂百芳：中国文化在
中东欧国家的传播

茅银辉　冯宝蕙*

摘　要： 在"一带一路"倡议持续深入和中国—中东欧国家合作机制不断深化的新发展格局下，中国文化在中东欧国家的传播持续升温。政府、高校、汉学家、学术机构、民间协会等多元主体协同发力，畅通中国与中东欧各国的文化交流渠道，深入挖掘双边、多边合作的众多契合点，着力推动高质量成果在汉语教育、文学译介、学术研究、交流平台构建等多领域的产出。此外，中医药、武术等国粹也走进中东欧文明的"百花园"，贡献中国智慧、传递中国理念。中国文化在中东欧国家的广泛传播，在巩固彼此传统友谊的同时，为中国与中东欧国家的人文交流与合作注入了新动力，谱写了文明互鉴新篇章。

---

* 茅银辉，博士，教授，博士生导师，广东外语外贸大学区域国别学院（国际关系研究院）院长、外国文学文化研究院院长兼非通用语教学与研究中心主任、中东欧研究中心主任，主要研究方向为波兰文学、中东欧区域国别研究、中外比较文学等；冯宝蕙，广东外语外贸大学区域国别学院（国际关系研究院）欧洲语言文学专业硕士研究生，主要研究方向为波兰文学。

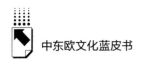

关键词： 中国文化 中东欧国家 海外传播

中国与中东欧国家的友谊源远流长、历久弥新。回望历史，中华文明和古希腊罗马文化圈的最初接触得益于"丝绸之路"的开辟。13 世纪，波兰人本尼迪克特的蒙古之行为西方打开了对东方的认知视野。随后，在马可·波罗的中国之行及其口述成书的游记的影响下，欧洲掀起了一股"中国热"，大批中东欧国家的传教士、商贾、探险家等纷纷来华，他们为中国文化在欧洲的早期传播奠定了基础。明末至近代时期，伴随"西学东渐"思潮，双边文化交流走向更深层次，包括科学、技术、文学等各个领域的内容。放眼现代，双方赓续传统友好合作，文化交流继续走深、走实。新中国成立后，中东欧国家是最早与我国建交的一批欧洲国家。基于对古代丝绸之路的传承和延续，2012 年中国—中东欧国家合作机制启动，2013 年中国提出"一带一路"倡议，中东欧国家积极响应并参与共建，双边合作规模不断迈上新台阶。依托以上历史和现实背景，中国文化在中东欧国家的传播不断出新出彩。目前，汉学专业已陆续在中东欧各国大学正式设立，汉语教学及汉学研究不断发展，涌现一大批积极为双边人文交流做出重要贡献的汉学家。凝结中华民族思想智慧的中医药、武术等在中东欧国家遍地开花，优秀经典著作也被源源不断地引入中东欧各国，"译"路芬芳。在传播主体上，官方与民间协力共进，开辟多元新路径，推动中国文化更广泛、更持久地在海外传播。当前，双方人文交流与合作已取得丰硕成果，中国文化在中东欧国家的传播呈现以下特点。

一 政府与社会群策群力，搭建多元交流平台

围绕"一带一路"倡议和中国—中东欧国家合作机制，依托强有力的顶层设计的支持，中国与中东欧各国共同擘画深化合作的宏伟蓝图，打造跨区域文化交流平台。从整体来看，双边政府与社会是实现深化交流的重要

"两翼"，在协会建立、文学交流、汉语教育等多方向努力建设传播中国文化的平台，群策群力、双向促进，开启深化交流与合作之窗，形成多元、立体的交流路径。

"政府主导、官方推进"的传统模式能够为双方文化交流提供切实可行的路径与方向，有力、有效地提高中东欧各国对中国文化的关注度，助推中华文化海外传播行稳致远。全球首个"中国图书中心"正是在中国国务院新闻办指导下，由中国外文出版发行事业局与波兰华沙社会学与人文科学大学联合建立，于2016年在波兰华沙社会科学与人文科学大学东亚研究中心落成，这是国际传播工作统一部署、统筹协调的重要体现，也是中波两国人文交流的重要成果。中希文明互鉴中心的成立同样离不开国家与政府层面的推动，中国和希腊自建交以来保持最高级别双边对话，2019年习近平主席对希腊进行国事访问期间与希腊领导人共同倡导文明交流互鉴，为国际社会树立文明互鉴样板。中希文明互鉴中心的成立是习近平主席亲自推动两国对话交流的重要成果，体现政府把舵领航、多机构合力共促的特点。在中希两国教育部和中国驻希腊大使馆积极推动、四所希腊高校和四所中国高校携手共建下，中希文明互鉴中心最终在希腊落成。双边高校依托该中心在学生联合培养方面进一步深化合作，谱写了中希合作新篇章。保加利亚的索非亚中国文化中心、罗马尼亚的布加勒斯特中国文化中心、尼山世界儒学中心波黑莫斯塔尔大学分中心等交流平台的成立也同样离不开政府的努力。

非政府层面的民间交往也是双边人文交流与合作不断深化的重要路径。近年来，中外学校、非政府组织等民间力量具有强烈的交流意愿，它们紧抓中国—中东欧跨区域合作契机，在各个领域积极开展创造性合作。例如，在文学联系上，布达佩斯中国文化中心和裴多菲文学博物馆联合开展文学交流活动，密切中匈读者间的互动；在学术对话上，河南大学与爱琴大学的紧密合作成为中希文明互鉴的重要一环，而双方共建的研究中心则为中希两国的跨学科研究与互动提供了平台。在中国与中东欧国家的民间交流持续升温的过程中，华侨华人的作用也十分突出，多个华人文化团体在中东欧国家创办，积极推动中国文化的对外传播。

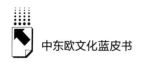

二 汉语教育跨越式发展，助力中国文化传播

语言是文化交流的重要桥梁，而汉语教育本身就兼有语言教学与文化教学的特点，因此汉语教育在海外的蓬勃开展，对增强中国文化的传播力、影响力具有重要意义。目前，汉语教育已被纳入波兰、捷克、斯洛伐克、匈牙利、斯洛文尼亚、波黑、塞尔维亚、罗马尼亚、保加利亚、希腊等多个中东欧国家的国民教育体系，在数量和质量上实现了大幅提升，办学层次、培养框架日臻完善与成熟。汉语水平考试、商务汉语水平考试、"国际中文教师证书"等考点的设立也推动中东欧国家的汉语教育走上规范化的发展道路。

汉语教育在中东欧国家的生根发芽离不开中方的积极推动。保加利亚是新中国成立后首批向国外派遣汉语教师的汉语教学点之一，当时北京大学的朱德熙教授被派往索非亚大学教授汉语，并与旅保学者共同编写汉语教材，为保加利亚培养了第一批汉语人才。起初，塞尔维亚贝尔格莱德大学仅以文化讲座、选修课程等"附加形式"将汉语教学引入高校课堂，并没有开设专门的汉学专业。在中国对外汉语界著名学者刘珣的帮助下，该大学转变了汉语教学形式，设立了中国语言文学专业。

目前，中东欧各国的高校、孔子学院及孔子课堂都是汉语教育的主阵地，多层次、多样化的教学体系为汉语教育在中东欧国家的长期繁荣提供了持续稳定的保障机制。具体而言，在课程设置上，中东欧国家多所高校重视汉语语言教学与中国文化理解并举，提升汉语学习者的跨文化理解能力，加速中国文化的传播。以保加利亚索非亚大学汉语专业为例，其本科开设的语言课程传统与当代、理论与实践并重，开设的文化课程细分为中国历史、文学史、政治体系、古代哲学、书法艺术史、民俗学等。在办学层次方面，波兰的华沙大学、捷克的帕拉茨基大学、匈牙利的罗兰大学、斯洛文尼亚的卢布尔雅那大学、波黑的东萨拉热窝大学、塞尔维亚的贝尔格莱德大学、罗马尼亚的布加勒斯特大学、保加利亚的索非亚大学现都已建立起学士、硕士、博士三级汉语人才培养体系，这些高校均在各国国内名列前茅，共同打造汉语教育高地，源源不断地为传播中国文化提供新生力军。

近年来，双语学校的发展也越来越快，斯洛伐克的米库拉斯·科瓦奇中学为学生提供多门主科的中斯双语教育支持，并实施高强度的汉语课程学习，为双语人才的培养保驾护航。中东欧国家的汉语教育还呈现向低龄化倾斜的特点，在这一层面上塞尔维亚政府积极谋篇布局，2011 年塞尔维亚教育部出台的《塞尔维亚中小学开设汉语教学的试点方案》、2012 年《塞尔维亚共和国中小学开设汉语课试点合作备忘录》的签署推动了塞尔维亚汉语教育中小学化的发展。此外，斯洛伐克、匈牙利、斯洛文尼亚、波黑等国的多所孔子学院还积极在幼儿园开设汉语教学点或汉语课程，中东欧国家汉语学习者低龄化趋势显著。另外，商务汉语的发展在中东欧国家也得到深入推进，如希腊的雅典商务孔子学院、斯洛伐克的马杰伊·贝尔大学商务孔子学院均以商务教学为特色，致力于培养从事各类商务活动的汉语专门人才，促进中国与中东欧国家的商务交往。

与此同时，中国与中东欧国家的汉语教育交流愈盛，"东西结合""中外互换"的合作模式为汉语在海外的发展注入新活力。一方面，跨区域校际合作走向深化，多个汉语教学点由中国与中东欧国家高校协同创立，目前波兰、斯洛伐克、匈牙利、波黑、塞尔维亚、捷克、罗马尼亚、希腊等国的多所孔子学院都依赖于中外高校的强强联合。此外，中国与中东欧国家还在合作办学上相互借力，快速实现合作对接、经验互鉴。目前，越来越多的波兰高校与中国各大高校、社科院等共同设立相关政法类院系，围绕中国政治文化、法律文化等领域开展人才培养和科研工作。另一方面，中东欧国家的多所高校积极谋求与中国高校的深化合作，逐步开展交换访学、联合培养等一系列学生交流项目，这有力地推动了汉语教育资源交流共享，拓宽了汉语人才培养渠道。

三 翻译与专著并驾齐驱，共叙中国古今文化

中华经典蕴含着中华民族优秀文化和精神内核，推动中华优秀文学作品

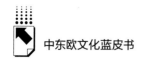

的对外译介是向中东欧国家讲好中国故事、传播中国声音、阐发中国精神、展现中国风貌的重要途径。当前，中华经典在中东欧国家的译介不再局限于古典文学名著、当代作家作品、新时代中国理论思想等范畴，而这一系列的成果离不开中方的"主动传播"和域外的"积极引介"双重驱动。

中方的"主动传播"体现在中方政府积极拓展与中东欧各国的合作渠道，加强中国文化海外传播能力建设，推动中国文学"走出去"。在中国政府的大力推动下，丝路书香工程项目在保加利亚顺利开展，承接该项目的中国外语教学与研究出版社联合所在国的东西方出版社，不断推介中国优秀作品在海外出版。目前，《习近平谈治国理政》等众多著作已在保加利亚付梓面世，并实现实质性的传播。

域外的"积极引介"也是大量中华经典走进中东欧国家的重要推力之一。从近几年中东欧国家对中华经典译介的情况来看，数量和规模与日俱增，古典文学、现代文学、古代哲学、中医药等多个领域都是译介的重要对象。值得关注的是，中国多部学术前沿著作也在对外译介的名单之中，其中包括朱永新的《滥觞与辉煌：中国古代教育思想史》、厉以宁的《中国经济改革发展之路》、杨朝明的《儒学精神与中国梦》等学术精品。波黑的《中国之声》杂志则另辟蹊径，其文化概况类文章多译自新华社、《中国日报》等中国官方媒体，这有利于在海外展示真实、立体、全面的中国形象。

此外，中东欧国家还有一部分译介作品是由其他国家对中国文化的研究专著转译而来的，仅2021年捷克就先后翻译了英语的《丝绸之路：一部新的世界历史》、意大利语的《利玛窦——在中国的耶稣会士》。这些中外优秀研究成果的译介，在提升中国文化影响力的同时，能拓展中东欧国家研究中国文化的视域与方向，弥补当前中东欧国家中国文化研究的空白。与此同时，中东欧国家编译的专著也硕果累累，这可以看作中东欧各国对中国文化的自主再思与"内化"接受，实现中国文化"走出去"到"走进去"的过渡。由希腊哲学家撰写的专著《希腊与中国古代哲学思想平行比较》直接将中希多位哲学大家的思想对标分析，实现两国文化跨区域、跨时空的交流，而这一专著也被引入中国出版，中希两国还积极推动围绕该专著合拍纪录片。因此，这一过程相当于中国古代哲学思想被推介到希腊后，希腊学者寻找两国智慧间的契合点进行拓展创作，最终又以多元译释、平等对话的方式进入中国学界。这不仅有助于中希两国更好地理解本国哲学先贤之大成，还推动两大古老文明在交流互鉴中互促共进、协同发展，是向世界呈现文明对话的新范式。

四　融通中国国粹，架起增进友谊的桥梁

中华优秀传统文化博大精深、源远流长，中医学说、戏曲艺术、武术太极、书法篆刻等无一不是中国文化的璀璨明珠，它们蕴含着中华民族传承千载的智慧与创造力。随着中国与中东欧国家人文交流的持续深入，中国国粹也在海外绽放光彩、备受青睐，彰显中国特色、中国风格和中国气派。

当前，中医药文化在中东欧多国的影响力和认可度持续提升，其在当地的传播交流途径不断推陈出新。在学术教育层面，匈牙利、希腊等国积极开展高端中医学术交流，为中医药文化在中东欧国家的发展搭建良好的教育学习平台。佩奇大学中医孔子学院是由匈牙利佩奇大学与中国华北理工大学联合成立的，该孔子学院开设了专门的中医类学科专业。希腊和斯洛伐克也协同中国的医药大学，以"中文+中医药"的传播策略吸引更多海外受众，为中医药文化推广提供新的发展机遇。除了特色的孔子学院，当地与中医药相关的交流中心或协会也是保障中医药文化持久活跃于中东欧国家的主力军之一。这些交流中心或协会向中东欧国家的民众积极推广针灸治疗、推拿按摩、中药调理、养生功法等中医疗法，是中东欧国家中医药文化研讨会、论坛等交流活动的主要发起者。它们还联动中国多所医院与研究所进行跨国合作，从而推动中医药的广泛使用，因而对中医药文化在中东欧国家的深入发展有着举足轻重的意义。除此之外，现已有多部中医药典籍和前沿学术成果被翻译成波兰语、希腊语、匈牙利语、保加利亚语、塞尔维亚语、斯洛伐克语等，让中东欧国家的民众更加了解中医药文化。中医药文化架起了中国与中东欧国家友谊的桥梁，并在多国取得显著的传播成效。目前，波兰已开设

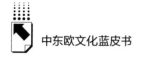

多家中医药机构，为患者提供传统的中医治疗，而中医针灸疗法现已被保加利亚数家医院引入使用，这在增强中医药文化的吸引力、感召力的同时，为当地的卫生健康事业贡献了中国智慧。

作为中国文化的鲜明符号之一，中国武术同样在中东欧国家深受追捧，以"武"为媒加强了中国与中东欧国家文化和体育合作。现今武术、太极、气功等在中东欧国家不断焕发活力，满足了人们对武术文化的多层次需求，而它们的持续发展主要依赖于当地的综合性或专业性民间机构。保加利亚武术协会、希腊武术功夫协会、斯洛伐克中国武术协会均为中东欧国家成立的专业性武术协会，并得到所在国体育局的承认。为传播中国武术文化，这些专业性武术协会在中东欧国家着力打造国际精品赛事，组织开展武术培训，并且通过专题讲座和研讨会等宣讲方式扩大中国武术文化的辐射范围。希腊武术功夫协会还创新理念，将残障人士纳入武术训练和比赛中，以新内涵、正能量赋能中国武术文化的海外发展。此外，波兰武术协会、捷克的秦明堂国际武术中心、塞尔维亚的诺维萨德"老虎"武术俱乐部等组织以"遍地开花"的势头，大力推动中国武术在中东欧国家落地生根。

中国国粹弘扬正当时，中国书画、茶艺、音乐、烹饪、龙舟文化等也纷纷走出国门。高校、孔子学院是中华传统文化推广的重要阵地，如波兰克拉科夫孔子学院会定期开展书法、剪纸、汉服等中国文化主题活动，并通过会议、讲座、研习班、工作坊、文化体验活动等形式，全方位、立体化、多角度地呈现中国文化的瑰宝。中东欧多国还陆续建立中国特色的综合性机构，通过"以点带面"的方式，将中国优秀文化推广和传播到更多的地方。譬如，由中外合作筹办的"中保丝路学院"为保加利亚民众提供文化艺术相关培训，首期培训内容就包括了中国舞蹈、中国美食、中国书法三大板块。整体而言，丰富、立体的中国形象正呈现给中东欧国家的民众，并力图与他们进行零距离的交流互动。

五 汉学大家群星璀璨，传递中国文化最强音

汉学家是中国文化海外传播的重要使者，中国形象的初步建构依赖于他

们的推介，因而汉学家对促进双边文化交流、推动多元文明理解发挥着重要作用。中东欧国家的汉学大家群星璀璨，中国文化在域外教育、翻译、研究等多个领域的纵深发展，与这些汉学家的努力是密不可分的。

在教育层面，众多汉学家长期从事汉语教育工作，培养了一批批中国文化研究者和文学翻译人才，对中东欧国家的汉语教育发展做出了卓越贡献。捷克查理大学、捷克帕拉茨基大学等多个汉语教学点的开设都离不开所在国的汉学家的推动。而现在中东欧国家的汉语教育已逐步走向成熟，各高校汉语教学点的带头人都是汉学研究领域的领军人物，他们积极为汉学专业学生开设中国哲学史、宗教史、艺术史、政治体系等专题课程，拓宽学生进行汉学研究的视野和格局，培育众多高质量双语人才。而这些新生力量又在老一辈汉学家精神的引领下，继续为中东欧国家的汉学发展贡献力量。

在中国文学对外传播的历程中，汉学家功不可没。汉学家能够将大量的中国文学经典作品直接从中文翻译成中东欧各国家语言，并以隽永精妙的译文，将"原汁原味"的中华经典作品淋漓尽致地展现给中东欧国家的读者，其中相当大一部分还是开拓性的首译。从《诗经》、四大名著等古代经典读物到鲁迅、梁启超等近代文豪的著作，再到诺贝尔文学奖得主莫言、科幻作家代表刘慈欣等当代作家的作品，都通过汉学家的译介走进中东欧国家，中国文学的基本概貌也随之被勾勒。在汉学家辛勤笔耕之下，保加利亚、塞尔维亚、希腊、波兰、斯洛文尼亚等国自编的汉语教材相继问世，大大丰富了中东欧国家汉语学习者的学习资源。与此同时，他们对双语词典、语法指南、谚语集等中文工具书的编译工作倾注了大量心血，成果斐然。

凭借出色的语言能力、多年的历史文化积累以及对中国文化的慧识卓见，汉学家聚焦中国政治、经济、文学、哲学等多个主题，孜孜不倦地进行求真和延展，将鞭辟入里的分析结集成册出版了《中国外交——历史和精神根源》《以〈诗经〉为基础的中国古代民歌韵律之臆测》《中国媒体关于21世纪初中国社会和文化变迁的报道》《与孔子茶话》《新征程：习近平新时代》等多部研究专著。一些杰出的汉学家还致力于创办专门的汉学研究杂志，让中国文化在更高水平、更深层次上对外传播。塞尔维亚第一份且至今

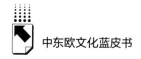

唯一一份汉学杂志《贝尔格莱德孔子学院年刊》就是由汉学家创办的,该刊物开设了多个有关中国对外交流的栏目,吸引更多塞尔维亚学者对中国文化的关注与探讨。除了出版专著以外,汉学家对中国文化的学术深耕还体现在期刊论文中。部分汉学家同时兼顾外交家的身份,如曾任波兰驻华外交官的爱德华·卡伊丹斯基,不仅献身外交事业,还长期从事汉学研究,出版了《明王朝的最后使者卜弥格传》等著作,为中波文化交流增添了重要史料。

事实上,每一位汉学家对中国文化的研究侧重点各有不同,仅 20 世纪的匈牙利汉学圈就已涉及中国古典文学、中国古典哲学、中国现代文学、中国戏曲等,他们各展其才,互为补充,不断完善中东欧国家视角下的中国文化版图。

六 汉学研韵满庭芳,中国文化在中东欧国家钩沉不断

植根于传统汉学,中东欧各国的汉学研究网络日臻完善、研究领域不断拓宽、科研队伍日益壮大,使中东欧国家的中国文化研究往更深、更广、更优的方向推进。

中东欧各国已建立多家专门研究中国文化的机构,部分还是由政府发起或主导的官方机构。捷克斯洛伐克东方研究所的研究经费来源于时任总统,而东方研究所现已隶属于捷克科学院。该研究所成立以来,汉学研究范围持续扩大,由过去的中国历史与文学拓展到中国的政治、文学、社会、民族等诸多主题。此外,该研究所重视加强与中国学术界的对话与交流,现已与四川大学、台湾"中研院"展开合作。中东欧国家还积极打造权威性高、影响力大、专攻性强的中国文化研究平台。匈牙利的罗兰大学远东研究所优化研究人才资源配置,建立罗马世界与远东研究团队、丝绸之路研究团队、佛学研究中心三大高水平队伍,明确每个团队的研究目标和工作任务,聚焦所在领域的重点、难点、热点问题,推动研究提质升级。

为扩大中国文化学术研究影响、营造学术交流氛围,中东欧国家的众多高校、孔子学院和研究机构建立常态化学术交流机制,积极参与或争取举办

国内及国际性的学术会议。保加利亚大特尔诺沃大学孔子学院每年都会召开"中国与中东欧政治、经济、文化关系"国际学术研讨会，与会学者围绕中国多方面议题展开探讨，孔子学院最终还会将研讨会的学术交流成果以会刊的形式公开出版。除此以外，亚洲年会、中国—希腊环境与文化国际学术论坛、中希经贸论坛、"丝绸之路"国际学术研讨会等也为中东欧各国的汉学研究搭建起高水平的交流平台，汇聚学术合力，推动互学互鉴。

涉及中国文化研究的学术期刊也是汉学研究与发展的重要依托，其创办者主要为高校和研究所，这些期刊在介绍中国文化海外传播前沿成果的同时，展现了各国汉学研究的不同旨趣。匈牙利的《远东研究》仅在最近五年就刊登和转载了四十余篇关于中国的论文，涵盖古代哲学、汉语教育、翻译学等方面，而该国的另一本期刊《匈牙利科学院东方学学报》则主要关注古代文献及文物的历史研究。相较而言，捷克的相关学术期刊的研究主题包括中国民族、影视作品、国际关系、语言学等。尽管这些期刊大部分以"东方"、"亚洲"或"远东"为研究对象，并非只专注于中国或者汉学研究，但有关中国的学术文章仍然数量相当，并且主题广泛。此外，部分学术期刊还有中国顶尖学者的参与，大大提高了学术期刊的质量，如波兰的《格但斯克东亚研究》《哥白尼文学》等多本学术期刊均有中国专家担任外籍编委或学术顾问。

结　语

通过梳理中国文化在中东欧国家的传播历程和特点发现，依托"一带一路"倡议和中国—中东欧国家合作机制，中国文化在中东欧国家的传播形式多样、亮点纷呈，整体呈现中方主动传播、中东欧国家积极推进，兼具中外汇聚合力、官方多部门联合、民间广泛参与的特点，在汉语教育、文学译介、学术研究、双边对话等多维度取得显著成效，硕果累累。与此同时，中医药、武术等国粹为双边交流赋予新内涵，成为维系中国和中东欧国家感情的强劲纽带。在中国文化对外传播的过程中，中国与中东欧国家积极谋求

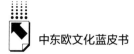
合作新空间，院校协作、图书互译、联合研究等日益成为中外交流新常态，构建了多元互动、合作共赢、互学互鉴的交流格局。

然而，中东欧各国在中国文化研究上的步调并不一致。由于各国的汉学起步时间不一，部分国家尚未创建专门的学术期刊或研究所，存在缺乏本土汉语教材的问题，本硕博一体化的汉语人才培养体系也亟待完善。因此，双边、多边仍需积极谋求紧密合作，打破地域、学界、机构层级的限制，推动中国文化在中东欧国家稳步、健康、快速发展。总体而言，中国与中东欧各国正不断朝着更宽领域、更深层次、更高水平的方向开展合作，为中国文化"走出去"提供有益借鉴。中国和中东欧国家也将继续携手共创美好未来，实现文化互联互通之美。

分 报 告 ┗┓

B.2
阿尔巴尼亚的中国文化
研究报告

冯 越*

摘 要： 中阿关系历史悠久，阿尔巴尼亚对中国文化的研究早在 20 世纪
五六十年代就已经起步，而后几十年间，随着双边关系的发展呈现新的变
化。本报告聚焦阿尔巴尼亚的中国文化相关研究，从阿尔巴尼亚的汉语教
学、有关中国文化研究的出版物、阿尔巴尼亚汉学家、从事中阿文化交流的
阿尔巴尼亚民间组织、有关中国的学术及文化交流活动等方面着手，梳理阿
尔巴尼亚关于中国文化研究的历史与发展脉络，以期为未来促进中阿文化交
往提供参考。

关键词： 阿尔巴尼亚 中国文化 图书译介 文化交流

---

* 冯越，北京第二外国语学院欧洲学院阿尔巴尼亚语专业教师，主要研究方向为阿尔巴尼亚语
言文学、阿尔巴尼亚与中东欧研究。

虽然阿尔巴尼亚与中国远隔万里，但早在公元前 4 世纪，阿尔巴尼亚人的祖先伊利里亚人就曾与中国有过交往。[①] 1886 年，阿尔巴尼亚民族复兴时期著名诗人、作家纳依姆·弗拉舍里在历史书中这样介绍中国："公元前 500 年，他们的哲学家孔子提出了信义。中国人至今仍像四千年前一样，保留着他们那时起就有的文明、习俗、信仰，以及语言和文字。"[②] 阿尔巴尼亚尽管早已对中国有所了解，但对中国文化的研究直至 1949 年两国建交之后才真正起步。本报告通过梳理阿尔巴尼亚的汉语教学、有关中国文化研究的出版物、阿尔巴尼亚汉学家、从事中阿文化交流的阿尔巴尼亚民间组织、有关中国的学术及文化交流活动等，呈现阿尔巴尼亚关于中国文化研究的历史与发展脉络。

一 阿尔巴尼亚的汉语教学

阿尔巴尼亚的汉语教学在 20 世纪 60 年代已经起步，当时的国立地拉那大学（1994 年更名为地拉那大学）历史语文学系开设了汉语相关课程，1967 年 9 月至 1970 年夏，由中国知名文艺理论家、当时作为汉语教师被公派到阿尔巴尼亚的童庆炳先生负责讲授"现代汉语""中国古典文学"等课程。[③] 20 世纪 70 年代后期，受双边关系影响，阿尔巴尼亚的汉语教学一度中断，直至 2009 年地拉那大学再次开设汉语学习班。[④] 目前，阿尔巴尼亚的汉语教学仍以地拉那大学孔子学院及其开设的汉语教学点为主。

（一）地拉那大学孔子学院[⑤]

阿尔巴尼亚地拉那大学孔子学院成立于 2013 年 11 月 18 日，是阿尔巴尼亚第一所，也是目前唯一一所孔子学院，由地拉那大学与北京外国语大学共建。

---

① 陈逢华、靳乔：《阿尔巴尼亚文化教育研究》，外语教学与研究出版社，2021，第 246 页。
② Naim Frashëri, *Istori e përgjtheshme për mësonjëtoret të para* (Shtypshkronja e Shoqërisë "Dritë", 1886).
③ 《莫言导师童庆炳：曾被强令辍学 1963 年到越南任教》，中国新闻网，2015 年 6 月 30 日，https://www.chinanews.com.cn/cul/2015/06-30/7375409.shtml。
④ 陈逢华、靳乔：《阿尔巴尼亚文化教育研究》，外语教学与研究出版社，2021，第 259 页。
⑤ 本部分内容整理自 2024 年 6 月与地拉那大学孔子学院中方院长郑保国的访谈。

截至 2024 年 6 月，在地拉那大学孔子学院任教的有 4 名中国教师，其中包括 3 名全职任课教师及 1 名国际中文教育志愿者，另有 3 名阿尔巴尼亚教师参与授课。

从招生类型来看，地拉那大学孔子学院目前主要面向当地招收社会学员，另有部分大学生和中小学生参加课程。孔子学院主要针对汉语水平考试（HSK）和汉语水平口语考试（HSKK）开设综合课程和口语课程，学生通过考试后有机会申请中方奖学金到中国交换学习。

从办学规模来看，地拉那大学孔子学院正式成立后，除在孔子学院本部开展教学外，还在地拉那、都拉斯、发罗拉、科尔察、爱尔巴桑等地的大学设立汉语教学点，通过线上、线下等方式授课，但近年来受新冠疫情等因素影响，开课班次并不稳定。与此同时，孔子学院正逐步探索与地拉那大学经济系和外语系合作开设基于内容的商务汉语等学分选修课，以及与当地中小学合作开设中文课堂，吸收更多青少年学员。

截至 2023 年，地拉那大学孔子学院累计入学人数超 6000 人。阿尔巴尼亚学者玛尔塞拉·穆萨贝利乌曾将阿尔巴尼亚的汉语学习人数与高等教育入学人数进行比较，认为"接受汉语教育的学生，在阿尔巴尼亚学生群体中占有相当的比例"。[1]

从中国文化活动的举办来看，地拉那大学孔子学院自 2017 年起每年连续举办"汉语桥"世界大中小学生中文比赛阿尔巴尼亚赛区系列比赛。此外，2022 年，地拉那大学举办中国语言与文化冬令营，通过中国文化系列讲座、实地考察在阿中资企业等形式开展活动。[2] 2024 年，地拉那大学孔子学院主办"联合国中文日"活动，邀请中国驻阿使馆、地拉那大学等机构代表参加。

（二）其他汉语教学点

除地拉那大学孔子学院外，阿尔巴尼亚部分中小学、国际学校和语言培

---

[1]　玛尔塞拉·穆萨贝利乌：《阿尔巴尼亚孔子学院：在教育中分享人文经验》，胡子淇译，中国—中东欧研究院，2022。

[2]　《周鼎大使出席中国语言与文化冬令营结业仪式》，中华人民共和国驻阿尔巴尼亚共和国大使馆网站，2022 年 6 月 7 日，http://al.china-embassy.gov.cn/chn/zagx/zajw/202206/t20220607_10699710.htm。

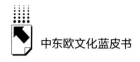
训机构也开设了汉语课程。据统计，曾有 1 所小学、2 所初中和 2 所高中与中国驻阿使馆合作开设中文课堂，有 1 所国际学校开设汉语选修课并计入学分，另有多家语言培训机构开设汉语课程。①

二 有关中国文化研究的出版物

（一）中国文学作品翻译

1. 20 世纪 50~70 年代

20 世纪 50 年代，阿尔巴尼亚已经开始译介中国文学作品，并在 60 年代进入高峰。一方面，阿尔巴尼亚国家图书馆在此期间大批量采购中文原文书籍，童庆炳先生在任教期间，就曾协助阿尔巴尼亚国家图书馆编目上架这些中文图书。② 另一方面，1950~1976 年，阿尔巴尼亚译介出版了中国文学作品共计 64 部，印刷量共计 51 万册。③ 这些译作主要包括小说、诗歌、戏剧和儿童文学等，兼具中国古代和现代文学经典（见表 1）。

表 1　20 世纪 50~70 年代在阿翻译出版的部分中国文学作品

中文(译)名	作者	译者	在阿出版年份
《王贵与李香香》	李季	阿尔奇·克里斯托	1953
《中国中短篇小说集》	鲁迅、郭沫若、赵树理、孙犁、刘绍棠等	—	1955
《鲁迅选集》	鲁迅	齐米特尔·巴斯科	1957
《夏天的一夜》	茅盾	韦达特·科科纳	1957
《童话故事》	叶圣陶	哈米特·科卡拉里	1958

---

① 董洪杰、李蓓蕾：《阿尔巴尼亚中文教育发展现状研究》，《国际中文教育》（中英文）2022 年第 1 期，第 89 页。
② 《莫言导师童庆炳：曾被强令辍学 1963 年到越南任教》，中国新闻网，2015 年 6 月 30 日，https：//www.chinanews.com.cn/cul/2015/06-30/7375409.shtml。
③ 陈逢华、靳乔：《阿尔巴尼亚文化教育研究》，外语教学与研究出版社，2021，第 247 页。

续表

中文(译)名	作者	译者	在阿出版年份
《小二黑结婚》	赵树理	萨米·穆拉蒂	1959
《郭沫若短篇小说和戏剧选》	郭沫若	韦达特·科科纳	—
《新英雄儿女传》	袁静、孔厥	毕洛·道道扎尼	—
《离骚》	屈原	安得莱阿·瓦尔菲	1960
《雷雨四幕话剧》	曹禺	纳兹米·恰米利	1961
《中国唐代古典诗歌》	—	伊斯玛依尔·卡达莱	1961
《青春之歌》	杨沫	齐米特尔·巴斯科	1961
《大林和小林》	张天翼	索蒂尔·察齐	1962
《我为何心痛》(杜甫诗选)	杜甫	约尔戈·布拉齐	1962
《金斧头》	—	奈卡·图尔凯希	1965
《女神》	郭沫若	万都斯·云恰尼	1962
《上海的早晨》	周而复	埃奇莱姆·毕巴	1962
《孽海花》	曾朴	彼特洛·热依	1963
《倪焕之》	叶圣陶	泽夫·西茂尼	1964
《爱情三部曲——雾·雨·电》	巴金	伊·杰奇泽	1964
《黎明的河边》	峻青	—	1966
《阿诗玛》	—	安得莱阿·瓦尔菲	1966
《劳动人民的好儿子雷锋》	—	尼科拉·米特鲁什	1965
《欧阳海之歌》片段	金敬迈	海达尔·麦克西	1966
《微山湖上》	邱勋	索蒂尔·察齐	1967
《鲁班学艺》	—	奈卡·图尔凯希	1967
《愚公移山》	伊勇	—	1967
京剧《红灯记》剧本	—	恩维尔·费超	1969
《短篇小说集》	鲁迅	皮罗·米沙	1974

资料来源：郑恩波《盛开在中、阿文苑里的友谊之花》,《北京第二外国语学报》2016 年第 4 期；阿尔巴尼亚国家图书馆官网（https://www.bksh.al/）。

从译者来看，这些中国文学作品大多由阿尔巴尼亚知名的文学家、学者精心翻译而成，如阿尔巴尼亚著名作家、诗人伊斯玛依尔·卡达莱，民族诗人、作家、翻译家阿尔奇·克里斯托，阿尔巴尼亚早期来华留学生纳兹米·恰米利等。

与此同时，相当一部分中国文学作品是从俄语、英语、法语等其他语种的译本转译为阿尔巴尼亚语的。就前文列出的部分中国文学作品而言，从俄语转译而来的作品数量较多，包括《夏天的一夜》《郭沫若短篇小说和戏剧

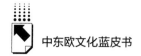

选》《离骚》《中国唐代古典诗歌》《青春之歌》《女神》《上海的早晨》《孽海花》《倪焕之》等，其次为从英语转译，包括《王贵与李香香》、《愚公移山》、京剧《红灯记》剧本等，以及从法语转译而来的《新英雄儿女传》，从中文直译的作品占比较少，包括《雷雨四幕话剧》和《欧阳海之歌》片段。①

从出版发行来看，20 世纪 50~70 年代，承担中国文学作品出版发行的主要是纳伊姆·弗拉舍里出版社和国立出版公司。纳伊姆·弗拉舍里出版社出版了该时期首部中国文学译著《王贵与李香香》，以及《小二黑结婚》、《雷雨四幕话剧》、《中国唐代古典诗歌》、《大林和小林》、《我为何心痛》（杜甫诗选）、《金斧头》、《微山湖上》、《鲁班学艺》和鲁迅的《短篇小说集》等。国立出版公司出版了《中国中短篇小说集》《鲁迅选集》《夏天的一夜》《童话故事》等。

从印数来看，1953 年，中国著名现代诗人李季的长篇叙事诗《王贵与李香香》由阿尔奇·克里斯托从英语转译为阿尔巴尼亚语出版，这是 1949年后首部在阿尔巴尼亚翻译出版的中国文学作品，印发共计 4000 册。② 20世纪六七十年代，在阿尔巴尼亚印数最高的中国文学作品是当代作家、画家峻青的短篇小说《黎明的河边》，共计 25000 册，作为小学生课外读物在阿尔巴尼亚出版。③

2. 20 世纪 90 年代至今

20 世纪 90 年代，阿尔巴尼亚对中国文学作品的译介逐渐恢复，并在中国—中东欧国家合作机制下呈现良好的发展态势，译介种类不断丰富。

张爱玲的《金锁记》是 1990 年后阿尔巴尼亚译介的首部中国现代文学作品，由著名翻译家奥里阿娜·塔姆布里于 2008 年从意大利语转译。④ 随

---

① 郑恩波：《盛开在中、阿文苑里的友谊之花》，《北京第二外国语学院学报》2016 年第 4 期，第 4~6 页。
② 董洪杰：《中国文学在阿尔巴尼亚的翻译传播状况分析》，《国际中文教育研究》2023 年第 1 期，第 216~217 页。
③ 郑恩波：《盛开在中、阿文苑里的友谊之花》，《北京第二外国语学院学报》2016 年第 4 期，第 6 页。
④ 董洪杰：《中国文学在阿尔巴尼亚的翻译传播状况分析》，《国际中文教育研究》2023 年第 1 期，第 218 页。

后，阿尔巴尼亚陆续翻译出版了《红楼梦》（*Ëndërr në Pallatin e Kuq*）等中国古代文学经典作品，以及鲁迅的《呐喊》（*Thirrje nën armë*）、老舍的《骆驼祥子》（*Djaloshi i Rikshës*）、沈从文的《边城》（*Qyteti kufitar*）、莫言的《蛙》（*Bretkosa*）和《红高粱家族》（*Klani i sorgumit të kuq*）、余华的《活着》（*Të jetosh*）等现当代文学经典作品。

（二）中国文化著作翻译

1.20世纪60~70年代

20世纪60~70年代，中阿关系密切发展，阿尔巴尼亚在大力译介中国文学经典作品的同时，翻译引进了不少关于中国文化研究的著作，题材涉及中国历史、地理、文化等。例如，1965年由泽夫·西茂尼翻译、纳伊姆·弗拉舍里出版社出版的《中国简史》（*Histori e shkurtër e Kinës*），1976年由十一月八日出版社翻译出版的《中华人民共和国地理概况》（*Gjeografi e shkurtër e Republikës Popullore të Kinës*）等。1981年，中阿关系处于低谷时，阿尔巴尼亚仍然翻译出版了有关中国历史文化的《马可波罗在中国》（*Marko Pollo në Kinë*）。

2.2000年至今

21世纪以来，阿尔巴尼亚引进并翻译了大量关于中国文化研究的著作，其中既包括中国作家作品，也包括其他国家学者关于中国文化研究的著作，如2003年出版的希腊作家尼科斯·卡赞扎基斯游记《中国日本之旅》（*Udhëtoj nëpër Japoni dhe Kinë*）、2013年出版的美国作家作品《鸦片战争：一个帝国的沉迷和另一个帝国的堕落》等。除此之外，大部分译作仍然是中国作家作品，主要由奥努夫里、范·诺里、知识、Ombra-GVG等几家出版社引进出版。

奥努夫里出版社2014年与国际在线（CRI）合作出版了《兵法三十六计》（*Tridhjetë e gjashtë skemat strategjike dhe taktike*）、《中国历史名人》（*Figura të historisë kineze*）、《这里是中国》（*Kjo është Kina*）等中国文化系列丛书。2018年翻译出版《茶的故事》（*Historitë e çajit*）。2017~2021年共翻译出版4册《中华思想文化术语》。2021年翻译出版《活着》。2018年，奥努夫里出版社社长布亚尔·胡泽里获第12届中华图书特殊贡献奖。

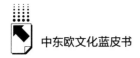

2019 年，范·诺里出版社出版《红船精神：梦想起航》（*Shpirti i anijes së kuqe：ëndrra nis lundrimin*）、《丝绸之路上的家园》（*Shtëpia në rrugën e mëndafshit*）。2020 年，该社推出中国画启蒙系列图书，共计 5 册，分别介绍五位中国古代著名画家及其代表作，包括《张萱及其绘画：捣练图》《阎立本及其绘画：步辇图》《顾恺之及其绘画：洛神赋图》《张择端及其绘画》《顾闳中及其绘画：韩熙载夜宴图》。2021 年，出版《2020 中国战"疫"日志》。2023 年，引进翻译中国国家博物馆儿童历史百科绘本系列，共计 5 册，分别是《大河，我们的开始》《我们怎样走遍世界》《商贸，从贝壳到丝绸》《我们祖先的餐桌》《家，我们从哪里来》。

知识出版社 2019 年翻译出版中国二十四节气系列丛书《这就是二十四节气》，分为春、夏、秋、冬四册。2022 年翻译出版《边城》，以及中国儿童文学系列作品，包括冰波《夏夜的梦》等共计 10 位中国作家的作品。2023 年翻译出版《南京大屠杀史》（*Historia e masakrës së Nankinit*）。

Ombra-GVG 出版社 2017 年翻译出版《中国文化读本》（*Vështrime në kulturën kineze*）。2022 年翻译出版《影响世界的中国植物》（*Bimësia kineze që influencoi botën*）。

除此之外，2015 年中阿双方签署《"中阿经典图书互译出版项目"合作协议》，这是迄今为止中阿之间规模最大的出版合作，约定双方翻译和出版对方国家 25 部作品或共翻译出版 50 部作品。截至 2021 年 9 月，已出版作品共计 20 部，[①] 涉及文学、文化、历史等领域，其中阿尔巴尼亚译介的包括张岂之主编的《中国历史十五讲》《中国传统文化》等历史文化书籍，以及《道德经》《孙子兵法》等中国古代经典著作。

（三）阿尔巴尼亚学者的中国文化著作

1.20世纪50~70年代

自中阿建交初期至 20 世纪 70 年代，阿尔巴尼亚除翻译引进关于中国文

---

① 《中国—阿尔巴尼亚经典图书互译项目推出新成果》，外语教学与研究出版社网站，2021 年 9 月 20 日，https://www.fltrp.com/c/2021-09-20/506404.shtml。

化研究的著作外，本国学者同样写作出版了相当一部分关于中国文化的文章和著作，内容涉及中国文化发展、中国纪行、中国地理等，出版社仍以纳伊姆·弗拉舍里出版社和国立出版公司为主。

1951 年，当年首期《我们的文学》（*Letërsia jonë*）杂志刊发文章《新中国的文化发展》（Zhvillimi i kulturës në Kinën e re）。

20 世纪六七十年代，阿尔巴尼亚与中国在文化领域的互动交流频繁，阿尔巴尼亚学者在此期间撰写的中国文化著作大多以游记、回忆录的形式呈现。1957 年，约尔吉·乔卡出版了回忆录《（与农业代表团）在中华人民共和国的 40 日》［*40 ditë në R. P. të Kinës（me delegacionin bujqësor）*］。同年，菲奇里·沃格利出版《游记：在朋友之间——记访问中国、朝鲜和蒙古》（*Midis miqsh：nga vizita në Kinë, Kore dhe Mongoli：shënime udhëtimi*）。1958 年，阿尔巴尼亚作家法特米尔·加塔访问中国后出版了《在中国的大地上》长篇访问记。[①] 1969 年和 1971 年，纳伊姆·弗拉舍里出版社分别出版了俞迈尔·敏兆吉的《游记：西藏的昨天、今天和明天》（*Tibeti dje sot dhe nesër：shënime udhëtimi*）和伊斯玛依尔·卡达莱的《远方之行》（*Linja të largëta*）。1974 年，十一月八日出版社出版了米尔托·费罗的《从黄海之滨到长江三角洲》（*Nga brigjet e Detit të Verdhë në deltën e lumit Jance*）。

除此类回忆性著作外，阿尔巴尼亚还出版了一部分关于中国国情的介绍性著作，如 1962 年帕尔·道奇出版了介绍中国地理的《认识中华人民共和国：地理概述》（*Të njohim R. P. të Kinës：përshkrim i shkurtër gjeografik*）。

2. 2000 年至今

进入 21 世纪，在阿尔巴尼亚学者关于中国文化的著作中，回忆录和游记性质的作品仍占相当比例。作为阿尔巴尼亚《人民之声报》（*Zëri i Popullit*）派驻到中国的记者，俞迈尔·敏兆吉曾在 20 世纪到访西藏并出

---

① 郑恩波：《盛开在中、阿文苑里的友谊之花》，《北京第二外国语学院学报》2016 年第 4 期，第 4 页。

版游记，21世纪开始后，俞迈尔·敏兆吉再次到访中国，并于2003年出版新作《中国，世纪的挑战》。① 1986~1992年担任阿尔巴尼亚驻华大使的尤斯廷·帕帕约尔吉，于2007年出版关于驻华生活的回忆录《关于今日中国：一位驻北京外交官的回忆与记录》（*Për Kinën e sotme：kujtime e shënime të një diplomati në Pekin*）。捷瓦伊尔·A. 谢加伊（Xhevair A. Shegaj）于2010年出版《日记：在遥远的中国》（*Në Kinën e largët：ditar*）。2018年，阿尔巴尼亚制度转型后首位驻华大使塔希尔·埃莱兹的口述实录《从化学博士到驻华大使：阿尔巴尼亚校友塔希尔·埃莱兹口述》在中国出版。1997~2000年担任阿尔巴尼亚驻华大使的哈伊达尔·穆内卡，于2019年出版《惊讶世界的友谊光影：一位大使的故事、回忆、分析和反思》（*Dritëhijet e një miqësie që çuditi botën：histori，kujtime，analiza dhe refleksione të një ambasadori*），于2022年出版回忆录《关系——撬动中国的神奇杠杆：我北京的日日夜夜》（*Guánxi：leva mugjike që lëviz Kinën：dit'netët e mia pekineze*）。

除此之外，阿尔巴尼亚还出版了部分本国作家有关中国历史文化的著作，如阿莱克斯·特鲁沙伊于2011年出版的《世界古文明史：东方和古希腊》（*Historia e qytetërimit antik botëror：Orienti dhe Greqia Antike*）、埃达·梅雷佩扎于2018年出版的《丝绸之路上的茶文化》（*Kultura e çajit në Rrugën e Mëndafshit*）、格伦迪·扎尼于2022年出版的《汉字的演变》（*Evolucioni i hieroglifeve kineze*）等。

三　阿尔巴尼亚汉学家

伊利亚兹·斯巴修是阿尔巴尼亚著名汉学家、阿尔巴尼亚—中国文化协会会长，曾任阿尔巴尼亚驻华使馆公使衔参赞。2017年，荣获第11届中华图书特殊贡献奖。

---

① 郑恩波：《盛开在中、阿文苑里的友谊之花》，《北京第二外国语学院学报》2016年第4期，第8~9页。

1974~1978 年，伊利亚兹·斯巴修来到中国学习汉语，毕业后返回阿尔巴尼亚，开始从事新闻、翻译工作，其间曾陪同阿尔巴尼亚总统访问中国。1999 年，斯巴修写作出版了反映中国改革的读本《中国试验》。[①] 2002 年，斯巴修作为驻华使馆的工作人员再次来到中国。2018 年，斯巴修的作品《中国，我生命的一部分》（*Kina, një pjesë e jetës sime*）讲述了其在华求学并逐渐了解中国历史和文化价值、发展模式的经历，入选了中国国家丝路书香工程"外国人写作中国计划"。[②] 2021 年，斯巴修作为汉学家参与国际在线阿尔巴尼亚语节目《学汉语》（*Mësojmë kinezisht*）。[③]

作为汉学家、翻译家，斯巴修翻译中国文学、文化作品 10 余部。2013 年，斯巴修翻译出版了莫言的《蛙》，这是斯巴修翻译的首部中文作品，也是首部由中文直译为阿尔巴尼亚语的中国当代文学作品。2016 年，斯巴修翻译出版了《红高粱家族》《中国历史十五讲》，并协助中国驻阿使馆翻译了《"一带一路"阿文画册》。2017~2021 年，他共翻译出版了 4 册《中华思想文化术语》，2018 年翻译出版了《狼王梦》，2021 年翻译出版了《道德经》《活着》。

四 从事中阿文化交流的阿尔巴尼亚民间组织

（一）阿尔巴尼亚—中国文化协会

2015 年，阿尔巴尼亚著名汉学家斯巴修与朋友共同成立阿尔巴尼亚—中国文化协会（以下简称"阿中文化协会"），并担任会长，致力于"翻译

---

① 郑恩波：《盛开在中、阿文苑里的友谊之花》，《北京第二外国语学院学报》2016 年第 4 期，第 10 页。

② "Iljaz Spahiu：Jam dëshmitar i transformimeve rrënjësore të Kinës"，国际在线阿尔巴尼亚语网站，2018 年 7 月 18 日，https：//albanian. cri. cn/1501/2018/07/18/65s172248. htm。

③ "Mësojmë kinezisht"，国际在线阿尔巴尼亚语网站，2021 年 7 月 17 日，https：//albanian. cri. cn/culture/more/3104/20210717/689366. html。

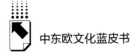

中国图书、传播中国文化、推动青年交流"。① 近年来，斯巴修作为阿尔巴尼亚汉学家、阿中文化协会会长，长期为地拉那大学孔子学院做讲座，并曾代表孔子学院参加中东欧国家汉学研究和汉语教学研讨会，多次参与地拉那国际图书展中国图书推介会等中阿文化交流活动。

（二）阿尔巴尼亚—中国友好协会

长期以来，阿尔巴尼亚—中国友好协会（以下简称"阿中友协"）活跃在中阿文化交流的各场活动中。2018~2019 年，阿中友协连续出席中国驻阿使馆举办的留华同学招待会、联欢会。2019 年 9 月，阿中友协代表出席阿国家历史博物馆举办的"一带一路"中国南京传统艺术作品展。② 2022 年，"中国文化周"系列活动在阿举行，阿中友协主席纳诺出席中阿民族艺术交流活动。③ 同年，纳诺出席中国国庆 73 周年庆祝活动暨中阿友好历史照片展开幕式。④ 2023 年，纳诺再次出席中国驻阿使馆与阿尔巴尼亚文化部合作举办的"2023 中国文化周"系列活动。⑤

（三）阿尔巴尼亚留华同学会

1954 年，中阿签订《中华人民共和国和阿尔巴尼亚人民共和国文化合

---

① 《阿尔巴尼亚著名汉学家伊利亚兹·斯巴修——"了解与讲述当代中国故事很有意义"》，《人民日报》2020 年 6 月 7 日，第 7 版。

② 《艺路芬芳——"一带一路"中国南京传统艺术作品展在阿尔巴尼亚开幕》，中华人民共和国驻阿尔巴尼亚共和国大使馆网站，2019 年 9 月 25 日，http://al.china-embassy.gov.cn/chn/zagx/zajw/201909/t20190925_2532322.htm。

③ 《驻阿尔巴尼亚大使周鼎出席中阿艺术交流活动》，中华人民共和国驻阿尔巴尼亚共和国大使馆网站，2022 年 9 月 30 日，http://al.china-embassy.gov.cn/chn/zagx/zajw/202209/t20220930_10775334.htm。

④ 《驻阿尔巴尼亚大使周鼎出席国庆 73 周年庆祝活动暨中阿友好历史照片展开幕式》，中华人民共和国驻阿尔巴尼亚共和国大使馆网站，2022 年 9 月 28 日，http://al.china-embassy.gov.cn/chn/zagx/zajw/202209/t20220929_10773722.htm。

⑤ 《驻阿尔巴尼亚使馆临时代办王德鑫出席"中国文化周"系列活动》，中华人民共和国驻阿尔巴尼亚共和国大使馆网站，2023 年 10 月 6 日，http://al.china-embassy.gov.cn/chn/zagx/zajw/202310/t20231006_11155451.htm。

作协定》，约定互派留学生交流学习。① 20 世纪 90 年代至 2019 年，双方累计互派约 200 名公费留学生。② 阿尔巴尼亚留华同学会是阿尔巴尼亚留华青年的互助组织，长期以来支持中阿各领域合作，多次参加中国驻阿使馆的活动。20 世纪以来，在阿尔巴尼亚派往中国学习的留学生中涌现了一批优秀人才，如阿中文化协会会长斯巴修、阿中友协秘书长塔乌拉赫、阿中商会会长切尔曼达、地拉那大学孔子学院阿方院长马拉伊、著名画家普莱亚等，为中阿在文化、教育、经济等各领域的交往做出了重要贡献。

五　有关中国的学术及文化交流活动

（一）学术交流活动

目前，阿尔巴尼亚学界暂无专门聚焦中国文化研究的主流学术机构或期刊，关于中国文化的学术研究及相关交流活动总体来看较为分散。近年来，阿尔巴尼亚与中方合作举办的主要学术交流活动如下。

1. 阿尔巴尼亚科学院举办的学术交流活动

阿尔巴尼亚科学院是阿尔巴尼亚国内最高学术机构，根据学科门类划分为两个学部，分别为社会科学和阿尔巴尼亚学部、自然和技术科学部。③ 阿尔巴尼亚科学院下属学术期刊同样根据学科门类而非区域国别进行划分。近年来，阿尔巴尼亚科学院与北京外国语大学多次合作举办学术交流活动。2018 年 1 月，阿尔巴尼亚科学院邀请中国阿尔巴尼亚学家柯静教授做关于卡达莱作品研究的学术讲座。④ 2018 年 10 月，阿尔巴尼亚科学院举办"阿

① 陈逢华、靳乔：《阿尔巴尼亚文化教育研究》，外语教学与研究出版社，2021，第 246 页。
② 《驻阿尔巴尼亚使馆举办留华同学招待会暨 2019 年新生欢送会》，中华人民共和国驻阿尔巴尼亚共和国大使馆网站，2019 年 8 月 24 日，http://al.china-embassy.gov.cn/chn/zagx/zajw/201908/t20190824_2532318.htm。
③ "Seksionet Shkencore"，阿尔巴尼亚科学院官网，https://akad.gov.al/seksionet/。
④ Kujtim Kapllani, "Dy konferenca të albanologes kineze Prof. Ke Jin," *Studime filologjike* 1-2 (2018): 319.

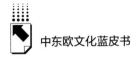
尔巴尼亚学中国日"活动，与中国学者交流学术合作、翻译成果等。[1]

2. 阿尔巴尼亚语言学协会举办的学术交流活动

2018 年初,阿尔巴尼亚语言学协会邀请柯静教授在阿尔巴尼亚总理府图书馆举办学术讲座,双方就中阿文化交流、中阿文学翻译、中国的阿尔巴尼亚语教学等进行探讨。[2]

（二）文化交流活动

1. 书展

2019 年 10 月，阿尔巴尼亚国家图书馆与阿尔巴尼亚科学院、阿中文化协会等机构合作举办了"阿尔巴尼亚作家为中国——中国作家为阿尔巴尼亚"展览，共展出图书 200 余册，涵盖文学、文化、历史、经济、政治等多个领域，展示了中阿文化交流和互译成果。其中，中国文化相关图书包括首次译为阿尔巴尼亚语出版的中国作家文学作品，关于中国古代文化、文明、哲学、语言、民间传说的文化类图书、画册，以及承载阿尔巴尼亚驻华外交官回忆的日记等。[3]

2. 艺术展

2017 年 10 月，阿尔巴尼亚国家历史博物馆举办中阿画家水彩画联展，展出中阿两位画家的作品各 40 幅，其中包括阿尔巴尼亚画家哈利蒂学习中国传统艺术手法和风格创作的作品。[4] 2019 年，中阿两国建交 70 周年之际，阿国家历史博物馆举办"一带一路"中国南京传统艺术作品展，阿中文化

---

① 《"阿尔巴尼亚学中国日"在阿科学院举办》，中华人民共和国驻阿尔巴尼亚共和国大使馆网站，2018 年 10 月 31 日，http://al.china-embassy.cn/chn/zagx/zajw/201810/t20181031_2532246.htm。

② Kujtim Kapllani, "Dy konferenca të albanologes kineze Prof. Ke Jin," *Studime filologjike* 1-2 (2018):319-320.

③ 雷舍普·希达:《阿尔巴尼亚图书发展回顾和中国图书在阿尔巴尼亚的传播》（英文），《印刷文化》（中英文）2022 年第 1 期，第 189 页。

④ 《姜大使出席中阿画家水彩画联展》，中华人民共和国驻阿尔巴尼亚共和国大使馆网站，2017 年 10 月 22 日，http://al.china-embassy.cn/chn/zagx/zajw/201710/t20171022_2532137.htm。

协会代表出席开幕式。①

3. 照片展

2022 年，中国驻阿使馆、阿文化部和地拉那市政府在阿国家历史博物馆合作举办"海内存知己，天涯若比邻"中阿友好历史照片展，展出记录 20 世纪六七十年代中阿两国交往的珍贵照片。②

4. 武术文化交流

阿尔巴尼亚少林武术学校成立于 2014 年，位于首都地拉那，致力于在阿推广中国武术文化。截至 2023 年 8 月，有学员 80 余名。③ 在武术文化交流方面，2023 年 6 月底，中国武术协会代表团继 2012 年后再次访问阿尔巴尼亚，在地拉那举办武术展演并与当地武校互动，阿中友协负责人出席活动。④ 2024 年 5 月，少林文化代表团到访阿尔巴尼亚。⑤

结　语

阿尔巴尼亚的中国文化研究可以追溯至 20 世纪五六十年代。中阿两国建交后，阿尔巴尼亚开始开展汉语教学，同时开启对中国文学、文化作品的翻译和引进。中阿关系进入低谷后，阿尔巴尼亚的汉语教学和中文图书译介

① 《艺路芬芳——"一带一路"中国南京传统艺术作品展在阿尔巴尼亚开幕》，中华人民共和国驻阿尔巴尼亚共和国大使馆网站，2019 年 9 月 25 日，http：//al. china-embassy. gov. cn/chn/zagx/zajw/201909/t20190925_ 2532322. htm。

② 《驻阿尔巴尼亚大使周鼎出席国庆 73 周年庆祝活动暨中阿友好历史照片展开幕式》，中华人民共和国驻阿尔巴尼亚共和国大使馆网站，2022 年 9 月 28 日，http：//al. china-embassy. gov. cn/chn/zagx/zajw/202209/t20220929_ 10773722. htm。

③ 《王德鑫临时代办会见阿尔巴尼亚少林武校负责人》，中华人民共和国驻阿尔巴尼亚共和国大使馆网站，2023 年 8 月 16 日，http：//al. china-embassy. gov. cn/chn/zagx/zajw/202308/t20230816_ 11127287. htm。

④ 《中国武术代表团疫情后首访阿尔巴尼亚》，中华人民共和国驻阿尔巴尼亚共和国大使馆网站，2023 年 7 月 5 日，http：//al. china-embassy. gov. cn/chn/zagx/zajw/202307/t20230706_ 11108946. htm。

⑤ 《庞春雪大使会见少林文化代表团》，中华人民共和国驻阿尔巴尼亚共和国大使馆网站，2024 年 5 月 25 日，http：//al. china-embassy. gov. cn/zagx/zajw/202405/t20240525_ 11311519. htm。

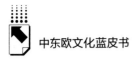

一度受到影响，但 21 世纪以来，随着两国文化交往的深入，阿尔巴尼亚的中国文化研究呈现新的特征。当前，阿尔巴尼亚主要依托地拉那大学孔子学院开展汉语教学，为中阿各领域交往培养汉语人才。在中国—中东欧国家合作机制下，阿尔巴尼亚对中国文学作品的译介种类持续丰富，在延续译介中国古代文学经典作品的同时，翻译出版中国现当代文学经典作品，以及各题材的关于中国文化研究的著作，涉及中国历史、地理、文化等方面，关于中国的回忆录、游记等记叙类原创作品也相继出版。以汉学家斯巴修为代表的阿尔巴尼亚学者、留华学生等，通过阿中文化协会、阿中友协、阿尔巴尼亚留华同学会等民间组织，与中方机构积极合作，致力于中阿文化交流。

然而，阿尔巴尼亚目前的中国文化研究体系尚不完整，仍有较大完善空间。阿尔巴尼亚至今暂无专门聚焦中国文化研究的主流学术机构或期刊，关于中国文化的学术研究及相关交流活动较为分散，没有固定的举办机构、时间等。此外，阿尔巴尼亚的汉语教学、中文图书译介和学术及文化交流活动，在不同程度上需要依靠中方合作机构的推动。厘清阿尔巴尼亚关于中国文化研究的历史与发展脉络，反思背后存在的问题，有助于未来进一步提高中国文化在阿尔巴尼亚的吸引力，增强阿尔巴尼亚学界及民间对开展中国文化研究、参与中阿文化交流的意愿，进而促进中国文化研究在阿尔巴尼亚的系统化发展。

B.3
波斯尼亚和黑塞哥维那的
中国文化研究报告

王晓伊*

摘　要： 随着波黑和中国双边关系稳步发展、人文交流日益频繁，波黑不断重视对汉语与中国文化的普及和研究。波黑的中国文化研究最早始于2011年，当前处于快速发展阶段，主要依托于波黑汉语教学的普及，以及波黑民间机构对本土中国研究和波中人文交流的推动。然而，波黑的中国文化研究相较于其他中东欧国家仍处于初始阶段，且学科发展受制于该国复杂的政治体制及文化和教育发展政策，存在许多亟待解决的问题。

关键词： 波黑　中国文化　汉学　汉语教育

一　概况

从古丝绸之路途经波斯尼亚和黑塞哥维那（以下简称"波黑"）到1995年波黑独立、两国建交，再到如今的"一带一路"倡议和中国—中东欧国家合作机制，中国和波黑的交流合作始终十分密切，波黑始终将中国视作重要的合作伙伴。多年来，两国广泛开展合作，在基础设施、文化、教育等领域均取得丰硕的成果。

然而，由于波黑国家政治体制和民族构成的复杂性，其文化和教育呈现

---

* 王晓伊，广东外语外贸大学区域国别学院（国际关系研究院）塞尔维亚语、克罗地亚语专业教师，主要研究方向为东南欧区域国别研究、中东欧文学。

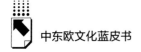
多中心分散发展的态势，文化发展多依靠地方层级，缺乏强有力的财政和政策支持。① 波黑在文化领域相较于欧洲及中东欧其他国家仍处于初始阶段，汉学和中国文化研究也处于初始阶段。本报告从波黑的汉语教学、从事中国文化研究和推广的波黑民间机构、波黑有关中国文化研究的出版物三个方面入手，以期对波黑的中国文化研究历史和现状进行简要梳理与概括。

二　波黑的汉语教学

波黑的汉语教学和中国文化研究始于 2011 年东萨拉热窝大学汉学系的开设，与其他中东欧国家相比起步较晚。目前，波黑境内共有两所孔子学院和一个孔子课堂，有四所大学开展汉语教学，其中有两所大学开设了汉学系。

（一）开展汉语教学的波黑高校

波黑现有四所大学开展汉语教学，其中东萨拉热窝大学和巴尼亚卢卡大学开设了汉学系，莫斯塔尔大学和萨拉热窝大学开设了汉语及中国文化相关选修课。

1. 东萨拉热窝大学

东萨拉热窝大学（以下简称"东萨大"）汉学系成立于 2011 年，是波黑高校中首个汉学系，隶属东萨大哲学院，坐落于东萨拉热窝市帕莱区②。2011 年以来，东萨大汉学系已培养百余名毕业生，分别于 2018 年设立中国研究中心和汉语水平考试（HSK）中心③，并与苏州大学、东北林业大学、

---

① 关于波黑文化发展的总体特点、各个层面的文化事务主管部门等，详见费正健《2020 年波斯尼亚和黑塞哥维那文化发展报告》，载茅银辉、蒋涌主编《中东欧国家文化发展报告（2021）》，社会科学文献出版社，2021，第 98~114 页。
② 波黑战争后，首都萨拉热窝一分为二，划归波黑塞族共和国的区域被称为东萨拉热窝，帕莱是东萨拉热窝下属的一个区。
③ "Istorijat katedre za sinologiju"，东萨拉热窝大学哲学院官网，https://ff. ues. rs. ba/istorijat-katedre-za-sinologiju/。

山东理工大学、上海第二工业大学、吉林外国语大学等多所中国高校建立了合作关系①。

目前，东萨大哲学院由本国教师和中国派遣的汉语教师共同授课，招收本科、硕士、博士三个层次的学生，其中本科和硕士专业名称为汉英语言文学，博士专业名称为语文学，大类专业下设汉学方向。本科学制4年，需修满240个学分，其中汉学相关课程128个学分，英语语言文学相关课程88个学分，其他课程（塞尔维亚语言文学、语言学、教育学等）24个学分，毕业可获得汉英语言文学学士学位。② 硕士学制1年，需修满60个学分，课程均围绕汉语及中国文学和文化展开，毕业后可获汉语言文学硕士学位。博士学制3年，需修满180个学分，主要学习文学和语言学理论，与塞尔维亚语、俄语等方向的学生合并授课，毕业可获得汉学博士学位。③

2023年6月，东萨大汉学系教师邬雅丽以《塞尔维亚语使用者汉语书面表达中的母语负迁移分析》（Analiza negativnog transfera sa maternjeg na kineski jezik u pisanoj prokduciji srbofonih studenata）④ 通过博士论文答辩，成为东萨大及波黑历史上首位汉学博士。

2. 巴尼亚卢卡大学

巴尼亚卢卡大学（以下简称"巴大"）汉学系成立于2022年6月，隶属于巴大语言学院。巴大汉学系以学科涉及面广为专业特色，除开设了现代汉语和文言文课程外，还开设了中国文学、历史、哲学、外交、地理、经济等相关跨学科课程。目前，巴大汉学系仅设有本科学位点，学制为4年，毕

---

① 《驻波黑人使李平在东萨拉热窝大学汉学系成立十周年庆祝大会上的致辞》，中华人民共和国驻波斯尼亚和黑塞哥维那大使馆网站，2021年6月30日，http：//ba. china‑embassy. gov. cn/sgxx/202106/t20210630_ 9045074. htm。

② "O studijskom program kineski i engleski jezik i književnost"，东萨拉热窝大学哲学院官网，https：//ff. ues. rs. ba/o‑studijskom‑programu‑kineski‑i‑engleski‑jezik‑i‑knjizevnost/。

③ "Vrste i nivoi studija"，东萨拉热窝大学官网，https：//www. ues. rs. ba/la/nastava‑2/vrste‑i‑nivoi‑studija/。

④ "Analiza negativnog transfera sa maternjeg na kineski jezik u pisanoj prokduciji srbofonih studenata"，东萨拉热窝大学数据库官网，https：//repozitorijum. ues. rs. ba/items/af8320b4‑dd4f‑4c55‑9130‑1dc16af7d8d6/full。

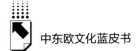

业可获得汉学学士学位，学生需修满 240 个学分，每年计划招生 30 人。①
根据巴大和中方院校的合作情况，学生有机会赴华交换学习，并有机会在中
国继续攻读硕士学位和博士学位。

师资方面，巴大汉学系现共有 5 位授课教师，包括 4 位本国教师和 1 位
中国籍教师。系主任李丽同时是巴大孔子学院外方院长，本科毕业于贝尔格
莱德大学语言学院汉学系，曾获中国教育部奖学金赴北京语言大学进修，随
后在巴大政治学院先后获得国际关系专业的硕士学位和博士学位。李丽始终
从事中国问题研究，研究领域包括国际关系、公共外交等，是巴尔干地区活
跃的中国问题专家，已在国内外学术期刊上发表十余篇文章并曾多次参加国
际学术会议，近年来与中国文化研究相关的论文包括《中国文化外交的演
变及其对波黑对"一带一路"倡议和中国—中东欧合作看法的影响》《中国
文化软实力：以波黑为例》《中华传统文化在中国公共外交中的作用》等。②

2023 年 12 月，巴大与北京语言大学一带一路研究院签署了在巴大建立
汉学研究中心的相关协议，旨在深化巴大与中国高等院校的合作，致力于推
进联合科研项目和相关著作的出版。③

3. 莫斯塔尔大学

莫斯塔尔大学由中国国家汉办派遣汉语教师，自 2018 年起开设汉语选
修课，并不定期开展汉语及中国文化讲座和工作坊。尼山世界儒学中心波黑
莫斯塔尔大学分中心于 2022 年 11 月宣布成立④，于 2024 年 5 月正式在莫斯
塔尔大学挂牌运营⑤。尼山世界儒学中心由中国教育部和山东省共同成立，
旨在建设具有全球主导力的世界儒学中心。莫斯塔尔大学分中心依托于莫斯

① "Konkurs za upis"，巴尼亚卢卡大学官网，https：//www.unibl.org/sr/upis/konkurs-za-upis。
② "Doc. dr Ljiljana Svetić"，巴尼亚卢卡大学官网，https：//www.unibl.org/fis/zaposlen/6051-ljiljana-stevic。
③ "Osniva se Centar za sinološka istraživanja"，巴尼亚卢卡大学官网，https：//www.unibl.org/sr-lat/vesti/2023/12/osniva-se-centar-za-sinoloska-istrazivanja。
④ 《尼山世界儒学中心首批海外分中心揭牌成立》，山东省人民政府网站，2022 年 11 月 29 日，http：//www.shandong.gov.cn/art/2022/11/29/art_ 97560_ 565244. html。
⑤ "Otvoren Nishan Svjetski centar na Sveučilištu u Mostaru"，莫斯塔尔大学官网，https：//www.sum.ba/objave/novosti/otvoren-nishan-svjetski-centar-na-sveucilistu-u-mostaru。

塔尔大学哲学院，是尼山儒学中心在欧洲的首个分中心，将在未来的建设中致力于推动两国文化传播和中波两国文化交流互鉴。

4. 萨拉热窝大学

萨拉热窝大学（以下简称"萨大"）哲学院于 2019 年 12 月与萨大孔子学院签订合作协议，此后将汉语纳入学院的课程体系，开设汉语选修课。① 萨大还与中南财经政法大学、西北师范大学、北京理工大学等中国高校签订校际合作协议。②

（二）波黑的孔子学院和孔子课堂

1. 萨拉热窝大学孔子学院

萨拉热窝大学孔子学院（以下简称"萨大孔院"）是波黑境内第一所孔子学院，于 2015 年 11 月揭牌成立，由中国西北师范大学与波黑萨大共建，中方院长为张学忠，外方院长为萨大校长办公室主任米奇。

目前，萨大孔院常年开设幼儿汉语班、阳光课堂、中小学汉语班、大学生汉语班、成人汉语班和太极拳、书法、剪纸等兴趣课程，现有教学班级 15 个，学员数百名，③ 还在萨拉热窝奥博拉中学和老年活动中心、萨拉热窝法语国际学校、公共机构"体育和娱乐中心"等设有多个汉语和中国文化教学点，同时在筹备建设汉语水平考试中心。

2. 巴尼亚卢卡大学孔子学院

巴尼亚卢卡大学孔子学院（以下简称"巴大孔院"）位于波黑塞族共和国首府巴尼亚卢卡，于 2018 年 1 月揭牌成立，由中国天津职业技术师范大学与波黑巴大共建。中方院长为罗小如，外方院长为巴大汉学系系主任

① "Potpisan Sporazum o saradnji između Filozofskog fakulteta i Konfučijevog instituta"，萨拉热窝大学官网，https：//www.unsa.ba/novosti/potpisan-sporazum-o-saradnji-izmedu-filozofskog-fakulteta-i-konfucijevog-instituta。
② "Bilateralni sporazumi o saradnji"，萨拉热窝大学官网，https：//www.unsa.ba/istrazivanje-i-saradnja/medunarodna-saradnja/bilateralni-sporazumi-o-saradnji。
③ 《全球连线｜萨拉热窝大学孔子学院新春第一课：感受中国文化之美》，凤凰网，2024 年 2 月 27 日，https：//v.ifeng.com/c/8XW62JioC63。

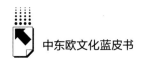

李丽。

巴大孔院致力于开设幼儿园汉语启蒙、中学汉语、大学和成人汉语、企业汉语培训等课程，为巴尼亚卢卡各界人士提供各类中国汉语及文化教学培训项目，并积极开展中国文化传播活动。在波黑塞族共和国各级政府的支持下，巴大孔院汉语教学成果显著，设有汉语水平考试中心，先后在十所中小学设立汉语教学点①，曾举办征文比赛、中国传统书画展、中小学生美术作品比赛、儿童工作坊、赴华游学等各类文化活动，并派代表积极参加国内外相关活动和学术会议，邀请周边地区汉学家进行交流合作，对推动波黑汉语教学和中国文化传播发挥了重要作用。

3. 巴尼亚卢卡文法学校孔子课堂

巴尼亚卢卡文法学校孔子课堂是巴大孔院在波黑当地开设的第一个孔子课堂，在巴尼亚卢卡文法学校 125 周年校庆之际——2020 年 10 月揭牌成立。孔子课堂的开设，标志着巴大孔院的发展迈上新台阶。巴尼亚卢卡文法学校是当地历史最悠久、最负盛名的公立中学，重视外语教育，将社会语言方向作为学生可选的四个就读方向之一②，并于 2018 年开设汉语选修课。

巴尼亚卢卡文法学校孔子课堂的开设引发热烈反响，开设之初便有 60 多名学生报名参加汉语课程。③ 此后，该孔子课堂持续开设课程并举办各类活动，如中华文化讲座、中华文化周、迎新春展览、中国游学和夏令营等。

三　从事中国文化研究和推广的波黑民间机构

除前文提及的汉语教学和研究机构外，波黑境内还有若干民间机构，从

---

① "Više od 200 školaraca u Srpskoj uči kineski jezik", Nezavisne novine 网站，https://www.nezavisne.com/novosti/banjaluka/Vise-od-200-skolaraca-u-Srpskoj-uci-kineski-jezik/757014。

② 其他三个就读方向分别为通识教育、自然科学和计算机信息学。来源：Prošlost，巴尼亚卢卡文法学校官网，https://gimnazijabanjaluka.org/прошлост/。

③ 《我校承办的波黑巴尼亚卢卡大学孔子学院首个孔子课堂揭牌》，天津职业技术师范大学本科招生信息网，2020 年 10 月 28 日，https://zb.tute.edu.cn/info/1180/5996.htm。

科普和学术研究、推动人文交流和国际合作等多个方面助推波黑的中国文化研究和汉学发展。

（一）波黑—中国友好协会

波黑—中国友好协会成立于 2014 年底，成员主要包括波黑公众人物和中国文化爱好者。该协会会长法鲁克·博里奇为波黑资深媒体人，先后在波黑多家媒体供职，曾任波黑联邦通讯社编辑部主任[①]，致力于推动波中两国交流合作。

该协会成立以来独立组织了多次圆桌会议、波中相关合作机构代表互访等活动，推出"今日中国"门户网站和"咖茶"沙龙，积极推动双边文化、艺术、媒体等领域的合作，并与中国驻波黑大使馆保持密切交流。

该协会自 2022 年开始发起"咖茶"沙龙，目前已成功举办七届（见表 1）。"咖茶"沙龙形式多样，从茶话会、青年骑行到研讨会等，现已成为关于中国问题研究和波中两国人文交流的知名系列品牌活动。"咖茶"沙龙参与者多为波中两国学界、外交界、媒体、企业等领域的代表，就中国及波中双边关系相关的各类话题展开讨论。

表 1 "咖茶"沙龙举办情况

届数	主题	举办时间	举办单位
1	台湾问题	2022 年 8 月 18 日	波黑—中国友好协会
2	如何推进人文交流合作	2022 年 9 月 11 日	波黑—中国友好协会
3	中国式现代化	2022 年 12 月 8 日	波黑—中国友好协会
4	波中两国民间友好	2023 年 3 月 11 日	波黑—中国友好协会
5	新时代的中国式现代化	2023 年 4 月 24 日	波黑—中国友好协会
6	"一带一路"倡议十年的成就与巴尔干地区的机遇:波黑视角	2023 年 9 月 12 日	波黑"一带一路"建设与促进中心
7	高质量共建"一带一路"与中波合作	2023 年 11 月 14 日	波黑"一带一路"建设与促进中心

[①] "CV Faruk Borić"，波黑"一带一路"建设与促进中心官网，https：//pojasiput.ba/2023/02/06/cv-faruk-boric/。

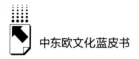

（二）波黑"一带一路"建设与促进中心

波黑"一带一路"建设与促进中心成立于2018年底，[①] 是波黑首个从学术角度专门研究"一带一路"倡议的智库。该中心由波黑著名国际问题专家、经济学家以及资深媒体人共同发起成立，主任是法鲁克·博里奇。该中心建立的初衷是向波黑各界宣传"一带一路"倡议的相关理念，对"一带一路"倡议进行多学科角度的研究，协助推动"一带一路"倡议框架下各类项目的实施，为相关企业提供市场和舆论调研、数据分析、法律和商务专家意见等方面的协助，目的在于促进波中经济和文化合作，推动两国双边关系发展。

目前，该中心的合作伙伴包括中国驻波黑大使馆、丝绸之路国际总商会、波黑—中国友好协会、波黑外贸商会、波黑外国投资促进局等组织机构，还包括中国能建葛洲坝集团、中国远洋海运、中国水电、中国东方电气、中国电建、中国交建、中国路桥等企业。[②]

该中心曾多次独立或与其他机构共同组织举办与"一带一路"倡议、波中双边关系相关的学术会议，除前文提及的两届"咖茶"沙龙外，还包括2021年6月9日与波黑共同社会与价值基金会、复旦大学中国研究院共同举办的"1921~2021，中国共产党如何改变中国"线上研讨会。

（三）波黑塞族共和国—中国友好协会

波黑塞族共和国—中国友好协会于2015年3月在东萨拉热窝成立，目标在于加强波黑塞族共和国与中国之间的联系，推动文化、教育和商业领域的合作，已多次举办面向初学者的免费汉语课程，并协助参与了特雷比涅中国文化角的建设工作。[③]

---

① Faruk Borić，"'Pet spajanja' Inicijative 'POJAS I PUT'：rezultati i preporuke za buduću saradnju," *Pojas i put i saradnja Kine i zemalja Centralne i Istočne Evrope：BiH perspektiva* (2020)：74.

② "Partneri"，波黑"一带一路"建设与促进中心官网，https：//pojasiput. ba/partneri/。

③ "Predstavljeno Društvo srpsko-kineskog prijateljstva"，Glas srpske 网站，https：//www. glassrpske. com/cir/drustvo/vijesti/predstavljeno-drustvo-srpsko-kineskog-prijateljstva/178953。

（四）特雷比涅中国文化角

特雷比涅中国文化角开设于 2021 年 11 月，位于波黑塞族共和国特雷比涅市人民图书馆内，是首个由波黑民间组织自主设立并运营的中国文化机构。① 作为波中友好关系的新标志，文化角面向市民开设免费汉语课程，并开展丰富的中国文化主题活动。

（五）波斯尼亚乒乓球俱乐部

波斯尼亚乒乓球俱乐部成立于 1952 年，是波黑规模最大的乒乓球俱乐部之一，20 世纪 90 年代曾有中国教练在此执教。俱乐部曾主办两届"熊猫杯"青少年乒乓球赛，比赛获得了中国驻波黑大使馆的赞助。②

四　波黑有关中国文化研究的出版物

波黑本土有关中国文化研究的出版物寥寥无几，尚无以中国文化研究为主要研究内容的期刊，相关书籍和学术文章也屈指可数。这样的情况与波黑中国文化研究的发展趋势相匹配：一是波黑对中国本身及中国文化的自发关注仍在初始阶段，能接触并阅读中文原始文献的人较少，比起展开本国研究，仍有大量的前期整理和翻译工作亟待完成；二是波黑的官方语言有波斯尼亚语、克罗地亚语、塞尔维亚语三种，且三种语言高度近似，周边国家如克罗地亚、塞尔维亚等的出版物也可在波黑流通，故波黑学者可将邻国已有的成果作为基础和前期参考，不需要重新译介或研究。在此

---

① 《驻波黑大使季平出席特雷比涅中国文化角揭牌仪式》，中华人民共和国外交部网站，2021 年 11 月 25 日，https：//www.fmprc.gov.cn/gjhdq＿676201/。gj＿676203/oz＿678770/1206＿678988/1206x2＿679008/202111/t20211130＿10458637.shtml。

② 《驻波黑使馆缪大可参赞出席萨拉热窝"熊猫杯"乒乓球赛》，"中华人民共和国驻波黑大使馆"微信公众号，2023 年 11 月 2 日，https：//mp.weixin.qq.com/s/3EhYsJpreJP8LNm-mqlmZA。

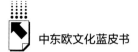

前提下，波黑本土的中国文化研究文献仍主要聚焦政治和外交领域，特别是"一带一路"和中国—中东欧国家合作机制下的波中关系、中欧关系、中美关系等。

2020 年以来，波黑本土出版的中国文化相关文献中，具有重要意义的包括《中国之声》（Glas Kine）杂志和《"一带一路"倡议与中国—中东欧合作：波黑视角》（Pojas i put i saradnja Kine i zemalja Centralne i Istočne Evrope：BiH perspektiva）论文集。此外，还有少量专著。

（一）杂志和论文集

1.《中国之声》杂志

《中国之声》由波黑"一带一路"建设与促进中心主办，创刊于 2020 年 12 月，是第一本以波黑官方语言出版的专门介绍和研究中国的科普性杂志。杂志每年出版 5 期，每期刊登文章 10 余篇。杂志编委会共 5 人，包括当地国际问题专家、经济学家、学者、媒体人等，主编为法鲁克·博里奇。

《中国之声》的创刊原因主要有三个：一是近年来中国活跃于世界舞台，对世界政治、经济、科技等诸多领域的发展产生影响，理应多加关注；二是波黑媒体对中国及其他大国的时事仍缺乏重视，杂志的相关资讯可为波黑新闻界和学界提供有益补充；三是波黑媒体对中国的报道常常转载或引用非中文消息来源，而西方媒体对华报道时的宣传策略常常带有偏见和误读，该杂志旨在通过直接收录原创稿件和引用新华社、《环球时报》、《中国日报》等官方媒体来源，深入报道和解读新时代中国特色社会主义，向波黑民众介绍真实、立体、全面的中国，以正视听。①

目前《中国之声》共出版了 18 期，包括 17 期正刊和 1 期特刊。每期内容包括卷首简讯，以及政治、经济、社会、科技、文化等方面的文章，大多

---

① "Faruk Borić. Zašto Glas Kine？"，《中国之声》杂志第 1 期，第 3 页，https：//pojasiput.ba/glas-kine/glas-kine-1/。

数期数还会根据时事热点设置专题,以专题为依据设计封面,并刊登相关文章。

(1)正刊

目前出版的 17 期正刊中共收录了 251 篇文章(卷首简讯和摄影报道除外)。其中,15 期正刊都设有封面专题,收录专题文章共 49 篇。从正刊收录的文章主题分类、封面专题的内容来看,《中国之声》杂志对中国的关注点主要在于政治,政治类文章共 67 篇,在所有文章中占比最大,约为 27%,且栏目顺序始终排在最前面;在 15 个含封面专题的期数中,除了第 7 期的"北京 2022 年冬奥会"和第 12 期的"中国春节"外,其余 13 期均为政治类专题;文化类文章则紧随其后,共 65 篇,约占文章总数的 26%(见表 2、图 1)。

表 2 《中国之声》杂志封面专题情况

期数	出版时间	专题内容
1	2020 年 12 月	中国共产党第十九届中央委员会第五次全体会议
2	2021 年 1 月	专访驻波黑大使季平:期待中波合作不断深化
3	2021 年 4 月	中国式现代化新道路
4	2021 年 5 月	中国共产党成立 100 周年(4 篇)
5	2021 年 8 月	实现中国梦(5 篇)
6	2021 年 9 月	共同富裕(2 篇)
7	2022 年 1 月	北京 2022 年冬奥会(3 篇)
10	2022 年 9 月	习近平总书记新疆之行
11	2022 年 12 月	中国式现代化新征程(4 篇)
12	2023 年 1 月	中国春节(11 篇)
13	2023 年 6 月	全球文明倡议(2 篇)
14	2023 年 8 月	全球安全倡议(2 篇)
15	2023 年 9 月	全球发展倡议(4 篇)
16	2023 年 11 月	第三届"一带一路"国际合作高峰论坛(6 篇)
17	2024 年 1 月	2023 年中央外事工作会议(2 篇)

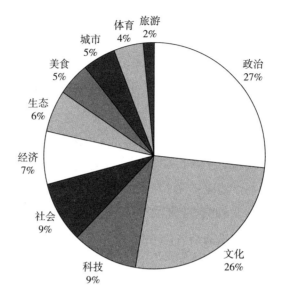

图 1　《中国之声》杂志文章主题分类情况

文化类文章大致可分为文化概况、历史和文学典故、人文交流纪实三种。其中，文化概况类文章多译自新华社、《中国日报》等中国官方媒体文章，既包括对中华传统文化的解析，也包括对中国当代大众流行文化的介绍，这类文章共 48 篇，占文化类文章总数的近 3/4；历史和文学典故类文章多由巴大孔院的教师和志愿者协助翻译而成①；人文交流纪实类文章则包括中波两国人民互访和人文合作交流过程中产生的游记、散文、新闻稿等。

（2）特刊："一个中国"

波方始终高度重视发展对华关系，波黑领导人多次申明奉行一个中国原则，承认中华人民共和国政府是代表全中国的唯一合法政府，尊重中国主权和领土完整。在这样的背景下，《中国之声》杂志于 2022 年 11 月以"一个中国"为主题发行了特刊，堪称对一个中国原则和两岸交流

① "Faruk Borić. Zašto Glas Kine？"，《中国之声》杂志第 1 期，第 3 页，https：//pojasiput.ba/glas-kine/glas-kine-1/。

合作的声援。

从编排来看，特刊的期数独立于正刊，栏目设置也与正刊有较大不同；从内容来看，特刊收录的所有文章均围绕台湾问题展开，有显著的整体性和连贯性。特刊共收录22篇文章，分为"封面专题""经济""贸易""十年来对台工作的成就""文化""台湾青年在大陆""祖国"七个栏目，主要探讨一个中国原则、台湾问题的由来、台海形势及两岸的民间交流，卷尾还刊登了著名诗人余光中《乡愁》的波斯尼亚语译文。

2.《"一带一路"倡议与中国—中东欧合作：波黑视角》论文集

《"一带一路"倡议与中国—中东欧合作：波黑视角》论文集是首部聚焦波中关系的波斯尼亚语学术论文集，发布于2020年中波建交25周年之际，由中国—中东欧研究院和波黑"一带一路"建设与促进中心合作出版，并得到了中国驻波黑大使馆的支持。

该论文集由波黑主席团（集体元首）轮值主席舍菲克·扎费罗维奇作序，收录了波黑前政要和专家学者的8篇学术论文（见表3）。作者从多角度梳理回顾了中波建交25年来两国关系的发展，并为中波合作建言献策。①

表3 《"一带一路"倡议与中国—中东欧合作：波黑视角》论文集收录文章

作者	题目
法鲁克·博里奇	编者按（Riječ urednika）
舍菲克·扎费罗维奇	序言（Uvodna Riječ）
姆拉登·伊万尼奇、阿莱克桑达尔·萨沃维奇	"一带一路"倡议与波黑（Inicijativa "Pojas i put" i Bosna i Hercegovina）
米洛什·绍拉亚	波黑视角下的中国外交政策（Percepcija kineske spoljne politike u Bosni i Hercegovini）
弗拉德·西莫维奇、阿尼娅·穆德雷诺维奇	外交视阈下的波中合作：最初的见解和外交合作的开始（Diplomatska percepcija saradnje BiH sa NR Kinom；Prvi uvidi i početak diplomatske saradnje）

---

① 《《"一带一路"倡议与中国—中东欧合作：波黑视角》论文集在波出版》，中华人民共和国驻波斯尼亚和黑塞哥维那大使馆网站，2020年9月29日，http：//ba. china - embassy. gov. cn/sgxx/202009/t20200930_ 2317941. htm。

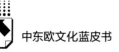

续表

作者	题目
法鲁克·博里奇	"一带一路"倡议下的"五通":成就及未来合作建议（"Pet spajanja" Inicijative "POJAS I PUT": rezultati i preporuke za buduću saradnju）
李丽	中国文化外交的演变及其对波黑"一带一路"和"17+1"合作看法的影响（Evolucija kineske kulturalne diplomatije i njen uticaj na percepciju Inicijative "Pojas i put" i saradnje "17+1" u BiH）
穆阿迈尔·希尔基奇	波黑青年对中国—中东欧国家合作机制的看法（Percepcija mladih u Bosni i Hercegovini mehanizma za saradnju između Kine i zemalja srednje i istočne Evrope）
伊戈尔·索尔多	"一带一路"倡议和"17+1"平台——媒体的看法和应对（Inicijativa "Pojas i put" i Platforma "17+1": Percepcija i Tretman u Medijima）
米洛斯拉夫·日瓦诺维奇	波中关系战略性发展的制度框架（Institucionalni okvir za strateški razvoj odnosa Bosne i Hercegovine i Kine）

（二）其他专著

在波黑"合作在线书目系统与服务"（COBISS）数据库①中，以"中国""中国文化""中国哲学""中国历史""中文"等为关键词，搜索2020年以来在波黑出版的相关书目，共搜索到7本专著，包括1本波黑作家的著作和6本中国作家的译著。

波黑作家的著作为波斯语及波斯文化学者埃尔维尔·穆西奇的《联系中的语言，接触中的文化——波斯语和从中国到巴尔干的波斯化》（*Jezici u*

---

① "合作在线书目系统与服务"（Co-operative Online Bibliographic Systems and Services, COBISS）数据库，由斯洛文尼亚的马里博尔信息科学研究所（IZUM）研发，在南斯拉夫国家图书馆信息系统的基础上建设发展而成。在20世纪90年代南斯拉夫解体后，东南欧多个国家接受这一数据库并投入使用，已形成了多国间共享目录的国家图书馆信息系统，目前包含阿尔巴尼亚、保加利亚、北马其顿、波黑、黑山、科索沃地区、塞尔维亚、斯洛文尼亚共8个国家（地区）的资源。

kontaktu,*kulture u dodiru*：*perzijski jezik i farsizmi od Kine do Balkana*），由萨拉热窝"好书"出版社于 2020 年出版，书中主要基于词源和文化史考察波斯语词源逐步进入波斯尼亚语的过程，其中也涉及波斯语对印地语、汉语、阿拉伯语等其他语言的影响。①

6 本中国作家的译著如表 4 所示。其中，除《创新·拼搏·奉献——程开甲口述自传》为中外作者合译、中文直译和英语转译相结合外，其余 5 本均为英语转译。值得注意的是，其中 5 本均由波黑读书俱乐部出版社出版。波黑读书俱乐部出版社是波黑境内唯一的中国—中东欧国家出版联盟成员单位，已出版 20 余本中国作家的译著，数量超过了其他波黑出版单位发行数量的总和。②

表 4　2020~2024 年波黑中国文化相关译著出版情况

书名	作者	译者	出版单位	出版年份
《我的禅》（有声图书）（*Vjenčanje s Buddhom*）	卫慧	米尔娜·赫尔曼	波黑盲人及弱视人士图书馆	2021
《追逐太阳的人:杂交水稻之父袁隆平》（*Yuan Longping-otac hibridne riže*）	陈启文	扎尔科·米莱尼奇	波黑读书俱乐部出版社	2022
《中华思想文化术语　第一卷》（*Ključni pojmovi u kineskoj misli i kulturi kulturi 1*）	《中华思想文化术语》编委会	扎尔科·米莱尼奇、伊莎贝拉·查波·米莱尼奇	波黑读书俱乐部出版社	2022
《中华思想文化术语　第二卷》（*Ključni pojmovi u kineskoj misli i kulturi kulturi 2*）	《中华思想文化术语》编委会	扎尔科·米莱尼奇、多马戈伊·查弗拉克	波黑读书俱乐部出版社	2022

① "Nova knjiga Elvira Musića o perzijskom jeziku u BiH"，Preporod 网站，https：//preporod. info/bs/article/18325/nova-knjiga-elvira-musica-o-perzijskom-jeziku-u-bih。

② "Knjiga koju je objavio Književni klub P. N. BDBiH na sajmu knjiga u Pekingu"，Otisak 网站，https：//www. otisak. ba/knjiga-koju-je-objavio-knjizevni-klub-p-n-bdbih-na-sajmu-knjiga-u-pekingu/。

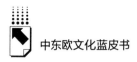

续表

书名	作者	译者	出版单位	出版年份
《中华文化可以向世界贡献什么?》（*Čime kineska kultura može doprinijeti svijetu?*）	孙伟平	扎尔科·米莱尼奇	波黑读书俱乐部出版社	2023
《创新·拼搏·奉献——程开甲口述自传》（*Inovativnost, naporan rad i posvećenost: usmena autobiografij a Čeng Kaiđ ije*）	程开甲等	徐恒祎、内马尼亚·格林蒂奇	波黑读书俱乐部出版社	2023

注：《我的禅》的普通图书（纸质）版本由克罗地亚 V.B.Z 出版社于 2007 年出版。

结　语

总体而言，如今波黑的中国文化研究主要依托于两点。一是汉语教学的普及，尤其是高校汉学系的发展壮大：波黑汉语教学和汉学研究逐步走实走深，取得许多重要进展，为学科发展奠定了坚实基础，学科整体呈现方兴未艾的态势。二是以波黑—中国友好协会、波黑"一带一路"建设与促进中心等为代表的民间机构的推动，从包括中国社会与文化在内的多个角度入手，向当地民众展示中国形象，联合多方力量开展相关研究工作，同时与中方保持密切交流与合作，对波中双边关系和各领域交流合作进行正面宣传。近年来，波黑的汉学研究传来许多令人欣喜的消息，如汉语自 2017 年起成为波黑塞族共和国中小学的法定第二外语、多个研究中心落地、学界培养出第一位汉学博士等。

然而，波黑的中国文化研究仍起步较晚，且受制于该国的文化和教育发展政策，有许多问题不容忽视。汉语教学方面，师资不确定性大，[①] 当地教学资源相对匮乏，缺乏本土教材，人才培养体系仍有待完善。汉学研究方

---

① 包括大学汉学系在内，波黑各个汉语教学点的中国教师基本由中国国家汉办公派，而公派教师和志愿者的任期分别是两年和一年，教师时常需要轮换。

面，缺乏本土的中国文化研究或东方研究学术期刊，且相关学者对中国的研究仍多集中于政治、外交和汉语教学等领域，鲜有真正完全聚焦文化研究的文献，相关成果的知名度和影响力也有待提高。

今后，为推动波黑的中国文化研究发展，学界除了应尽快实现重心转移、提高对文化领域的关注度外，还应从"合作"和"破界"两个方面发力：汉语教学和研究机构应突破政治体制和各地文化机构层级的限制，建立学术共同体，如汉语教学、汉学研究或中国研究协会，在保持密切交流和合作的基础上确立各自的研究领域和特长，做到"各显神通"、互通有无，尽快培养深耕中国文化研究领域的人才，为学科发展提供持续动力；扩大科普和研究的影响，做好信息归档，加大宣传力度，使相关成果的作用最大化，助推两国间的民心相通、文明互鉴。

B.4
保加利亚的中国文化研究报告

刘帅杰*

摘　要：　保加利亚是共建"一带一路"的重要国家，近年来中保两国人文交流日益密切，保加利亚的汉语学习和中国文化研究热情不断提升。本报告主要从保加利亚的汉语教学、保加利亚中国文化相关机构及协会、保加利亚中国文化相关书籍出版情况及保加利亚著名汉学家等角度出发，梳理保加利亚的中国文化研究现状，为进一步深化两国人文交流，推动"一带一路"倡议建设提供借鉴和参考。

关键词：　保加利亚　中国文化　汉学　中国学

引　言

保加利亚是最早同新中国建交的国家之一，两国长期保持友好合作。2019 年，两国关系上升为战略伙伴关系，保加利亚作为共建"一带一路"的重要国家和中国—中东欧国家合作的重要参与者，与中国的交往日益密切，与中国的人文交流不断深化。保加利亚的汉语学习和中国文化研究热情不断提升，保加利亚民众对汉语、武术、针灸、美食、文学、中国古代哲学思想、现代中国社会等各个领域都表现出极大的兴趣。经过多年的发展和积累，保加利亚的中国文化研究已初具规模。

---

* 刘帅杰，广东外语外贸大学区域国别学院（国际关系研究院）保加利亚语专业教师，主要研究方向为中东欧区域国别研究、保加利亚社会与文化。

一 保加利亚的汉语教学

保加利亚的汉语教学最早可以追溯到 20 世纪 50 年代初，至今已走过 70 多年。保加利亚是中国首批向国外派遣汉语教师的四个汉语教学点之一。在"一带一路"倡议下，中保两国各领域的合作持续深入，保加利亚国内的汉语学习热情及需求随之不断提升，目前保加利亚全国共有 3 所高校开设了汉语专业，有 4 所高中以中文为第一外语，有 50 多所中小学开设了中文学习班。

（一）高校汉语专业

1. 索非亚大学

索非亚大学成立于 1888 年，是保加利亚第一所综合性公立大学，也是保加利亚历史最悠久、最有威望的高等学府。索非亚大学是保加利亚首个开设汉语专业的高校。1952 年 9 月，北京大学的朱德熙教授被派往索非亚大学担任汉语教师，1953 年 2 月，朱德熙教授同旅保学者张荪芬女士正式开设"汉语讲习班"，共同编写保加利亚第一部汉语教材《汉语教科书》，为保加利亚培养了第一批汉语人才。

1991 年，索非亚大学古典与现代语言文学系东方语言文化中心东亚语言文化教研室正式开设"中国语言文学"专业。2018 年，汉语专业从东亚语言文化教研室独立出来，成立了汉学教研室。2003 年，索非亚大学在巴尔干半岛建立最早的中国汉语水平考（HSK）试点。发展到今天，索非亚大学的汉语专业已建立起本科、硕士、博士多层次的汉语人才培养体系。

学生培养方面，本科学制为四年，开设的必修课程有实用汉语、汉语语法、汉字书写、汉语修辞学、汉语成语学、方言学、中国国情概况、中国古代史、中国现当代史、古代汉语、中国古代文学史、中国现当代文学、专题文本翻译等；开设的选修课程有中国古代哲学思想流派、中国国家政治体系、中国古代哲学的基本概念、中国书法艺术史、中国民俗学等。硕士项目

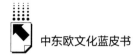

"中保跨文化交流与翻译"包含两种培养项目：第一种为两年制联合培养项目，合作院校为北京外国语大学，学生第一学年在索非亚大学学习，第二学年前往北京外国语大学学习，通过课程融合、学分互认分段培养，学生毕业后获两校颁发的双硕士学位；第二种为一年制项目，学生在索非亚大学学习一年便可获得硕士学位。

师资方面，教研室现有九位专业教师，其中一位教授、一位副教授、三位助理教授、三位助教及一位中国初级研究员。① 教师的研究方向广泛，涉及现代汉语、古代汉语、中国古典文学、中国历史、中国传统文化、中国民俗学、语言学中保翻译等。

汉学教研室拥有丰富的教材和图书资源，2006年收到中国政府无偿赠送的语音试验室，汉语的教学和科研条件大为改善。

2. 大特尔诺沃大学

大特尔诺沃大学是保加利亚第二所国立大学，也是保加利亚国内仅次于索非亚大学的著名综合性大学。1993年，大特尔诺沃大学将汉语作为第二专业，开设了"俄汉应用语言学""法汉应用语言学"专业，招收双语专业硕士研究生，学制为五年。1994~1995年又增设了"英汉应用语言学""德汉应用语言学"专业。② 1997年，保加利亚高等教育体制改革后，大特尔诺沃大学的汉语专业改为本科，学制为四年，隶属于现代语言学系古典东方语言文化教研室。2004年，大特尔诺沃大学的汉语专业招收第一届博士研究生，研究方向为中国文学，导师是保加利亚著名汉学家白雪松。

师资方面，根据中保两国协定，中国政府每年派遣汉语教师到该校任教。该校汉语专业现有三位保加利亚籍教师，其中两位副教授、一位助理教授。③

① 索非亚大学官网，https：//www.uni-sofia.bg/index.php/bul/universitet_t/fakulteti/fakultet_po_klasicheski_i_novi_filologii/katedri/kitaistika/prepodavateli，最后访问时间：2024年3月29日。
② 董淑慧：《保加利亚汉语教学五十年》，保加利亚玉石出版社，2005，第41页。
③ 大特尔诺沃大学古典东方语言文化教研室官网，https：//www.uni-vt.bg/bul/pages/？page=120&zid=78，最后访问时间：2024年3月31日。

2002 年 10 月 1 日，中国驻保加利亚大使馆出资在大特尔诺沃大学建立中国语言文化中心，并为该中心配备了齐全的电教设备和图书资料。

（二）中小学教学点

1. 索非亚第18中学

索非亚第 18 中学是一所拥有百余年历史的著名中学，十分注重外语教学。1992 年，在前校长玛丽亚·瓦尔查诺娃的提议下，该中学引入了汉语教学，成为保加利亚第一所开设汉语课程的中学。最初，汉语是八年级到十二年级学生的外语选修课。2002 年，该中学开始每年固定招收汉语学生。自 2014/2015 学年开始，汉语作为第二外语加入一年级的培养计划中。目前，该校约有 300 多名学生学习汉语，从一年级到七年级将汉语作为第二外语学习，从八年级到十二年级将汉语作为第一外语学习。[1]

自 2011 年起，索非亚第 18 中学每年举办中国文化日，展示丰富多彩的中国传统文化。2015 年 9 月 15 日，该中学设立的孔子课堂正式开课，并有专职汉语教师负责孔子课堂活动。

2018 年，李克强总理前往索非亚参加中国—中东欧国家 "16+1" 合作论坛期间，其夫人程虹教授在索非亚市长的陪同下参观了索非亚第 18 中学，并向该中学捐赠了 1500 本介绍中国历史文化传统的书籍、900 份教学材料，以及提供了赴华交流学习的奖学金名额等。[2]

2. 鲁塞市瓦西尔·列夫斯基中学

鲁塞市瓦西尔·列夫斯基中学是保加利亚第二大中学，该中学自 2005 年起开设汉语课程，是大特尔诺沃大学孔子学院下设的孔子课堂之一。瓦西尔·列夫斯基中学是保加利亚最大的中小学汉语教学点，汉语目前已成为该校一年级至十二年级学生的必修课。一年一度的中文歌唱比赛成为该学校的

---

① Соня Алексиева, *Китай през погледа на българите* （《保加利亚人眼中的中国》），София：Български Бестселър，2022，第 125 页。

② Соня Алексиева, *Китай през погледа на българите* （《保加利亚人眼中的中国》），София：Български Бестселър，2022，第 127 页。

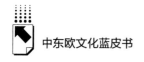
品牌活动。

3. 索非亚138中学

2012 年，索非亚 138 中学正式开展汉语教学，是索非亚市第二所开设汉语课程的中学，也是索非亚大学孔子学院下设的孔子课堂之一。目前，该中学在小学阶段的三年级、四年级、七年级开设了汉语兴趣班，而对于中学阶段的八年级到十二年级来说，汉语属于必修课。

师资方面，该学校现有两位本土教师，一位国际中文教师。学校开设了大量中国文化课程，涉及中国历史、哲学、地理、艺术、文学等方面。

索非亚 138 中学的孔子课堂曾在全球孔子课堂评比中获得"最美孔子课堂"称号。

（三）孔子学院和孔子课堂

1. 索非亚大学孔子学院

索非亚大学孔子学院成立于 2006 年 6 月，于 2007 年 6 月正式运营，由中国北京外国语大学与保加利亚索非亚大学合作建设，是保加利亚乃至巴尔干地区成立最早的孔子学院。2013 年 12 月，索非亚大学孔子学院成为首批 14 个示范孔子学院之一，获得第十二届孔子学院大会"先进孔子学院"称号。

索非亚大学孔子学院占地面积为 2000 多平方米，拥有能容纳 200 人的学术交流多功能厅，500 多平方米的图书馆，馆藏图书 2.7 万册，音像资料 2000 多件（盘、片），并有展览厅、多媒体教室、语音室等教学硬件设施。[1] 索非亚大学孔子学院现任保方院长为阿克西尼娅·科列娃，目前拥有 40 名工作人员，其中中保双方院长各 1 名，外派汉语教师 14 名，海外志愿者与本土教师 21 名，全职行政人员 3 名。[2] 索非亚大学孔子学院创办了《索非亚孔子学院杂志》和索非亚大学广播电台中国文化节目，为广大读者

---

①　北京外国语大学孔子学院工作处官网，https://oci.bfsu.edu.cn/info/1199/6151.htm，最后访问时间：2024 年 3 月 31 日。

②　北京外国语大学孔子学院工作处官网，https://oci.bfsu.edu.cn/info/1199/6151.htm，最后访问时间：2024 年 3 月 31 日。

和听众提供汉语学术研究、教学实践和文化活动交流的平台。

截至 2023 年底，索非亚大学孔子学院共下设 7 个孔子课堂，15 个汉语教学点，累计注册学员 3 万余人次。① 2023 年，索非亚大学孔子学院及下设的汉语教学点共计举办了 86 场文化活动，如国际中文日、"卡赞勒克玫瑰节"游行、中保文学交流讲座等，参与人数达 3 万余人次。② 索非亚大学孔子学院教学活动以在学院内办班、在全国范围内的大学和中学开设汉语教学点为主，设置了汉语初级班、汉语中级班、汉语提高班、长城汉语远程教学班、少儿汉语班、本地教师进修班、HSK 培训等培训班，并开设了"汉语+商务""汉语+旅游汉语"等课程。

索非亚大学孔子学院每年定期举办索非亚大学孔子学院周"文化中国你我谈"系列讲座，持续五天，每天一场的中国文化讲座邀请中保两国学者给听众分享全面、立体的中国，讲座内容涉及中国经济、社会、文化、政治、历史等各个方面，每场讲座的受众达到上百人。索非亚大学孔子学院每两年举办一届"丝绸之路"（一带一路）国际学术研讨会，并出版会议论文集，邀请汉学家、东方问题研究学者及中国学者分享最新研究成果，探讨汉学研究领域的相关问题。2023 年举办的第七届"丝绸之路"（一带一路）国际学术研讨会，邀请了来自 13 个国家 60 多位专家学者进行学术交流，四个分会场的主题分别为："语言、教育与文学"、"政治、外交和经济关系"、"历史、哲学与宗教"和"旅游、精神和体育文化"。③

2. 大特尔诺沃大学孔子学院

大特尔诺沃大学孔子学院（以下简称"大特大学孔子学院"）成立于 2012 年 10 月，中方合作高校为中国地质大学（武汉）。2022 年 10 月，

---

① 北京外国语大学孔子学院工作处官网，https：//oci.bfsu.edu.cn/info/1199/6151.htm，最后访问时间：2024 年 3 月 31 日。
② 北京外国语大学孔子学院工作处官网，https：//oci.bfsu.edu.cn/info/1199/6151.htm，最后访问时间：2024 年 3 月 31 日。
③ 《索非亚孔子学院举办第七届"丝绸之路"（一带一路）国际学术研讨会》，北京外国语大学孔子学院工作处官网，https：//oci.bfsu.edu.cn/info/1129/7962.htm，最后访问时间：2024 年 4 月 1 日。

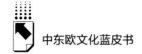
大特大学孔子学院获得由大特尔诺沃市颁发的"大特尔诺沃市特别贡献奖"和"古都王座荣誉勋章"，以表彰其在繁荣大特尔诺沃市的文化生态、丰富大特尔诺沃市的教育内涵、促进中保文化交流方面做出的积极贡献。

大特大学孔子学院图书馆藏书、教材、教具、光盘共计 3000 余份,①馆藏资源每年至少更新一次。大特大学孔子学院现任保方院长为伊丝克拉·曼多娃博士，目前拥有各类教职员工 34 名，包括中保方院长各 1 名，中方公派教师 4 名，中方外派志愿者 11 名，海外志愿者与本土教师 13 名，行政办公人员 4 名。②

《2023 年大特尔诺沃大学孔子学院年度报告》显示，2023 年大特大学孔子学院共计在 17 个城镇 60 多个教学点开设汉语课和中国文化课。大特大学孔子学院下设 2 个孔子课堂，2022~2023 学年孔子学院各教学点课程注册学员 2000 余人。③ 大特大学孔子学院开设了多门类、多级别的汉语及中国文化课程，包括少儿汉语、初级汉语、中级汉语、HSK/汉语水平口语考试（HSKK）辅导、太极、气功等，以满足不同类型学习者的学习需求。

2023 年，大特大学孔子学院开展了 40 多场文化活动，参与人数达到 20 余万人次，其中主要的品牌活动包括：大特尔诺沃大学"东亚文化节"、联合国中文日、"韩裴"翻译比赛、中国电影周等。大特大学孔子学院每年召开"中国与中东欧政治、经济、文化关系"国际学术研讨会，并出版《中国与中东欧政治、经济、文化关系》会刊，该会刊已被"保加利亚国家参考文献名录"收录，并可通过"中东欧在线书刊文库"（CEEOL）、"谷歌学术检索系统"等在线检索。2013 年首届研讨会举办以来，该研讨会已成为保加利亚汉学界及中文教育工作者进行学术交流的重要平台。2023 年的

---

① 大特尔诺沃大学孔子学院官网，https：//www.confuciusinstitute－velikoturnovo.bg/bg/the－institute/biblioteka，最后访问时间：2024 年 4 月 1 日。

② 《2023 年大特尔诺沃大学孔子学院年度报告》，https：//www.confuciusinstitute－velikoturnovo.bg/uploads/docs/152_bg_konfucii_2023-final.pdf，最后访问时间：2024 年 4 月 1 日。

③ 《2023 年大特尔诺沃大学孔子学院年度报告》，https：//www.confuciusinstitute－velikoturnovo.bg/uploads/docs/152_bg_konfucii_2023-final.pdf，最后访问时间：2024 年 4 月 1 日。

研讨会主题为当前国际政治、经济、文化关系及语言教育教学形势发展与展望。

二 保加利亚中国文化相关机构及协会

（一）索非亚中国文化中心

2017 年 11 月，索非亚中国文化中心在保加利亚首都正式揭牌，由中国文化和旅游部与宁波市政府共建，该中心是中国在中东欧国家建立的首家文化中心。索非亚中国文化中心成立以来，围绕文化活动、人文对话、教学培训、旅游推介等方面开展了丰富多彩的活动，成为推介中华文化、推动中保文化交流的重要平台。该中心总面积约 4000 平方米，内设展厅、图书馆、多功能厅和书画、音乐、舞蹈及厨艺培训教室。

2022 年 5 月，由索非亚中国文化中心与中国浙江万里学院、宁波市演艺集团合作筹办的"中保丝路学院"正式成立，为保加利亚民众及中国文化爱好者提供文化艺术相关培训，学院首期培训内容包括中国舞蹈、中国美食和中国书法三大板块。"中保丝路学院"以中国文化传播、艺术培训、人才培养、智库建设、合作研究与出版为五大抓手，旨在打造具有影响力的文化教育品牌，形成辐射带动效应，助力"一带一路"建设稳步推进。

（二）保加利亚武术相关机构

1. 保加利亚武术协会

保加利亚武术协会成立于 1990 年，是保加利亚青年和体育局批准成立的唯一一个弘扬中国武术的正规机构。保加利亚武术协会是国际武术联合会、欧洲武术联合会会员，现任协会主席为斯特凡·科列夫。

保加利亚武术协会是保加利亚所有武术培训师和从业人员的官方授权协会，目前拥有 16 家武术俱乐部会员，分布在全国 7 座大中城市。保加利亚

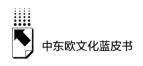

武术协会的使命是推广中国武术，推广武术背后的哲学思想、世界观和健康的生活方式。

2. 鲁塞市 KALAGIA 武术中心

鲁塞市 KALAGIA 武术中心成立于 1989 年，目前拥有数千名学员，学员年龄跨度为 4~65 岁。该武术中心学员多次在国内外武术及太极拳比赛中斩获佳绩，获得 5 次欧洲冠军、10 次欧洲亚军，累计获得 1700 余枚奖牌。

鲁塞市 KALAGIA 武术中心创始人是玛利亚·内德尔切娃，她也是鲁塞市保中友好协会的创始人及主席，2010 年创办保加利亚杨氏太极拳武术协会，曾多次来访中国，一直致力于中保两国在文化、体育和商业等领域的合作。KALAGIA 武术中心经常联合鲁塞市保中友好协会举办文化活动，推广中国武术、太极和气功，多次开设汉语课和书法课，以及举办中国文化日、中国美食晚会等活动，让当地的民众能够深入了解中国的文化、艺术和体育运动。

（三）保加利亚中医协会

1962~1964 年，一批保加利亚医生前往中国进行针灸专业培训，随后将针灸疗法引入保加利亚。1976 年，保加利亚国内几所较大的医院相继开设了针灸科。1977 年，保加利亚神经病学科学学会正式设立针灸学分会，针灸疗法被正式引入保加利亚。1983 年，针灸学分会独立出来成立针灸科学学会，并于 1991 年重新注册为保加利亚中医协会，是国际医学针灸暨相关技术医学会成员。该协会首任主席为埃米尔·伊利耶夫，现任主席为西尔维娅·埃伦科娃。

保加利亚中医协会与索非亚医科大学联合出版医学杂志《针灸》（*Акурунктура*），该杂志每年两期，是针灸及相关疗法唯一以保加利亚语出版的科学期刊。保加利亚中医协会致力于普及并推广针灸及相关疗法的临床应用，每年以研讨会、论坛、主题和实践课程等形式开展针灸培训，并尝试将针灸疗法整合到大学医学教育中，系统培养针灸专业人才。

三 保加利亚中国文化相关书籍出版情况

（一）中文书籍保文译本出版情况

2020～2023 年，保加利亚出版了多部中文书籍的保文译本，涉及中国文学、中国古代哲学思想、中国古代神话、中国现代社会发展、中国文化史及汉语教科书等多个领域（见表 1）。主要有三个保加利亚出版社出版中国文化相关书籍，分别是保加利亚东西方出版社、保加利亚畅销书出版社、保加利亚翰林出版社。值得注意的是，得益于保加利亚众多优秀的汉学家，保加利亚版中文书籍大多直接从汉语翻译过去，有的甚至直接从古汉语译入。

表 1 2020～2023 年中文书籍保文译本出版情况

出版时间	书名	作者	译者	出版社
2020	《中国现代话剧导论：曹禺〈雷雨〉、老舍〈茶馆〉》（Въведение в съвременната китайска драматургия: "Буря" на Цао Ю и "Чайна" на Лао Шъ）	曹禺、老舍	海丽娜、叶夫根尼·卡劳拉诺夫	保加利亚畅销书出版社
2020	《中华思想文化术语(第五册)》（Основни понятия в китайската мисъл и култура）	—	韩裴	保加利亚东西方出版社
2020	《开天辟地——中华创世神话美文插图本》（Илюстровани митове и легенди на Китай）（译自英文）	黄德海、项静、张定浩	海丽娜	保加利亚东西方出版社
2020	《走遍中国(第二册)》（Да открием Китай 2）	—	安东尼娅·赞科娃、海丽娜、贺菊玲编译	保加利亚东西方出版社
2021	《走遍中国(第三册)》（Да открием Китай 3）	—	安东尼娅·赞科娃、海丽娜、贺菊玲编译	保加利亚东西方出版社

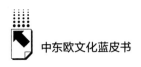

出版时间	书名	作者	译者	出版社
2022	《儒学六讲》(*Шест беседи за Конфуцианството*)	梁启超	韩裴	保加利亚东西方出版社
2022	《中国经济改革发展之路》(*Китайският път – Икономическа реформа и развитие*)	厉以宁	斯特凡·伊万切夫、海丽娜	保加利亚畅销书出版社
2022	《儒学精神与中国梦》(*Конфуцианство. Китайската мечта и националното възраждане*)	杨朝明	—	保加利亚斯郎齐出版社
2022	《关于女人》(*За жените*)	冰心	—	保加利亚畅销书出版社
2022	《中国文化史》(*История на Китай–Социокултурни аспекти*)	吕思勉	—	保加利亚畅销书出版社
2022	《走遍中国(第四册)》(*Да открием Китай 4*)	—	安东尼娅·赞科娃、海丽娜、贺菊玲编译	保加利亚东西方出版社
2023	《鼓书艺人》(*Певци с барабани*)	老舍	叶夫根尼·卡劳拉诺夫	保加利亚畅销书出版社
2023	《问答中国》(*Въпроси и отговори за Китай*)	陈晋	安妮·佩舍娃	保加利亚翰林出版社
2023	《诗经》(*Книга на песните*)	—	韩裴、安托尼内塔·尼科洛娃	保加利亚东西方出版社

资料来源：作者自制。

2017 年，中国外语教学与研究出版社"中国主题编辑部"在保加利亚东西方出版社正式挂牌成立，这是国家新闻出版广电总局丝路书香工程的子项目保加利亚出版中心项目的具体成果。① 2024 年 3 月,《习近平谈治国理政》第一卷保加利亚文版正式出版发行,由中国外文出版社和保加利亚东西方出版社共同翻译出版。该书的出版对保加利亚各界读者深入了解习近平新时代中国特色社会主义思想,感知中国式现代化和中华民族现代文明具有重要意义。

(二)保加利亚学者所著中国相关书籍

近年来,随着"一带一路"倡议和中国—中东欧国家合作的开展,中国与中东欧国家的合作日益密切。保加利亚学者最新出版的中国相关书籍主要关注中国与中东欧国家关系和现代中国社会的发展。

2020 年,托多尔·拉德夫出版新书《中国在中东欧》(*Китай в Централна и Източна Европа*),讲述了中国与中东欧国家的交往史、"一带一路"倡议以及"16+1"合作机制的愿景和实施情况。该书作者自 2009 年起在中国国际广播电台欧洲拉美地区语言节目中心保加利亚语部担任外籍专家,曾出版多部与中国相关的书籍,如《中国人》(*Китайците*)、《"一带一路":中国视角》("*Един пояс,един път*":*китайската перспектива*)、《世界联通:"一带一路"的逻辑》(*Светът е взаимосвързан:логиката на* "*Един пояс,един път*")等。

2023 年,保加利亚"拉科夫斯基"国防学院世界史副教授约尔丹·巴耶夫出版的新书《中国与东欧:历史视野》(*Китай и Източна Европа:Исторически хоризонти*)根据来自美国、俄罗斯、保加利亚、中国和东欧档案馆的大量真实原始资料及最新研究成果,从 20 世纪和 21 世纪初的全球地缘政治角度分析中国、俄罗斯、东欧国家和保加利亚之间的政治关系史。该书涉及外交、安全问题、文化和经济交流等多个方面,被认为是对近代中国与东欧关系这一主题最为深入、细致的历史研究著作之一。

2023 年,新保加利亚大学行政与管理系和旅游系主任索尼娅·阿列克西

---

① 《外研社:把编辑部开到保加利亚》,外研社网站,2017 年 3 月 23 日,https://www. fltrp.com/c/2017-03-23/492266.shtml。

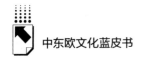

艾娃出版访谈集《保加利亚人眼中的中国》（*Китай в погледа на българите*），来自政治、经贸、文化、教育、交通等多个领域的25位受访者都与中国有过密切联系，这本访谈集讲述了他们的"中国情缘"和"中国故事"。

四　保加利亚汉学家

（一）鲍拉·贝利万诺娃

鲍拉·贝利万诺娃（中文名为白雪松）是保加利亚第一位汉学教授，著名汉学家、翻译家。1964年毕业于国立莫斯科大学东方语言学院，1966年开始担任中文教师，1980年任副教授，1994年任中国文学教授，1990～1992年在北京外国语大学教授保加利亚语，自2002年起在大特尔诺沃大学教授中国语言文学，主要研究领域为中国古代史、中国文学。

贝利万诺娃教授自20世纪50年代开始向保加利亚介绍中国文学，翻译出版了大量中国文学作品，曾获中华图书特殊贡献奖。主要译作：《老子校释》（取自《新编诸子集成》）、蒲松龄《聊斋志异》、李英儒《野火春风斗古城》、杨沫《青春之歌》、柯蓝《不死的王孝和》、连环画《飞行员与红领巾》、艾青《永恒的旅程》、鲁迅《故事新编》、《当代中国诗歌》、《中国当代短篇小说选》、《中国古代小说选》等。代表著作：《远古东方的历史》《中国古代文学中的"循环"问题》《〈天问〉与中国古代神话中的"问题"》《以〈诗经〉为基础的中国古代民歌韵律之臆测》《中国古代民歌的韵律》《中国古代民歌〈诗经〉的韵律特征与类型考察》《1978—1988年的中国文学——至关重要的十年：诗歌》。

贝利万诺娃教授和斯内日娜·戈戈娃教授、索非亚·卡特洛娃博士都属于保加利亚老一辈汉学家。

（二）安东尼娅·赞科娃

安东尼娅·赞科娃是索非亚大学副教授、古典与现代语言文学系汉学教研室主任，欧洲汉学学会会员、欧洲汉语教学协会历史会理事、中保政府代表团高级翻译。1998 年获俄罗斯圣彼得堡国立大学汉语言文学硕士学位，师从俄罗斯著名汉学家、语言学家谢·叶·雅洪托夫，主要研究领域为古代与现代汉语语言学、功能语言学、语义与语用学、汉语语法教学方法等。

赞科娃副教授主持、参与多项汉学研究科研项目，累计撰写学术论文近 30 篇，出版学术专著《现代汉语形态体系——词类和功能语义范畴》，编译《走遍中国》（全四册）汉语教材，翻译和风《和文化思想》（合译），担任《诗经》《儒学六讲》保文版编辑。

（三）海丽娜

海丽娜是索非亚大学汉语言文学博士，现任索非亚大学古典与现代语言文学系汉学教研室助理教授，曾任保加利亚共和国驻华大使馆高级翻译、中国国际广播电台保加利亚语部外籍专家、保加利亚东西方出版社翻译编辑及汉学顾问。早年受教于白雪松等学者，是保加利亚首批汉学专业毕业生，主要研究领域为中国民间文化和民俗研究、中国民间信仰、中国古代史等。

海丽娜博士学术成果颇丰，累计发表 10 余篇学术论文，出版 10 余部译著，代表译作：厉以宁《中国经济改革发展之路》（合译）、中国谚语集《饮水思源》、《中国符号词典》（译自德语）、《民族伟大复兴中国梦：习近平讲话（节选）》、《中国现代话剧导论：曹禺〈雷雨〉、老舍〈茶馆〉》、《开天辟地——中华创世神话美文插图本》（译自英语）、编译《走遍中国》（全四册）汉语教材等。

（四）韩裴

韩裴于 1996 年毕业于索非亚大学汉学专业，是知名文学编辑、翻译家、作家、诗人。自 2016 年起，担任中国外语教学与研究出版社在保加利亚的"中国主题编辑部"主编。2017 年 8 月，荣获中华图书特殊贡献奖青年成就奖。

韩裴将多部中国经典文学著作译介到保加利亚，主要译作：《红楼梦》、

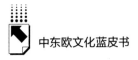

《七侠五义》、《三十六计》、《围炉夜话》、林语堂《吾国与吾民》、梁启超《儒学六讲》、《诗经》（合译）、莫言《生死疲劳》、《一看就懂：图解中医入门》、《中华思想文化术语》等。《红楼梦》保加利亚文第一卷荣获保加利亚文化部 2015 年度"赫里斯托·格·达诺夫"文学奖，该文学奖是保加利亚文化领域最有名望的年度奖项。

结　语

相较于欧洲其他国家来说，保加利亚的汉语教学虽起步较晚，但发展迅速。经过 70 多年的发展，索非亚大学孔子学院和大特大学孔子学院在全国开设了 7 个孔子课堂，近 80 个汉语教学点。保加利亚民众的汉语学习热情持续高涨，多所中小学开设汉语课程，并将其设置为必修课。从保加利亚中国文化相关机构和协会及其开展的相关文化活动来看，保加利亚民众对中国传统武术、太极、气功、传统中医、美食、书法等极为感兴趣。保加利亚近四年中国相关书籍出版情况显示，中国文学、中国古代哲学思想、中国现代社会发展及中国与中东欧国家关系是其关注的主要领域。值得注意的是，保加利亚几位著名的汉学家古汉语水平极高，能够直接从古汉语译介中国古典文学，这有利于原汁原味地传播中国文化，更好地促进两国间的文化交流。保加利亚目前尚没有成立专门的中国/亚洲/东亚研究所，没有与中国/亚洲/东亚相关的学术期刊，这说明保加利亚对于中国文化的研究尚有提升的空间。

B.5
克罗地亚的中国文化研究报告

徐恒祎*

摘　要：　本报告综述了克罗地亚对中国文化的研究及汉语教学的历程与现状。克罗地亚的中国文化研究始于 17 世纪耶稣会士伊万·乌雷曼与中国的初步接触，后逐渐缓慢发展。20 世纪 90 年代以后，随着全球化进程的推进，克罗地亚对中国的关注领域有了明显的拓展，研究成果从最初的游记等概览类介绍拓展到了语言、文学、文化、经济、科技等多个方面的深入研究。在中国文化的学习方面，克罗地亚的汉语教学主要由萨格勒布大学中文系和孔子学院主导，萨格勒布大学自 2004 年开设汉语专业，并于 2024 年将汉学专业提升为正式的本科学位专业。孔子学院在克罗地亚设立了多个汉语教学点，课程涵盖语言与中国文化学习。从研究成果来看，克罗地亚学界对中国的学术研究成果涵盖了语言文学、社会文化、经济、国际关系、人文社会、医疗健康、旅游业及生态环境等多个领域。同时，著名汉学家如伊沃·德拉吉切维奇、克莱什米尔·尤拉克及白伊维等在促进中克文化交流中发挥了重要作用。总体来看，克罗地亚的中国文化研究及汉语教学正在不断深化，体现了两国之间日益增强的社会与文化联系。

关键词：　克罗地亚　中国文化　文化交流　人文交流

---

* 徐恒祎，博士研究生，讲师，广东外语外贸大学区域国别学院（国际关系研究院）塞尔维亚语及克罗地亚语专业教师，主要研究方向为巴尔干地区外交、社会与文化。

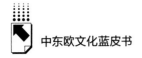

一 克罗地亚的中国文化研究回顾

（一）17世纪至20世纪前半叶：初期阶段

有史料记载的克罗地亚人与中国文明的互动始于 17 世纪，其动因源于耶稣会对外传教的扩张。根据目前的相关研究，史料可考的第一位来华的克罗地亚人是耶稣会士伊万·乌雷曼（邬若望）。[1] 1609 年，邬若望受耶稣会总会长阿桂委瓦的派遣后启程，并于 1616 年 7 月抵达中国澳门。[2] 在航行途中，他测算出中国澳门与法兰克福的时差，从而推算出澳门的经度并最终确定了澳门的地理坐标。[3] 从对邬若望生平的研究来看，他在华的主要工作可能是在澳门圣保禄学院教授数学知识、传福音与翻译教会信件等，即向华传播西方数学知识与耶稣会思想，尚未发现确切关于其将中国思想文化向欧洲传播的确切记载。但研究者普遍认为，虽无确切记载，但在进行这些工作的过程中，邬若望为当时欧洲与中国两个不同的知识系统之间的沟通与知识传递做出了宝贵的贡献[4]，是中西文化交流的一位重要参与者[5]。

（二）1945~1990年：社会主义时期

在社会主义时期，克罗地亚学者或将中国包含在社会主义制度国家的范畴内，或将中国包含在"东方"这一范畴内进行研究，目前可查找到的

① 丁超、宋炳辉：《中外文学交流史：中国-中东欧卷》，山东教育出版社，2015，第 68 页。
② 彭裕超：《克罗地亚耶稣会士邬若望生平行事考略》，《国际汉学》2023 年第 3 期。
③ Kircher, A., *Magnes sive de arte magnetica opus tripartitum*（1643），转引自彭裕超《克罗地亚耶稣会士邬若望生平行事考略》，《国际汉学》2023 年第 3 期。
④ Marijana Borić, "Ivan Ureman—posrednik između kineske i europske znanstvene tradicije：Povodom 400. obljetnice njegove smrti u jubilarnoj Ignacijevoj godini（2021.－2022.）," *Obnovljeni Život* 4（2021）.
⑤ 彭裕超：《克罗地亚耶稣会士邬若望生平行事考略》，《国际汉学》2023 年第 3 期。

研究数量并不多。其中，大多数研究为实用性研究，包括关于社会制度和经济生产的比较研究，也有部分中国歌曲和文学作品的研究。这些研究大多并非专门针对中国，而是将中国作为研究对象之一提及，如马尔科·姆拉登诺维奇对社会主义国家法律规定中的婚姻制度的两项研究①，乔治·约万诺维奇关于鱼产品对营养、生产、商业交易和消费重要性的研究②，安特·纳左尔关于南斯拉夫革命时期国际劳工之歌的研究③，车朵米尔·韦列亚契奇的《东方民族的哲学：伊朗、伊斯兰、中国、日本和精选集》④，安特·佩特里契奇和特拉特尼克·柳比查的一项基于植物和动物原料改良奶和乳制品的研究⑤，以及达尔科·施克里尼亚尔的一项关于核电站与乳制品行业的研究⑥。

（三）1990年至今：后社会主义时期

20世纪90年代后，随着全球化的不断发展，中国与克罗地亚的双边关系也不断密切。随着两国交往合作的深化，克罗地亚学界对中国的研究领域逐渐拓宽，内容也更加深入。从谷歌学术收录的研究成果来看，2010年之后，除经济与社会制度领域外，更多的克罗地亚学者开始对中国的科技、文化、语言、文学、哲学、艺术、教育等方面进行研究，但研究内容主要还是集中在与经济建设、政治、司法和国际关系相关的领域。

---

① Mladenović, M., "The Form of Marriage in the Law of Socialist Countries," *Law Theory & Prac.* 4 (1987)；Mladenović, M., "Material Requirements for Conclusion of Marriage in the Laws of Socialist Countries," *Zbornik Radova* 19(1985)。

② Dorde Jovanović, "The Significance of Fish Products for Nutrition, Production, Business Transactions and Consumption," *Collection Papers Fac. L. Nis* 6(1967).

③ Nazor, A., "Pjesme međunarodnog radničkog pokreta u revolucionarnim previranjima u Jugoslaviji," *Narodna umjetnost: hrvatski časopis za etnologiju i folkloristiku* 1(1990).

④ Čedomil Veljačić, *Filozofija istočnih naroda: Iran, Islam, Kina, Japan, i odabrani tekstovi* (Matica hrvatska, 1958).

⑤ Ante Petričić and Ljubica Tratnik, "Modificirana mlijeka i mliječni proizvodi na bazi vegetabilnih i animalnih sirovina," *Mljekarstvo: časopis za unaprjeđenje proizvodnje i prerade mlijeka* 1(1976).

⑥ Darko Škrinjar, "Nuklearne elektrane i mljekarska industrija," *Mljekarstvo: časopis za unaprjeđenje proizvodnje i prerade mlijeka* 2(1981).

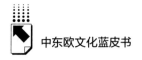

总体来说，克罗地亚的中国文化研究起步较晚，成果并不丰富，在过去的几十年里经历了从初步探索到研究不断深化和多样化的过程。

二 克罗地亚的汉语教学

（一）萨格勒布大学中文系

目前，开设正式汉语教学点的克罗地亚大学为萨格勒布大学。萨格勒布大学于1669年建校，是克罗地亚最古老、规模最大的大学，同时是东南欧地区持续办学时间最长的高等学府之一。目前，该大学设有中文系和东方研究系，提供汉语教学和中国文化研究课程。该大学的汉语专业正式开设于2004年秋，是克罗地亚最早开设汉语专业的高校，也是该国提供汉语教学的重要机构之一。2005年秋，萨格勒布经济学院也开设了汉语课程。

萨格勒布大学汉语专业设立之初，主要是作为学生的第二选修专业或第三选修专业，即选择汉语专业的学生大多已有如医学、物理、历史、社会学、英语等第一专业或第二专业。专业的汉语课程由中国教育部委派的教师执教，文化课则由本国教师或邻国高校专家任教，授课内容主要为中国的历史、哲学、文学等。2024年3月，萨格勒布大学正式将汉学专业由辅修专业提升为本科学位专业，并专门举办了汉学专业学位项目启动仪式，中国驻克罗地亚大使齐前进及萨格勒布大学人文社科学院院长均出席活动并致辞。

相关研究显示，萨格勒布大学学生选择汉语作为第二选修专业或第三选修专业的主要原因是，出于对将来可能的工作机会和事业发展的考虑。[①] 这或可表明，学生对中国在世界经济中的地位较为肯定，对中国的经济与社会发展前景持乐观态度。

此外，萨格勒布大学的国际项目和交流机会较为丰富，其中文系在推动中克文化交流中发挥了重要作用。

---

① 郝小明：《克罗地亚汉语教学概况及资源建设》，《国际汉语》2012年第1期。

（二）孔子学院和孔子课堂

孔子学院是克罗地亚最主要的汉语教学机构。克罗地亚首个孔子学院为上海对外经贸大学和萨格勒布大学共建的萨格勒布大学孔子学院（以下简称"萨大孔院"）。该院于 2011 年签约创立，于 2012 年正式招生，是一所综合性孔子学院。

从孔子学院汉语学习者数量来看，萨大孔院 2012 年的学生人数为 200 人，随后汉语学习者人数逐年增长，至 2018 年达 2600 人，[①] 增长幅度较大，反映出汉语在克罗地亚的受欢迎程度逐年提升。为满足汉语学习者人数大幅增长的需求，中国国家汉办向克罗地亚派遣汉语教师的数量亦同步增长。[②]

2019～2020 年度的数据显示，萨大孔院已在里耶卡、扎达尔、斯普利特、杜布罗夫尼克和奥西耶克五座城市开设了 26 个汉语教学点，包括里耶卡大学经济学院、斯普利特大学人文学院和奥西耶克大学经济学院等。除高等教育机构外，萨大孔院还在以上五座城市的中小学开设了汉语教学点，全面覆盖了高等、中等及初等教育年龄段。此外，萨大孔院还在隶属克罗地亚国家内政部的警察学院开设了汉语课程。目前，部分教学点的汉语课程已纳入学校的学分课程。未来，萨大孔院计划进一步增加纳入当地学校学分体系的汉语课程数量。

据 2019～2020 年度的数据，经过多年发展，萨大孔院已拥有较为固定的教师和管理团队，共 28 人，包括中方院长 1 人，中方公派教师 5 人，中方志愿者 18 人，克方院长 1 人，克方工作人员 3 人。

为满足各年龄段汉语学习者的不同需求，萨大孔院开发了多元化的汉语课程内容，除教授基础汉语、高级汉语、商务汉语、旅游汉语等语言类课程外，还教授中国料理、中国围棋、茶艺、书法和太极拳等丰富的文化类课程。

---

① 刘浦：《克罗地亚汉语教学的发展和管理》，《各界》2020 年第 4 期。
② 刘浦：《克罗地亚汉语教学的发展和管理》，《各界》2020 年第 4 期。

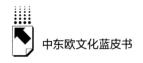
（三）其他汉语教学点

位于克罗地亚瓦拉日丁的 KEZELE 外语学校目前也提供汉语课程，该机构的授课形式主要是线下 3~5 人小组学习或一对一学习。随着互联网的发展，克罗地亚出现了提供汉语课程的线上学习平台，如克罗地亚本土线上教育平台"EdukaCentar""en-be"等，这些线上学习平台的授课形式一般是讲师通过 Zoom、Teams、Skype、Google Meet 等实时通信软件进行的，部分平台可由学生自由选择线上或线下授课形式。

三 克罗地亚中国文化研究的机构及活动

（一）研究中国文化的机构及组织

克罗地亚较早开始进行中国文化研究的官方机构之一是萨格勒布米马拉博物馆。米马拉博物馆始建于 1980 年，于 1987 年 7 月 17 日正式向公众开放，藏品主要来源于收藏家安特·托皮奇·米马拉的捐赠。米马拉希望他的私人艺术收藏能成为国家遗产的一部分，其中包括从商朝到清朝末期和1911 年革命期间创作的中国艺术作品。该博物馆中数量最多的是绘画技法多种多样的中国瓷器，包括唐代的花瓶和宋代的青瓷、陶瓷。金属制品有青铜礼器、博山炉，以及采用掐丝珐琅、錾刻、彩绘等工艺制作的各种造型的珐琅器皿。该博物馆还拥有大量用不同类型的半宝石切割而成的藏品，包括中国玉石，玛瑙、紫水晶、红玉髓和青金石工艺品，以及贝壳、象牙、犀牛角、红漆等材质的雕刻。①

2019 年 4 月 26 日，中国—克罗地亚健康旅游示范中心在萨格勒布综合医疗院正式揭牌。② 萨格勒布综合医疗院是一家私人医疗机构，成立于 1994

---

① 米马拉博物馆官网，https：//www.mimara.hr/Zbirke/Zbirka% 20dalekoisto% C4% 8Dne% 20umjetnosti。
② "Traditional Chinese Medicine Introduced to Croatian Health Tourism"，Xin Hua Net，Apr. 27，2019，http：//www.xinhuanet.com/english/2019-04/27/c_ 138013856_ 2. htm.

年，目前已经是东南欧地区行业领先的私立医疗机构之一，除克罗地亚首都萨格勒布之外，该机构在斯普利特、里耶卡、查科韦茨和奥西耶克等城市均设有分支机构。中国—克罗地亚健康旅游示范中心是中克两国之间在健康领域达成的第一个合作项目。该中心以中医文化为特色，为患者提供基于中医理论的治疗服务。

萨格勒布大学不仅在汉语言领域发挥着重要作用，还在中国文化或汉学研究领域较为领先，开设了专门的汉学研究专业。20 世纪 70 年代，曾有中国教师帮助该大学的哲学院开设了学习中文的课程，该大学的汉学研究传统由此起源并逐渐发展。至 2004 年，经萨格勒布大学哲学院理事会决定，该学院正式成立了汉学自由研究室。萨格勒布大学哲学院汉学系官网信息显示，该学院于 2024~2025 学年开始招收了第一届本科汉学专业学生，这将是克罗地亚共和国首个正式获批的汉学本科专业的首次招生，同时，该专业于 2027~2028 学年招收第一届研究生。① 2024 年 4 月 29 日至 5 月 3 日，萨格勒布大学哲学院举办"汉学自由学习二十年（2004~2024）暨全日制汉学学习开学（2024 年）"展览。2024 年 3 月 27 日，汉学专业正式的开学典礼于哲学院图书馆大厅举行。②

2024 年 3 月，克罗地亚第一个汉学家学会——克罗地亚汉学家学会通过视频会议的形式正式成立，该学会同时是世界汉学家联合会的成员，将通过举办学术会议、研讨会、圆桌会议、师生交流活动等形式，促进克罗地亚汉学研究与中国学界的学术合作和交流互动。③

（二）中国文化研究相关的各项活动

萨格勒布大学是克罗地亚中国文化研究学术活动的主要推动者之一，在该大学举办或与该大学联合举办的各项中国文化领域的学术活动是该国中国

---

① 萨格勒布大学哲学院汉学系官网，https：//sinologija. ffzg. unizg. hr/? page_ id=1341。
② 萨格勒布大学哲学院汉学系官网，https：//sinologija. ffzg. unizg. hr/。
③ "CCS Helps Promote Chinese Language and Culture in Croatia, Says Sinologist", Xin Hua Net, Jun. 11, 2024, https：//english. news. cn/20240611/90f0ad6be8444389b245ab08dd1d3fcb/c. html.

文化研究的重要讨论、交流和展示平台。萨格勒布大学虽然没有固定的学术活动传统，但每年均会举办与中国文化相关的多样化的学术研究活动，如2024年，中国当代诗人西川受邀与克罗地亚诗人米洛斯拉夫·齐林、马尔科·波加查尔进行了诗歌交流；萨格勒布大学人文和社会科学学院举办了主题为"亚洲语境"（AZIJA U KONTEKSTU）的国际学术会议，该会议主题为"思考亚洲语境中的语言和非亚洲语境中的亚洲语言"。伊万娜·布尔扬博士在萨格勒布大学的支持下，领导了研究项目"古典哲学中的非人类动物"，该项目通过研究早期的中国和印度文本，展示了古典文本如何为动物伦理领域的讨论提供相关的概念框架。又如2023年，萨格勒布大学举办了主题为"东方遇见西方：从马可·波罗至今克罗地亚与亚洲之间的文化和经济接触"的跨学科国际会议等。除主办学术活动外，萨格勒布大学还支持自己的学者参加相关的国际研讨会，如伊万娜·古比奇博士参加了香港理工大学举办的"汉字文化圈中的汉文笔谈：东亚文人之间的交流方式"线上特邀研讨会等。

萨格勒布大学孔子学院每年也定期举办各类丰富的中国文化展示体验活动，如"孔子学院日"、赛龙舟、中国文化宣介会、"中国文化周"、"汉语桥"中文比赛、"中国语言文化冬令营"、"中国文化进校园"、"中国传统文化系列活动"等。其中，"孔子学院日"、"中国文化周"、"汉语桥"中文比赛及"中国语言文化冬令营"已经成为每年固定举办的品牌活动，吸引了众多本地民众及汉语学习者参加，在该国具有一定的知名度和认可度。

另外，一个重要的中国文化活动举办者是中国驻克罗地亚大使馆，中国驻克罗地亚大使馆每年不定期举办丰富多元的中国文化展示活动，如汉服展示，中国武术、传统音乐舞蹈表演等，宣传和展示中国的传统文化。此外，中国驻克罗地亚大使馆每年举办开放日、新春招待会、元宵团拜会、国情招待会等固定活动，在这些活动中，通常会有舞狮、书法、茶艺、围棋、古筝、民族舞等中国优秀文化的展示与体验，这些活动也成为向对象国受众展示中国文化和理念的平台。

此外，各类由官方及民间机构自发开展的交流活动也较为频密，从宏观上看，中国与克罗地亚于 1993 年签订了首个《文化教育合作协定》。截至 2013 年底，双方已签署 6 个政府间文化合作执行计划。

2008 年，中克两国政府签署了《中国教育部和克罗地亚共和国科学、教育和体育部 2008—2010 年教育合作执行计划》。

2013 年 3 月，中国教育部副部长刘利民访克，签署了《中华人民共和国教育部与克罗地亚共和国科学、教育和体育部 2013—2016 年教育合作计划》。

2018 年，中国驻克罗地亚大使馆和克罗地亚乒协签署了关于开展长期合作的谅解备忘录，同年，两国政府还签署了《中华人民共和国教育部和克罗地亚共和国科学和教育部 2018—2022 年教育合作计划》。

2019 年，李克强总理访克并出席第八次中国—中东欧国家领导人会晤期间，中国国家体育总局和克国家体育局签署合作谅解备忘录。11 月，《习近平讲故事》克罗地亚文版在克发布。中克两国还于该年共同举办了"中克文化和旅游年"活动，双方在此框架内举办了 10 余项大型文化交流活动。同年，东南欧中医药国际合作与发展高峰论坛在萨格勒布举行，该论坛主要聚焦中医理论、中国中医专家的临床实践经验以及中医药领域的商业应用。

2021 年，中克签署《中华人民共和国教育部和克罗地亚共和国科学与教育部关于相互承认高等教育学历学位的谅解备忘录》。

2022 年，《平"语"近人——习近平总书记用典》克罗地亚文版在克罗地亚正式发布。同年，中克建交 30 周年系列庆祝活动中的首届克罗地亚中国电影节在萨格勒布举行。

2023 年，由芒果台和湖南卫视共同制作的《花儿与少年·丝路季》旅行真人秀在克罗地亚录制并播出。10 月，南京大学民族乐团在萨格勒布大学音乐学院举办"丝路华韵"专场演出。12 月，中国国家体育总局局长、中国奥委会主席高志丹访克，并与克罗地亚奥委会签署合作谅解备忘录。

2024 年 1 月，远海国际旅游集团、北方国际集团等在克中企及克中资商会共同参加 2024 年萨格勒布国际旅游展。4 月，克罗地亚教育代表团一行访问了同济大学国际文化交流学院"留学生中医文化体验园"。5月，前克罗地亚副总理司马安访问了贵州中医药大学，并进行了学术交流。司马安先生曾担任克罗地亚里耶卡市医学院院长，他表示希望通过建立海外中医推广中心等方式推动中医药在欧洲的高质量传播，并希望通过克罗地亚的地理优势，将中医药文化介绍给其他欧洲国家，为当地病患提供中医诊疗服务。[①]

由此可以看出，除语言学习与文化研究外，体育、旅游与中医是克罗地亚受众感兴趣的领域，具有一定的开发潜力。

四　有关中国文化的学术研究

（一）学术论文

从谷歌学术网站的收录情况来看，克罗地亚学界专门针对中国的研究在21世纪以后有了较为显著的增长，主要的研究领域有国际关系与政治、人文和社会、医疗健康、旅游业及生态环境等。

在国际关系与政治领域，学者以"当今中国及中克关系"、"中国与克罗地亚的关系：里程碑、机遇、局限"及"克罗地亚与中国在双边关系钻石时代的发展"等主题对中国与克罗地亚的关系进行了探讨和展望。[②] 其中，学者如谢罗·沙比奇等在分析中克关系走向时认为，"西方和中国之间的整体政治和经济关系将影响未来几年克罗地亚和中国的合作"。[③] 而对于

---

① 贵州中医药大学国际交流合作处官网，https：//gjjl.gzy.edu.cn/。

② Zhaolin, Zhi, "The China of Today and Relations between China and Croatia," *Croatian International Relations Review* 32 (2003); Šabić, Senada Šelo, and Morgane Rumeau, "Relations between China and Croatia: Milestones, Opportunities, Limitations," *The Role of China in Southeast Europe* (2022); Mihelin, Dario, "Croatia and China in the Diamond Era of Bilateral Relations," in *The Future of China's Development and Globalization: Views from Ambassadors to China* (Singapore: Springer Nature Singapore, 2024).

③ Šabić, Senada Šelo, and Morgane Rumeau, "Relations between China and Croatia: Milestones, Opportunities, Limitations," *The Role of China in Southeast Europe* (2022).

两国关系的未来，学者如达里奥·米赫林在研究中指出，"我们相信，随着2023 年两国间交流往来的恢复，两国合作将腾飞。我们也期待双边高层会晤的恢复，因为这将为进一步加强相互了解与合作提供强大动力"。①

在人文和社会领域，有学者用定量和定性方法对克罗地亚、意大利和中国学生的阅读习惯与图书购买情况进行了比较研究②，还有学者从声音景观这一主题切入，对两国的城市公共开放空间进行了比较研究③。

在医疗健康领域，克罗地亚学者对两次世界大战期间克罗地亚（南斯拉夫）的公共卫生经验与 20 世纪 30 年代中国西医的发展进行了回顾分析。④

在旅游业领域，有学者研究了共产主义思想与中国游客赴克罗地亚旅游之间的联系进行了研究，⑤ 还有学者对克罗地亚开拓中国旅游客源市场做了SWOT 分析，⑥ 另有学者按照旅行意象对前往克罗地亚的中国医疗健康游客群体进行了细分，并认为中国医疗健康游客给克罗地亚旅游目的地的发展带来了可能性。⑦

---

① Mihelin, Dario, "Croatia and China in the Diamond Era of Bilateral Relations", in *The Future of China's Development and Globalization: Views from Ambassadors to China* (Singapore: Springer Nature Singapore, 2024).

② Gandolfo, Alessandro, Mate Juric, and Srećko Jelušić, "Quantitative and Qualitative Methods Applied to Comparative Student Reading Habits and Book Buying Research in Croatia, Italy and China," *LIDA* (2014).

③ Domitrovic, H. et al., Soundscape as a Heritage: How Important is it? Evaluation of Soundscape in China and Croatia, paper represent at the EuroRegio 2016 Congress; Deng, Lingtong et al., "Cross-national Comparison of Soundscape in Urban Public Open Spaces between China and Croatia," *Applied Sciences* 3 (2020).

④ Željko Dugac, "Public Health Experiences from Interwar Croatia (Yugoslavia) and Making Western Medicine in the 1930s China," *Acta medico-historica Adriatica: AMHA*1 (2018).

⑤ Nevenka Čavlek, "Communist Connections? Chinese Tourists in Croatia," *The World Meets Asian Tourists* (2016).

⑥ Borić, Faruk., "'Five Connectivities' of the Belt and Road Initiative: Results and Recommendations for the Future Cooperation", How Bosnia and Herzegovina Perceives the Belt and Road Initiative and China-CEEC Cooperation (2020).

⑦ Kesar, O., Rimac, K., "Medical Tourism Development in Croatia," *Zagreb International Review of Economics & Business* (2011).

在生态环境领域，有学者对比分析了克罗地亚和中国泥鳅属生物的基因①、中国长江鲤鱼与克罗地亚鲤鱼的基因②，有学者对比分析了九寨沟（中国）和普利特维采湖群国家公园（克罗地亚）浮游植物群落的生物多样性和生态学③。

（二）书籍

在谷歌学术、克罗地亚首都萨格勒布市图书馆及"教科书"（Školska knjiga）网站上，以"中国"和"中文"为关键词检索，可以查询到的相关书籍如表 1 所示。

表 1　在克罗地亚可查询到的与中国相关的书籍

出版年份	书名	作者	出版国/引进国	译者	出版社
1899	*Ein Sommer in China : Reisebilder*《中国的一个夏天 : 旅行图册》	von Paul Goldmann	德国	—	Frankfurt a. M. : Literarische Anstalt Rütten & Loening
1920	*Das Reisetagebuch eines Philosophen*《一位哲学家的旅行日记》	Graf Hermann Keyserling	德国	—	Dermstadt : Otto Reichl Verlag
1926	*Die Seele Chinas : mit 36 Abbildungen*《中国之魂 : 附 36 幅插图》	von Richard Wilhelm	德国	—	Berlin : Reimar Hobbing
1934	*Egon Ervin Kisch obavješćuje o tajnoj Kini*《埃贡·欧文·基什讲述中国的秘密》	KISCH, Egon Erwin	德国	Branko Kojić	Zagreb : Binoza

---

① Tomljanović, T. et al., Genetic Analysis of the Genus Cobitis from Croatia and China, 50th Croatian & 10th International Symposium on Agriculture, 2015.

② Yuhua, S. et al., "The Genetic Comparison between Chinese Common Carp (/Cyprinus carpio haematopterus/) //from Yangtze River and common carp (/Cyprinus carpio carpio/) //from Croatia," *Reservoir Fisheries* 6（2007）.

③ Plenković-Moraj, A. et al., "Biodiversity and Ecology of Phytoplankton Communities in Lake Jiuzhaigou Valley (China) and National Park Plitvice Lakes (Croatia)," *Hrvatska znanstvena bibliografija* (2011).

出版年份	书名	作者	出版国/引进国	译者	出版社
1937	*De Fu*《师娘》(另译为《德福》)	Bernhard Wilhelm Busz	德国	—	Assindia-Verlag
1956	*Sa puta po Kini*《中国之旅归来》	Dragi Stamenković	南斯拉夫	—	Beograd：Prosveta
1958	*Kinesko jutro：beleške s puta*《中国早晨：旅行笔记》	Blagoje Bogavac	南斯拉夫	—	Beograd：Minerva
1971	*Kako sam doživeo Kinu*《游历中国》	Jovan Šćekić	南斯拉夫	—	Beograd：Mladost
1973	*Bio sam u Kini posle kulturne revolucije*《"文革"后我去过中国》	Miloje Popović	南斯拉夫	—	Stručna štampa
1975	*Svakodnevna Kina*《中国的日常》	Davor Šošić	南斯拉夫	—	Zagreb：August Cesarec
1978	*Kina：između siromaštva i industrijskog razvitka，Zagreb：Stvarnost*《中国：贫困与工业发展之间》	Ivo Dragičević	南斯拉夫	—	Stvarnost
1978	*Kineski dnevnik*《中国新闻》	Mitja Gorjup	南斯拉夫	Tone Potokar	Zagreb：Globus
1981	*Milijarda：putopis iz Kine*《亿万：中国游记》	Dragomir Popnovakov	南斯拉夫	—	Novi Sad：Književna zajednica Novog Sada
1982	*Kina-oko na putu*《中国—眼在旅途》	Miodrag Pavlović	南斯拉夫	—	Niš：Gradina
1984	*Kina：gradovi，krajevi，ljudi*《中国：城市、地理、人》	Mirko Ostojić	南斯拉夫	—	Sarajevo：Oslobođenje
1987	*Deveto nebo：putopisi i zapisi iz Kine*《第九重天：中国游记》	Dara Janeković	南斯拉夫	—	Zagreb：Mladost
1997	*The Art of War（Umijeće ratovanja）*《孙子兵法》	孙子	克罗地亚	Dragutin Hlad	Misl
2002	*Sic transit：u Kini i drugdje*《过境：在中国与其他地方》	Stijepo Mijović Kočan	克罗地亚	—	Zagreb：Matica hrvatska
2002	*Kina，Od nebeskoga carstva do naših dana*《中国，神州古今》	Ivo Dragičević	克罗地亚	—	Prometej

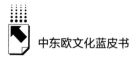

续表

出版年份	书名	作者	出版国/引进国	译者	出版社
2003	*Nešto kao kuća* 《像房子一样的东西》	Sid Smith	克罗地亚/由英文版引进	Mirna Čubranić	FRAKTURA
2004	*Barbarin u Aziji* 《一个野蛮人在亚洲》	Henri Michaux	克罗地亚/由法文版引进	Ana Buljan	Litteris
2005	*Na putu u skrivenu dolinu：umijeće prihvaćanja besmisla I* 《在通往隐秘山谷的路上：接纳无意义的艺术 1》	Davor Rostuhar	克罗地亚	—	Zagreb：Profil International
2006	*Oracle Bones：A Journey between China and the West* 《甲骨文：游走于中西之间》	Peter Hessler	克罗地亚/由英文版引进	—	London：John Murray
2007	*Ljepoti je mjesto u Kini* 《属于中国之美》	Josip Diminić	克罗地亚/由英文版引进	Boris Gregorić	Zagreb：Meandar
2008	*Na Dalekom istoku：uspomene našega dobrovoljca iz Sibirije, Mandžurije, Mongolije i Kine* 《在远东：西伯利亚、满洲、蒙古和中国志愿军回忆录》	Hrvoje Grgurić	克罗地亚	—	Zagreb：Ex libris
2009	*Kineska studija：Najsveobuhvatnija studija o prehrani ikad provedena* 《中国研究：有史以来最全面的饮食研究》	T. Colin Campbell, Thomas M. Campbell II	克罗地亚/由英文版引进	Krešimir Jukić	TELEdisk
2010	*Hrvatsko-kineski razgovorni priručnik* 《克—中会话手册》	Dunja Konfic（Liu Tao）	克罗地亚	—	Dominovićd. o. o.
2010	*Kina, bajkovita zemlja：tragom Marka Pola* 《中国，童话般的国度：追寻马可·波罗的足迹》	Slobodan Stajić	波黑	—	Sarajevo：Rabic

续表

出版年份	书名	作者	出版国/引进国	译者	出版社
2011	*Putovanja s Herodotom*《与希罗多德一起旅行》	Ryszard Kapuscinski	克罗地亚/由波兰文版引进	Mladen Martić	Zagreb：AGM
2011	*Kina iza zida：putopisna monografija*《墙后的中国：游记》	Spomenka Podboj	克罗地亚	—	Zagreb：[vlast. nakl.？]
2012	*Na putu u skrivenu dolinu：umijeće prihvaćanja besmisla II*《在通往隐秘山谷的路上：接纳无意义的艺术 2》	Davor Rostuhar	克罗地亚	—	Zagreb：Klub za ekspedicionizam i kulturu
2013	*Promjena*《变》	莫言	克罗地亚	Karolina Švencbir Bouzaza	FRAKTURA
2013	*Kina Na Balkanu*《中国在巴尔干》	Jurčić，Ljubo，Mesić，Stjepan，Plevnik，Jasna	克罗地亚	—	Plejada
2015	*Pogled na Kinu：sve što želite da znate o Kini*《中国概览：你想知道的关于中国的一切》	Jin Bo	克罗地亚	—	Albatros plus
2015	*Crvena prašina：jedna staza kroz Kinu*《红尘：浪迹中国》	马建〔英〕	克罗地亚/由英文版引进	Alenka Mirković Nađ	AGM
2016	*Kineska kuhinja-izvorni kineski recepti*《中国菜 —原创中国菜谱》	Jcremy Pang	克罗地亚/由英文版引进	—	Lumen
2017	*Ljubavna priča mladog svećenika*《受戒》	汪曾祺	克罗地亚	Mario Jović	Književna udruga Krug knjiga
2018	*Stogodišnji maraton*《百年马拉松》	Michael Pillsbury	克罗地亚/由英文版引进	—	Profil knjiga d. o. o.
2018	*Put*《正道：中国哲学家论好的生活》	Michael Puett，Christine Gross-Loh	克罗地亚/由英文版引进	—	Fokus komunikacije d. o. o.

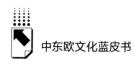

续表

出版年份	书名	作者	出版国/引进国	译者	出版社
2018	*Marko Polo ili Putovanje koje je promijenilo svijet*《马可·波罗，或改变世界的旅程》	John Man	克罗地亚/由英文版引进	Tihomir Tonković	Zagreb：Profil knjiga
2019	*Trideset šest drevnih kineskih strategija-Za primjenu u politici, diplomaciji i špijunaži*《中国古代三十六计——应用于政治、外交和情报》	Stefan H. Verstappen	克罗地亚/由英文版引进	—	Profil knjiga d. o. o.
2019	*Xi Jinping pripovijeda kineski san*《习近平讲故事》	人民日报社	克罗地亚/由中文版引进	—	Hrvatska sveučilišna naklada
2020	*San sela Ding*《丁庄梦》	阎连科	克罗地亚/由英文版引进	Duška Gerić Koren	HENA COM
2020	*I Ching ili Knjiga promjene*《〈易经〉，或一本关于变化的书》	Brian Browne Walker	克罗地亚/由英文版引进	—	Mozaik knjiga
2021	*Svila, zmajevi i papir-kineska civilizacija, kultura, arheologija i povijest*《丝、龙、纸——中华文明、文化、考古与历史》	Zvonimir Stopić, Goran Đurđević	克罗地亚	—	Alfa d. d.
2021	*Kineski supermediji*《中国超媒体》	Paul Dong, Thomas Raffill	克罗地亚	—	TELEdisk
2022	*Kina i Jugoslavija od 1948. do 1971.*《中国与南斯拉夫 1948—1971》	Zvonimir Stopić	克罗地亚	—	SREDNJA EUROPA
2023	*China, Yugoslavia, And Socialist Worldmaking：Convergences and Divergences*《中国、南斯拉夫和社会主义世界塑造：趋同与分歧》	Pirjevec Jože Stopić Zvonimir Ramšak（ur.）Jure Zhanjun（ur.）Liang	斯洛文尼亚	—	ANNALES

通过检索，截至 2024 年 5 月 31 日，克罗地亚正式出版或引入的与中国相关的书籍共 48 本。从时间与主题来看，19 世纪末至 20 世纪初，在克罗

地亚流通的与中国相关的书籍大多来自德国，内容主要集中在对中国的旅行记述和民俗风情的观察，数量不多。自 20 世纪中期开始，有南斯拉夫学者赴中国游历，亲身经历与体验中国的生活与文化，且此阶段的主题更加多样化，包括了对中国社会与日常生活的观察。进入 21 世纪，克罗地亚出版的与中国相关的书籍的主题进一步扩展至中国的哲学经典、现代文学、政治思想以及中克关系研究等领域。出版书籍的主题变化趋势反映了中国在全球化背景下影响力的变化趋势。

从跨文化传播的角度来看，中国相关信息的介绍最早从德国传入克罗地亚，体现了德国学者在 19 世纪末和 20 世纪初对中国的学术兴趣与当时德语文学在克罗地亚的影响力。从总体来看，有较高比重的与中国相关的书籍是从德语、英语、法语、波兰语等语言翻译过来的。这一方面揭示了中国文化传入克罗地亚的路径，另一方面反映了译作在中国与该地区进行跨文化交流中的重要性。随着时间的推移，克罗地亚本土及邻国学者开始成为本国中国文化研究的主体，反映了该国与周边国家和中国的文化联系逐渐增强。同时，值得注意的是，这些书籍不仅是对中国文化的介绍和探索，也体现了中东欧国家的学者对中国文化的解读和再创造。这种跨文化传播不是单向的，而是互动的，为中国文化在该地区的传播与接受提供了广泛的平台。

五　克罗地亚汉学家

最早一位有资料记载的来到中国的克罗地亚人是前文提到的耶稣会士、数学家和天文学家邬若望，他于 1616 年抵达中国澳门，在从事传教工作的同时教授数学知识，后于 1621 年在南昌去世。邬若望尽管在中国的时间较短，且未留下针对中国的研究资料，但推算出了澳门的经度，并最终帮助学界确定了澳门的地理坐标，也对数学知识的传播做出了贡献。

伊沃·德拉吉切维奇是现当代克罗地亚最著名的汉学家之一。德拉吉切维奇 1919 年出生于克罗地亚西南部布拉奇岛的苏佩塔尔，1955 年毕业于萨

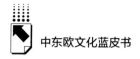

格勒布法学院，1970年于萨格勒布经济科学学院获得博士学位，后就职于空军军官学校，教授通识类及经济学相关科目，后曾任南斯拉夫商会代表处驻中华人民共和国大使馆经济顾问。德拉吉切维奇是克罗地亚最早对中国进行有针对性研究的学者之一，1978年，他的专著《中国：贫困与工业发展之间》正式出版，探讨了中国在这一时期面临的社会经济挑战，特别是从贫困向工业化经济转型的复杂性。德拉吉切维奇于1997年逝世，2002年，他的遗作《中国，神州古今》正式出版，该专著写作逻辑清晰、文字通俗，是一部百科全书式的指南手册，涵盖了从秦朝到20世纪末中国古今的方方面面，对向克罗地亚民众介绍中国文化起到了重要的作用。

克莱什米尔·尤拉克是萨大孔院的创始院长兼外方院长，曾于萨格勒布大学人文学院教授中国历史科目，主要研究方向为中文教育、中国学视域下的当代中国和克罗地亚人文商务合作、中国语言文化活动策划和推广等。在他的领导下，萨大孔院与萨格勒布大学的经济学院、工程学院、艺术学院等院系在"中文+商务""中文+工程"等领域展开了广泛的合作。2023年，尤拉克获得了"孔子学院院长纪念奖章"。

白伊维是国际关系、政治学博士，毕业于北京大学，曾为中国社会科学院访问学者，现是北京首都师范大学国别区域研究院任研究人员。白伊维能熟练使用克罗地亚语、塞尔维亚语、英语及汉语进行教学、科研和交流，主要研究方向为东南欧政治、经济和社会转型、巴尔干国家史、中国对外政策和倡议及中欧关系。其发表的研究成果包括《西巴尔干政治经济学与中国投资倡议》《中国对巴尔干政策：对"16+1"框架的评估》《关于前南地区国家转型问题的三个概念辨析》等文章，以及专著《前南地区社会转型与社会发展研究》。①

此外，克罗地亚较为活跃的汉学家还有伊维察·巴科塔和伊万娜·布尔扬。巴科塔是克罗地亚首个汉学家学会的创始成员之一，同时兼任北京首都师范大

---

① 首都师范大学国别区域研究院网站，https://igas.cnu.edu.cn/zjxz/0b77c20aad9e43039d
70878c9c1dd4c1.htm。

学历史学助理教授[1]；布尔扬则是萨格勒布大学中文系负责人，在汉学研究和教学方面具有丰富的经验，多次推动克罗地亚和中国之间的学术合作[2]。

结 语

从总体来看，克罗地亚对中国的接触始于 17 世纪，而中国文化从 19 世纪末至今在克罗地亚的传播与接受历程，从一个侧面反映了中国文化在不同历史时期在不同国家之间的跨文化交流、政治互动及中国全球影响力的变化。

1990 年以后，随着全球化进程的推进和中克两国关系的深化，克罗地亚学界开始积极拓展对中国的研究视野，研究领域逐渐扩大至科技、农业、经济、文化、语言和文学等多个领域。萨格勒布大学在这一过程中发挥了关键作用。2004 年，萨格勒布大学设立了汉学专业，这一举措不仅标志着克罗地亚汉学研究的正式起步，也标志着克罗地亚对中国语言和文化的系统研究与教学的开始。该专业课程涵盖语言、文学、历史、哲学和社会等多个领域，为克罗地亚培养了一批中国文化研究的人才。此外，克罗地亚的汉学家如伊沃·德拉吉切维奇、克莱什米尔·尤拉克等，也在推动中克文化交流和学术研究方面做出了重要贡献。他们的研究不仅丰富了克罗地亚对中国的学术理解，也促进了两国在多个领域的互鉴与合作，为未来的中克文化交流与可持续发展打下了良好的基础。

近年来，克罗地亚的汉学研究不仅关注国际政治、人文社会等领域，还积极探索医疗健康、旅游等实际应用领域，体现出中国与克罗地亚之间交流与合作的深化产生的研究领域拓展。随着中克两国关系的不断密切，未来两国学界和民间的交流与互动将会把克罗地亚的中国文化研究向更宽的领域和更深的层次推进。

---

[1] "CCS Helps Promote Chinese Language and Culture in Croatia, Says Sinologist", Xin Hua Net, Jun. 11, 2024, https://english.news.cn/20240611/90f0ad6be8444389b245ab08dd1d3fcb/c.html.

[2] "CCS Helps Promote Chinese Language and Culture in Croatia, Says Sinologist", Xin Hua Net, Jun. 11, 2024, https://english.news.cn/20240611/90f0ad6be8444389b245ab08dd1d3fcb/c.html.

B.6
捷克的中国文化研究报告

高晓潼*

摘 要： 近年来，中国文化逐渐受到世界的广泛关注，作为共建"一带一路"的重要国家，捷克与中国有着密切的人员往来和文化交流，其国内有许多专门从事中国文化研究的组织和机构。目前，捷克境内共有三所大学开设了中文专业，成立了两所孔子学院，开设了三个孔子课堂，有四所涉及中国文化研究的科研机构，有五种涉及中国文化研究的期刊以及多个从事中国文化推广与传播的民间机构。从整体来看，近两年捷克对中国文化的研究兴趣比以往有所提升，在研究内容上以中国文学、汉语语言学和社会发展为主。

关键词： 捷克 中国文化 汉学 文化交流

捷克与中国的文化交流最早可追溯至 14 世纪，17、18 世纪出现早期来华热潮，现在的捷克汉学最早开始于 19 世纪末。1882 年捷克布拉格查理大学创办东方学系，1922 年捷克斯洛伐克东方研究所成立，1946 年位于捷克奥洛穆茨的帕拉茨基大学开设国内首个汉学专业，1947 年捷克布拉格查理大学设立远东系，1953 年捷克斯洛伐克科学院成立，东方研究所并入其中。直至今天，设有中文专业的捷克高校和捷克东方研究所仍是捷克中国文化研究的两大重要阵地。

---

* 高晓潼，广东外语外贸大学区域国别学院（国际关系研究院）捷克语专业教师，主要研究方向为中东欧区域国别研究、中捷比较文学和捷克汉学。

一　捷克的汉语教学

（一）捷克高校

目前，捷克国内共有三所大学开设中文专业，分别是布拉格查理大学、奥洛穆茨帕拉茨基大学和布尔诺马萨里克大学。除此以外，布拉格私立城市大学也有涉及中国研究的课程，但目前仅针对硕士研究项目。

1. 查理大学

作为捷克境内最古老的大学，捷克布拉格查理大学在汉学方面有着长远的发展历史，在现今捷克的汉学领域中发挥着重要作用。

1882 年查理大学设立东方学系，捷克著名东方学家、捷克汉学开拓者鲁道夫·德沃夏克于 1884 年在此任教，其研究和教学工作几乎遍及当时东方学研究的整个领域。后因缺少继承人，捷克汉学的研究在德沃夏克去世后出现断代。二战结束后，原捷克斯洛伐克国内大学逐步恢复教学，1947 年查理大学成立远东系，由著名汉学家普实克担任系主任。1968 年布拉格之春事件爆发后，原捷克斯洛伐克汉学受到较大影响。1993 年查理大学设立远东研究所，后经不断调整，多个东亚语种专业不断独立，最终在 2019 年形成了如今的汉学系。

查理大学汉学系属于哲学院，其教育涵盖本科、硕士、博士三个阶段。其中，本科学制为三年，课程主要分为两种：现代语言及其语法系统以及文言文基础。前者包括汉语拼音、词汇学、语音学和阅读等，后者包括广义语言学背景下的系统语法和一些文言文阅读。除此之外，还会开展一些有关中国历史和文化概况的讲座及研讨会。

硕士学制为两年，主要分为四个研究方向：汉语语言学、中国古典文学、中国现当代文学和新中国的历史与文化。查理大学汉学系并未设置专门的汉学博士点，学生在获得硕士学位后若想继续攻读相关博士学位，可以选择哲学院的"亚洲历史与文化"博士研究项目，学制为四年，目前该项目包含以下三个研究方向：亚洲与非洲国家历史和文化、亚洲与非洲国家语言、亚洲与非洲国家文学理论和历史。该博士研究项目由查理大学哲学院和捷克东方研究所以及国家博物馆联合展开。

在师资方面，查理大学汉学系目前共有 8 位专业教师，其中 1 位教授、2 位副教授，现任系主任是卢卡什·扎德拉巴。教师的研究方向多集中于中国文学、历史、思想和汉语教学等。除专业教师外，还有 5 位外聘教师，其中 4 位来自捷克东方研究所，1 位来自查理大学哲学院亚洲研究所。[①] 外聘教师多负责定期举办讲座和研讨会。

在招生方面，2020 年以来查理大学汉学系本科招生人数最多为 22 人（见表 1），硕士招生人数最多为 20 人[②]。

表 1　2020 年以来查理大学汉学系本科招生情况

单位：人

学年	预计招生人数	报名人数	录取人数	实际入学人数
2020/2021	20	50	21	16
2021/2022	20	50	20	14
2022/2023	22	70	22	10
2023/2024	22	51	22	19

资料来源："Sinologie | Filozofická fakulta Univerzity Karlovy"，查理大学汉学系官网，https://www.ff.cuni.cz/prijimaci-rizeni/studijni-obory/bakalarske-obory/sinologie/#pocty。

查理大学哲学院拥有自己的图书馆，其中远东图书馆拥有汉学相关藏书超 13000 本，占远东图书馆全部藏书的 57%，[③] 主要包括中文出版的书籍、期刊、视听文件和学位论文等。除此之外，查理大学还设有蒋经国国际汉学研究中心，并定期组织国际会议和研讨会。

---

① "Interní vyučující"，查理大学哲学院汉学系官网，https://ksi. ff. cuni. cz/cs/lide/vyucujici/。
② "Přijímacířízení Bc. a NMgr."，查理大学哲学院汉学系官网，https://ksi. ff. cuni. cz/cs/uchazec/prijimaci-rizeni/。
③ "Knihovna"，查理大学哲学院汉学系官网，https://ksi. ff. cuni. cz/cs/knihovna/。

2. 帕拉茨基大学

帕拉茨基大学位于捷克东部城市奥洛穆茨，是原捷克斯洛伐克最早开设汉学专业的高等院校。1946 年由于校长约瑟夫·卢德维克·费希尔对中国和印度的哲学很感兴趣，帕拉茨基大学哲学院设立了汉学专业和印度学专业，其中汉学专业主要由汉学家普实克及其学生奥古斯丁·帕拉特（中文名为白利德）讲授。由于当时学校管理层的不断干预，1952 年帕拉茨基大学哲学院取消了汉学专业的设置，学习汉语的学生必须到布拉格查理大学继续念书，学校的图书馆也归东方研究所所有。[①] 1991 年帕拉茨基大学哲学院的罗曼语系开始筹备设立汉语专业，该计划在 1993 年得到落实，当时的汉语专业属于哲学院罗曼语系下设的远东系，该系于 2002 年正式改为现在的亚洲研究系，隶属于哲学院，从罗曼语系中独立。

帕拉茨基大学亚洲研究系的教学面向本科、硕士和博士三个阶段，在汉语教学方面，本科设有汉语语言学，学制为三年；硕士研究方向为"亚洲研究"项目下的"汉语语言与文化"，学制为两年；博士研究项目为"中国和日本语言与文化"，学制为四年。

在师资方面，共有 16 位专业教师，其中 2 位副教授，现任专业负责人是萧月嫦。教师的研究方向多为汉语语言学、中国文学、中国外交政策、国际关系、翻译研究和亚洲媒体形象分析等。该校学生在就读期间有机会前往中国高校进行交换学习，合作高校包括北京理工大学、西南大学、西南交通大学、天津师范大学、湖南师范大学、台湾师范大学、香港中文人学等15 所。[②]

在学术研究方面，亚洲研究系致力于定期举办大型学术会议，自 2020

[①] 奥·巴拉特、戴·赛纳尔、徐宗才：《捷克汉学研究概述》，《东欧》1996 年第 2 期，第45 页。

[②] "Destinace/Programy"，帕拉茨基大学亚洲研究系官网，https：//kas. upol. cz/studentum-kas/studium-v-zahranici/destinace-programy/。15 所高校具体为：西南交通大学、西南大学、天津师范大学、贵州大学、台湾师范大学、北京理工大学、台湾政治大学、台湾静宜大学、台湾东海大学、湖南师范大学、台湾大学、台湾"清华大学"、香港理工大学、香港教育大学和香港中文大学。其中前十所高校与帕拉茨基大学签署了学生互换的双边协议。

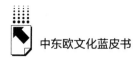

年至今连续主办了四届亚洲研究年会，与欧洲东南亚研究协会在 2021 年联合举办了第十一届欧洲东南亚研究会议。除此之外，该系还编辑出版了两本学术期刊，分别是东方学研究期刊《远东》和亚洲研究期刊《亚洲族裔》。

3. 马萨里克大学

作为仅次于查理大学的捷克第二高校，位于捷克第二大城市布尔诺的马萨里克大学在汉学方面的研究起步相对较晚。2009 年开设中国文化研究专业，当时属于宗教研究中心内的一个分支方向，2013 年该专业独立，改为中国学，2014 年与日本学共同并入新成立的亚洲研究中心。起初该专业教学只面向本科阶段，2015 年增设硕士研究项目，2017 年同中国高校开展联合硕士培养。

马萨里克大学中国学专业共有 11 位教师，其中 1 位副教授，专业负责人是杜桑·瓦夫拉。教师的研究方向多为汉语语言学、中国思想史、中国古代宗教、中国文学史和中国现代国际关系等。

作为 21 世纪新成立的专业，马萨里克大学的汉学相较于查理大学和帕拉茨基大学有着自己独特的教学特点。本科学制为三年，课程内容设置基本分为两个板块，即汉语语言教学和中国文化研究，课程性质分为必修科目和选修科目。在语言教学方面，每年该专业会聘请多位中文教师，最多可达15 位，从而达到与学生一对一进行中文训练的效果；在文化学习方面，必修科目主要介绍中国的历史、文学和思想，选修科目则大多针对中国近现代史和当代中国问题。①

除了将汉语作为独立专业进行学习，学生还可以选择另一专业进行辅修，该学习项目主要由汉学系和哲学院的其他专业，以及经济管理学院、信息学院和社会学院的多个专业共同构成。

目前，马萨里克大学仅有一个中国学硕士点，其重点在于对现代中国的研究，包括中国的政治发展、社会与文化以及宗教现状等。除了基础教学以

---

① "Bakalářské studium"，马萨里克大学中国学专业官网，https：//cinskastudia. phil. muni. cz/studium/bakalarske-studium。

外，该硕士项目的特色在于自 2017 年起和中国浙江大学中国学研究中心共同开展双学位合作，学生第一学年在马萨里克大学学习，第二学年则前往中国浙江大学学习，顺利完成学业的学生将获得双硕士学位。

中国学专业每年至少会组织一次大型学术会议，2021 年承办了第十八届欧洲台湾研究协会年会，2022 年参与举办了第十五届捷克和斯洛伐克汉学年会，2023 年与捷克科学院马萨里克研究所和档案馆联合主办了主题为"欧洲和东亚的激进右翼：比较研究与新研究方法"的国际会议。

4. 布拉格私立城市大学

布拉格私立城市大学成立于 2001 年，属于捷克最大的私立大学之一，重视学生的国际化培养。其硕士项目"亚洲研究"学制为两年，部分内容涉及中国文化，主要体现在"中国社会与文化""现代中国的政治发展"课程当中，其余多为亚洲范围内的综合性研究，严格来说并非专门从事中国文化研究的项目。

（二）孔子学院和孔子课堂

目前，捷克国内共有两所孔子学院和三个孔子课堂，分别是帕拉茨基大学孔子学院和布拉格金融管理大学孔子学院，布拉格中华国际学校孔子课堂、奥斯特拉发技术大学孔子课堂和布杰约维采商业技术学院孔子课堂。

帕拉茨基大学孔子学院属于帕拉茨基大学哲学院亚洲研究系，于 2007 年 9 月 26 日成立，由中国北京外国语大学和捷克帕拉茨基大学共同创办，拥有汉语教学认证的权利。除了开设语言课程外，该孔子学院还提供汉语教师培训、中国文化普及以及推动中捷高等院校建立合作等服务。2014 年，帕拉茨基大学孔子学院在捷克首都布拉格设立分校。

布拉格金融管理大学孔子学院于 2008 年 11 月由捷克布拉格金融管理大学和中国计量大学合作建立，其举办的活动主要集中在三个领域：标准汉语教学、中国传统文化介绍和经贸合作咨询。自 2021 年起每年定期举办"口译与教学"研讨会，主要内容为汉语教学和中文翻译，主要面向从事中文教学和汉学专业的青年教师与学生，至今已成功举办四届。

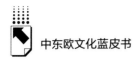

2007 年，布拉格中华国际学校孔子课堂成功开设。布拉格中华国际学校建于 1995 年，是经捷克政府批准成立的具有从事教育和语言教学资质的独立法人教育机构，是捷克第一所以汉语为授课语言的全日制中文国际学校，校长和授课教师均为中国人，面向旅居捷克的 6~18 岁华裔青少年，为其提供从小学到初中，共九年的中文基础教育和三年的国际高中文凭中文课程教育。

2018 年，经中国国家汉办批准，奥斯特拉发技术大学孔子课堂成功开设，这是在捷克高校中开设的第一所孔子课堂，由中国河北地质大学和捷克奥斯特拉发技术大学共同承建。

2022 年 10 月，布杰约维采商业技术学院孔子课堂由中国上海对外经贸大学和捷克布杰约维采商业技术学院合作开设，是捷克高校内的第二个孔子课堂，同时是捷克境内的第三个孔子课堂。

二 捷克中国文化研究的机构及活动

（一）捷克东方研究所

除了前文提到的捷克高校，隶属于捷克科学院的东方研究所同样致力于推动捷克汉学的发展，也是目前捷克国内最重要的汉学研究机构。

1922 年 1 月 25 日，捷克斯洛伐克东方研究所成立，其研究经费来源于总统马萨里克，因此得以作为独立机构开展研究工作，然而首批 34 位研究员中 1 位汉学家都没有。① 1953 年，捷克斯洛伐克科学院成立，东方研究所并入其中，由普实克担任所长。该研究所成为当时捷克斯洛伐克第一个东方学研究基地，20 世纪 50~60 年代有 15 位汉学家在此从事研究工作，主要研究中国历史、文学史和汉语语言学及语音学②，布拉格成为当时欧洲中国文

---

① 奥·巴拉特、戴·赛纳尔、徐宗才：《捷克汉学研究概述》，《东欧》1996 年第 2 期，第 43 页。
② 奥·巴拉特、戴·赛纳尔、徐宗才：《捷克汉学研究概述》，《东欧》1996 年第 2 期，第 45 页。

学研究的中心之一①。

现任东方研究所所长为达娜·德鲁霍索娃，研究所下设四个研究部门，分别为东亚部、南亚部、中东部和台湾分部。东亚部主要研究中国和日本的历史、社会、文化与文学，现任负责人为汉学家雅各布·赫鲁比。包括部门负责人在内，东亚部共有 10 位研究员，其中 9 位从事中国相关研究，研究方向主要涉及中国现当代文学、中国思想史、中国古代社会与政治制度、中国古典文学与哲学、现代汉语语音学、台湾历史文化与文学以及西藏和新疆。

东方研究所内有五个图书馆，分别为总图书馆、鲁迅图书馆、费正清图书馆、藏学图书馆和韩国图书馆。目前共出版两种刊物，分别是《东方档案》和《新东方》。在国际合作方面，东方研究所分别和中国四川大学社会发展与西部开发研究院、台湾"中研院"历史语言研究所签订了双边合作协议。

2021 年 11 月，东方研究所在捷克科学院举办了第十四届捷克和斯洛伐克汉学年会，两国汉学家就中国文学（包括古典文学和现当代文学）、汉语语言学、政治思想、社会（包括古代社会和现代社会）等多个主题展开讨论，第十五届汉学年会由马萨里克大学在次年的同一时间举办。在这两届汉学年会中，讨论数量最多的主题是汉语语言学，其次是现代社会，再者是艺术，如苏州木雕、青绿山水画等，以及古典文学，如《淮南子》《金瓶梅》等（见图 1）。

（二）查理大学蒋经国国际汉学研究中心

在中国台湾蒋经国国际学术交流基金会的支持下，捷克查理大学在 1997 年成立蒋经国国际汉学研究中心，该研究中心的主要任务是推动汉学成为一门学科，为查理大学乃至整个欧洲范围内的汉学做出贡献，其研究主题包括汉语语言学和中国历史、文化、哲学以及现当代社会等多个方面，定期举办国际会议以及研讨会等活动。现任中心主任为奥尔加·洛莫娃（中文名为罗然）。

---

① 姚宁：《捷克东方研究所》，《国际汉学》2000 年第 2 期，第 429 页。

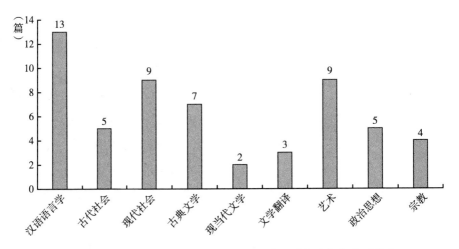

图1　第十四届、第十五届捷克和斯洛伐克汉学年会报告主题分布

资料来源：14./15. výroční česko-slovenská sinologická konference（第十四届、第十五届捷克和斯洛伐克汉学年会议程），https://ksi. ff. cuni. cz/wp-content/uploads/sites/59/2021/11/14. sinokonference_ program. pdf，https：//cinskastudia. phil. muni. cz/media/3468715/program-konference-31. pdf。

2020 年以来，该研究中心围绕中国相关议题共组织了两次讲座、三次国际会议和一场暑期学校活动。讲座主题分别为"习近平领导下中国官方话语中的战略叙述研究"（2020）和"正在消失的多语制——台湾的语言规划和语言转变"（2023），国际会议主题包括"中国音乐与回忆"（2021）"语言的力量：过去与现在中国思想和社会中的正名"（2022）、"欧盟、印度和台湾：印太地区新型地缘政治动态"（2022）。2023 年 9 月，该研究中心在布拉格开展主题为"跨越时空的王维"中国诗歌研究暑期学校项目，邀请多位来自查理大学、国家美术馆以及国外高校和研究机构的专家以讲座的形式介绍王维的诗歌艺术，为相关研究提供新的视角和思路。

（三）帕拉茨基大学哲学院亚洲研究系

除了前文提到的汉语教学，帕拉茨基大学哲学院亚洲研究系也致力于组织开展相关学术活动。自 2020 年至今，该系共组织了四届亚洲研究年会。

首届亚洲研究年会于 2006 年举办，原名为"东亚文化和社会人类学年会", 2016 年改为现用名称。该年会通常于每年的 11 月举办, 以亚洲国家研究为主题, 研究领域包括人类学、历史学、语言学、文学、社会学、国际关系、哲学、艺术、政治等多个学科, 面向国内外所有相关研究学者征集论文, 年会使用语言为英语。截至 2023 年底, 该年会已成功举办十七届, 每届年会内设多个讨论小组, 每个讨论小组有一个确定的主题, 该主题下通常有 2~4 人进行专题报告。自 2020 年第十四届年会至今的四场年会中, 涉及中国的报告数量逐年增加, 其占报告总数的比重在近三年也呈上升趋势 (见表 2)。由此可以看出, 捷克国内外对中国文化的研究兴趣在近年来日益提升。

表 2 2020~2023 年四届亚洲研究年会基本信息

单位: 篇, %

届数	主题	举办时间	中国相关报告数量/报告总数	中国相关报告占报告总数的比重
第十四届	亚洲的有声与无声	2020 年 11 月 20~21 日	26/82	32
第十五届	连续与变化	2021 年 11 月 26~27 日	32/122	26
第十六届	身体、性别、身份	2022 年 11 月 25~26 日	41/103	40
第十七届	解释与误解	2023 年 11 月 24~25 日	45/107	42

由于每届年会的主题不同, 年会内容所偏向的领域也有所不同, 大体来看, 近年来举办的亚洲研究年会对中国的有关研究主要集中在现代社会、汉语语言学和文学 (包括古典文学和现当代文学) 三个领域, 汉语语言学中除了中文还包括粤语以及台湾南岛语言的演变与现状研究。在文学 (包括古典文学和现当代文学) 研究中, 有关古典文学提到最多的作品是《金瓶梅》, 在第十四届至第十六届年会中各有一个相关主题报告, 有关现当代文学提到最多的作者是王安忆和阎连科, 各有两个相关主题报告。

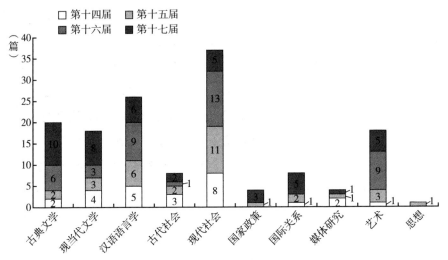

图2　2020~2023 年四届亚洲研究年会报告中有关中国主题的分布

资料来源：Konference | Katedra asijských studií，帕拉茨基大学哲学院亚洲研究系官网，https：//kas. upol. cz/aktivity/konference/。

（四）纳普斯特克博物馆

纳普斯特克亚非美文化博物馆简称"纳普斯特克博物馆"，始建于 1873 年，于 1944 年并入国家博物馆，是目前捷克境内唯一一所致力于收藏非欧洲文明文化遗产的博物馆。馆内有关中国文化的收藏多为 18、19 世纪的工艺美术品、绘画作品、陶瓷和纺织品等，藏品位于亚洲文化展品部，现任部门负责人是海伦娜·海罗多娃。2022 年 9 月，捷克国家博物馆和中国台北"故宫博物院"签署备忘录，结为"姐妹馆"，双方计划在科学研究、展品展出和专家交流等方面展开合作。

捷克国家博物馆定期出版刊物《纳普斯特克博物馆年报》（*Annals of the Náprstek Museum*），每年两期，自 2020 年至今刊登有关中国文化研究的文章共两篇，分别为《袖带：中国服饰中被忽视的元素》① 和《野兽的胜利：

---

① "Sleevebands：Neglected Element in Chinese Adornment"，Národní Museum，https：//publikace. nm. cz/periodicke - publikace/aotnpm/41 - 2/sleevebands - neglected - element - in - chinese-adornment.

1901 年在北京的弗拉茨》。除此之外，还出版了两本书籍，分别是《银与蓝：纳普斯特克博物馆的中国珠宝》（*Stříbrná a modrá：šperky z Č íny v Náprstkově muzeu*）和《美丽与力量：中国画作和历史照片中的服装》（*Krása a moc：oděvy v č ínském malířství a na historických fotografiích*）。

三　有关中国文化研究的出版物

（一）期刊

由前文介绍可知，捷克一些从事中国文化研究的机构除了定期举办学术活动以外也会出版期刊和书籍。目前，涉及中国文化研究的捷克期刊主要是《亚洲族裔》《东方档案》《新东方》《远东》《纳普斯特克博物馆年报》。

1. 《亚洲族裔》（*Asian Ethnicity*）

《亚洲族裔》由帕拉茨基大学哲学院亚洲研究系参与创办，由出版机构 Taylor & Francis（Routledge）印制出版，第一期出版于 2000 年，出版周期为一年四期。该学术期刊主要聚焦研究 20、21 世纪亚洲地区的种族问题，鼓励跨区域、跨学科的研究，关注较多的国家主要是中国、印度和印度尼西亚。该期刊为通过同行评审的国际期刊，被收录于以下多个文摘书目与数据库：CSA Worldwide Political Science Abstracts、EBSCOhost、International Bibliography of the Social Sciences、International Political Science Abstracts、scopus 和 Emerging Sources Citation Index。2023 年的 scopus 引用分为 0.2，SJR 为 0.107，SNIP 为 0.095。[①]《亚洲族裔》编辑委员会由 48 位来自欧洲、亚洲、美国和澳大利亚的专家学者组成，其中 3 位来自帕拉茨基大学，另有 2 位来自中国的香港科技大学和台湾大学。[②]

近年来，该期刊共发表有关中华民族研究的文章 20 篇，其中 2022 年 6

---

① "Scopus Preview"，scopus 官网，https：//www. scopus. com/sourceid/5600155405#tabs = 0。

② "Editorial Board"，Taylor & Francis Online 官网，https：//www. tandfonline. com/action/ journalInformation？ show = editorialBoard&journalCode = caet20。

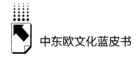

篇，2024 年 8 篇，研究主题可概括为中国少数民族研究和中华民族与其他
民族的国际比较研究。其中，中国少数民族研究共 10 篇，涉及广州客家人、
广西瑶族、云南布朗族以及新疆、西藏、澳门和香港地区的少数民族等；研
究中华民族与其他民族的国际对比的文章共 10 篇，主要是中华民族与相邻
国家民族之间的往来研究。

2.《东方档案》(*Archiv orientální*)

《东方档案》由捷克斯洛伐克东方研究所于 1929 年出版第一期并持续
出版至今。出版周期为一年三期，其中一期为特定主题下的专题讨论，期刊
语言为英语。1929~2010 年刊发的共 78 期期刊原文可以在捷克科学院数字
图书馆中找到。

作为同行评审期刊，《东方档案》致力于发表以亚非地区古代、现代社
会和文化为内容的创新性研究，特别是在历史、宗教、语言和文学领域，同
时进行社会学领域和政治学领域的研究。该期刊的主编是塞尔吉奥·阿利维
尼尼，研究方向为美索不达米亚数学和历史，执行编辑是安娜·克日万科
娃，研究方向为日本小说与漫画。该期刊被数据库 scopus、AHCI（Thomson
Reuters）和 ERIH Plus 收录，2023 年的 scopus 引用分为 0.2，SJR 为 0.107，
SNIP 为 0.095。①

2020~2024 年出版的 13 期刊物共发表文章 127 篇，其中 40 篇与中国有
关（见图 3）。其中，研究影视作品的文章数量最多，均集中在 2022 年第三
期内，该期为主题期刊，所有文章围绕"东亚媒体中的喜剧：苦难生活中
的欢乐"展开研究，以影视作品为研究对象的文章共 8 篇，具体来看以香
港电影为研究对象的文章最多，共 4 篇。在文学翻译文章中，除了部分文章
以中国文学史等编著类书籍为研究对象，其余文章的研究对象主要集中在
《红楼梦》、《西游记》和莫言小说的英文翻译上。

3.《远东》(*Dálný východ*)

《远东》由帕拉茨基大学哲学院亚洲研究系和应用经济学系联合创办，

---

① "Scopus Preview"，scopus 官网，https：//www.scopus.com/sourceid/22779？dgcid = sc_
widget_ citescore#tabs = 0。

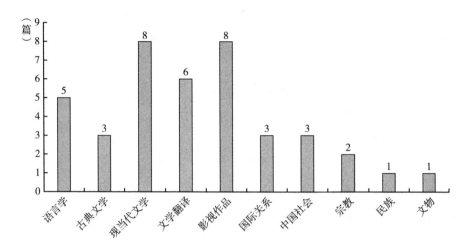

图 3　2020~2024 年《东方档案》中研究内容涉及中国的文章数量

资料来源：Archiv orientální，《东方档案》期刊官网，https：//aror. orient. cas. cz/index. php/ArOr/issue/archive。

第一期出版于 2011 年，自 2012 年起出版周期改为一年两期，期刊语言为捷克语、斯洛伐克语、英语和远东国家语言。该期刊致力于研究远东地区的时事热点、文明发展进程以及该地区从古至今各方面的状况，涉及学科包括政治、经济、社会与文化、艺术史、语言、地理和历史。该期刊属于同行评审期刊，编辑委员会由 10 人组成，主编为任职于帕拉茨基大学的汉学家大卫·乌赫尔（中文名为吴大伟）。

自 2020 年第一期至 2023 年第一期的六本期刊共刊登文章 69 篇，其中有 44 篇研究内容涉及中国。该期刊每一期都有特定主题，2020 年的两期用来刊登亚洲研究系前一年举办的"东方主义与西方主义"研讨会论文，2021 年第一期主题为"纪念汉学家奥尔德日赫·施瓦利尼"，其内容均为汉语文本的韵律研究，2021 年第二期主题为"东方主义"，2022 年与 2023 年共两期主题同为"中文词汇研究"，刊登的 22 篇文章均是该主题下的汉语语言学相关研究。

4.《新东方》(*Nový orient*)

《新东方》由捷克斯洛伐克东方研究所最早出版于 1945 年，目的是使

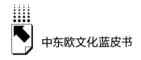

捷克的研究者和民众了解亚洲和非洲国家的现实生活，展示这些国家的真实信息，驳斥人们对东方文化过于浪漫或者仇视的态度。该期刊刊登的文章内容为亚洲和非洲国家历史、宗教、物质文化、当代政治、语言以及文学等方面的介绍，期刊语言为捷克语。该期刊的定位多倾向于亚非国家国情的科普以及相关信息的提供，并非专业性强的学术期刊。

1945～2018 年刊发的原文可在捷克科学院数字图书馆中找到。自 2019 年起该期刊每年出版三期，主编为东方研究所东亚部负责人雅各布·赫鲁比，执行编辑为《东方档案》的安娜·克日万科娃，其余编辑团队中仅一人从事汉学研究，即查理大学汉学系主任卢卡什·扎德拉巴。其官网资料显示，2020～2023 年出版的期刊中有关中国的文章共 5 篇，可概括为"中国互联网如何讨论新冠""满洲帝国种族主义文学中的俄罗斯民族表征""汉语韵律转录研究""中国文化外交背景下的郑和下西洋""捷克人收藏的科罗曼德尔漆屏风"。

（二）书籍

近三年，捷克出版有关中国文化的书籍在种类上以游记和历史居多，游记如《幸福之旅 2：挪威、亚美尼亚、中国》（*Cesty za štěstím 2：Norsko，Arménie，Čína*）、《中国、韩国和日本：相似而又不同的国家》（*Čína，Korea，Japonsko：Země podobné，avšak rozdílné*）和《中国，微笑之国》（*Čína aneb Země úsměvů*），这三本书均为作者描绘自己在中国生活、工作时的所见所闻，介绍中国的社会发展与文化习俗等。

有关中国历史的书籍均为翻译作品，其中出版于 2021 年的译本《丝绸之路：一部新的世界历史》（*Hedvábné stezky：Nová historie světa*）从"丝绸之路"的视角追溯了相关国家的历史发展，并解释了影响当今世界形态的经济和政治背景，原作者为英国历史学家彼得·弗兰科潘，该书最初以英语出版于 2015 年，在 2021 年翻译成捷克语并由捷克历史最悠久的出版社"高堡"出版。捷克语译本《利玛窦——在中国的耶稣会士》（*Matteo Ricci-Jezuita v Číně*）出版于 2021 年，原书由意大利学者米凯拉·冯塔娜写作并出版于 2008 年，该书描述了利玛窦一生的冒险经历，特别是其以书信和书籍的方式所展示的中国明朝末期社会发展与文化传统。另一本由英国历史小说家爱德华·鲁瑟福德写于 2021 年的小说《中国》（China）在 2022 年被翻译成捷克语（书名为 Čína），该书以小说的形式描绘了自鸦片战争至二十世纪生活在中国的中、英、美三个家庭的故事，体现了当时中国的兴衰与社会的变迁。

除了以上两种类型以外，近年来捷克也出版了书籍《中国之"道"》（Čínský mudrc Tao）介绍老子与《道德经》，由捷克国家博物馆出版的研究中国珠宝与传统服饰的书籍《银与蓝：纳普斯特克博物馆的中国珠宝》和《美丽与力量：中国画作和历史照片中的服装》，以及于 2023 年最新出版的译著《新丝绸之路：世界的现在与未来》（Nové hedvábné stezky：Přítomnost a budoucnost světa）。该书为彼得·弗兰科潘继《丝绸之路：一部新的世界历史》之后于 2018 年出版的第二部研究"丝绸之路"的书籍，介绍了从欧洲东部、俄罗斯、中东、印度到中国多个国家之间的关系发展，相较于上一部的历史梳理，本书更偏向于政治学与国际关系研究。以丝绸之路为主题的书籍还有 2023 年捷克汉学家李世佳所著的《漫游丝绸之路》（Putování po Hedvábné cestě），该书详细介绍了丝绸之路的形成与发展。

四 捷克从事中国文化推广与传播的民间机构

在捷克，除了开设中文专业的高校和相关研究机构对中国文化进行学术研究以外，还有一些民间机构也从事中国文化的推广与传播，如捷华协会、捷克—中国文化艺术交流促进会、捷克中国中心、中国—捷克中医中心、布拉格欧洲中医药中心和秦明堂国际武术中心等。

捷华协会的前身可追溯至 1945 年成立的捷克斯洛伐克中国协会，后经历国家变动和社会变迁，捷华协会在 1990 年正式成立，位于捷克首都布拉格。现任协会会长为托马斯·伊尔萨克·哈弗朗，汉学家乌金担任名誉主席。作为独立的非政府组织，捷华协会致力于发展捷克同中国的多边关系，促进双方在文化、艺术、科技、经济、旅游和人文交流等多方面的相互了解和彼此合作。2023 年 3~6 月，捷华协会面向全社会共举办了 16 场有关中国文化的系列讲座，由汉学家乌金主讲，内容涉及中华民族、语言、思想、哲学、历史和社会习俗等。2024 年上半年，捷华协会举办了两场介绍中国文明与艺术的讲座，均由汉学家乌金主讲。除此之外，捷华协会还会不定期举办各类文化活动，如东方舞会、中国书画展和丝绸之路展览等。

捷克—中国文化艺术交流促进会是由旅捷侨胞和捷克友人联合创办的文化社团，是促进捷克和中国文化交流与合作的非营利性社会团体，致力于组织文艺演出、创作、展览等，同时为捷中文化团体举办各种文化和教育活动提供支持与服务。2020 年 9 月举办第四届捷克国际学生美术节，2022 年 8 月参与承办"丝绸与丝路"展览，同年 12 月参与承办由中国西北大学主办的"相约汉唐·云赏非遗"暨数智时代中华优秀传统文化国际传播研讨会。

捷克中国中心是捷克商会成员之一，支持中捷两国在商业、经贸、科技、文化、教育等多方面进行交流与合作，该协会近几年活动较少，且多为商业性质，最近的一次文化活动为 2019 年 12 月至 2020 年 2 月举办的第二届当代中国绘画艺术展。

除了以上机构外，捷克还有一些从事中医推广和中华武术传播的机构。中国—捷克中医中心位于布拉格和奥洛穆茨，其中奥洛穆茨中医中心于 2021 年 7 月同中国西南医科大学附属中医医院签署合作备忘录，在捷克挂牌成立"中捷中医药文化传播研究中心"以及"中捷国际远程会诊中心"，2023 年奥洛穆茨中医中心在布拉格同上述中国合作医院共同举办了"中国文化中医节"。布拉格欧洲中医药中心是另一家致力于促进欧洲与中国在中医药技术方面进行学术合作与交流的机构，在 2019 年与陕西省人民医院、陕西省中医药研究院签署了合作协议，在欧洲乃至世界推广中医药，推动中医药在欧洲的传播。

除了中医之外，中华武术也受到了捷克社会的广泛欢迎，秦明堂国际武术中心由中国武术教练秦明堂在 1999 年创办，现任总教练为其子秦飞，该中心授课内容以武术为主，包括少林功夫、太极拳、散打、八卦掌和气功，除此之外也会不定期开设书法、烹饪等课程，在每年夏天会举办暑期武术班或研讨会，面向捷克全社会招生。

结　语

高校和科研机构是捷克国内从事中国文化研究的两大阵地，其人员构成是彼此联系且相互补充的。通过各高校的课程设置及其相关学术活动可以看出，相比较而言，查理大学多侧重于汉语语言学和中国文学研究，同时设有独立的汉学研究中心从事学术交流与探讨；帕拉茨基大学多侧重于汉语教学、中国国情介绍和中国社会研究，同时积极开展相关学术活动，如定期举办学术会议、出版学术期刊等；专业设立较晚的马萨里克大学则更专注于包含国际关系、国际政治等多领域的中国学研究。除高校以外，作为捷克最重要的东方研究机构，东方研究所开展的研究相对更为均衡，涉及中国社会、文化等多个方面，同时定期出版重要学术期刊《东方档案》和科普性杂志《新东方》，为捷克社会与学界正确认识中国提供了权威平台。另外，作为重要的文化机构，纳普斯特克博物馆在中国古代文化艺术品的收藏、展示和研究方面发挥了重要作用。

通过捷克国内学界近几年组织的中国文化研讨会和出版的期刊与书籍等可以看出，除了传统上对中国古代思想、社会、文学等方面的研究之外，有关现代中国的研究，特别是对反映社会问题的文学作品和影视作品的选择在一定程度上受到了国际关系和研究者个人立场的影响。因此，厘清捷克对中国文化的研究重点和最新发展趋势除具备研究捷克汉学当代发展的学术价值外，也为中国与捷克在未来进一步开展学术交流、组织文化活动提供了一定的指引，为正确传播中国文化、弘扬中国精神提供了新的思路。

B.7
希腊的中国文化研究报告

凌海慧*

摘 要: 希腊作为底蕴深厚的文明古国，同我国友好交往历史悠久。随着"一带一路"倡议的深入推进，希腊各界对华关注度显著提升，有力助推了当地中国文化研究的发展。当前，希腊开展中国文化研究的主要"基地"包括三所学术机构、四所孔子学院以及多个从事中国文化传播的民间协会等。希腊的中国文化研究主要呈现以下特点：研究热点集中于哲学、考古、历史、中医药、汉语言等领域；研究成果普遍以译著和专著的形式出版；首批汉学家以及希汉双语译者逐渐涌现。总体而言，近年来希腊在中国文化研究方面取得了快速发展，但仍有较大的发展空间。通过加强高校汉学/中国学学科建设，希腊对华研究将有望向更为专业化、系统化的方向发展。

关键词: 希腊 中国文化 中国研究

一 概述

希腊与中国同为文明古国，两国文明交相辉映，友好交往源远流长。自古典时代起，不少希腊历史学家、地理学家乃至商人都在著作中记载了关于中国的认识。近代以来，希腊著名作家尼可斯·卡赞扎基斯和尼可斯·卡瓦迪亚斯还分别将自身在中国的见闻写成散文集《中国纪行》（*Ταξιδεύοντας:*

---

* 凌海慧，广东外语外贸大学区域国别学院（国际关系研究院）希腊语专业教师，主要研究方向为中东欧区域国别研究、希腊社会与文化。

Kiva）和散文诗集《李》（*Λι*）。尽管两国文化往来历史悠久，但希腊的中国文化研究热潮到 21 世纪才真正开始兴起。进入 21 世纪以来，希腊与中国以奥运合作为契机，以复兴民族文化为愿景，持续开展人文交流活动，增强学术交流互鉴。此外，"一带一路"倡议背景下的务实合作也让希腊各界对中国的关注达到了前所未有的高度。本报告通过梳理希腊的中国文化研究相关学术机构、民间协会、语言教学点、主要汉学家和书籍的基本情况，呈现该国中国文化研究现状，并就其发展趋势做简要展望。

二 希腊的中国文化研究现状

（一）学术机构

作为分属亚欧大陆两端的文明古国，中希两国均拥有悠久的历史与深厚的文化底蕴。希腊加入"一带一路"倡议以来，当地学界日益提升对中国文化的关注度，不断增强与中方高校及科研单位的合作交流。近五年，希腊先后建成了三所致力于研究中国社会与文化的学术机构。

1. 爱琴大学黄河文明研究中心

爱琴大学依托孕育希腊最古老的文明的爱琴海诸岛，在区域研究领域具有独特优势。2017 年，爱琴大学与河南大学签署了合作框架协议，就共同开展黄河文明与希腊文明比较研究达成共识。翌年，爱琴大学黄河文明研究中心成立，成为首个专门研究中国乃至东亚的希腊学术机构。该中心隶属于爱琴大学人文学院地中海研究系，旨在为希腊师生提供一个了解中国历史、考古、文化遗产保护状况并开展跨学科研究的平台。此外，爱琴大学黄河文明研究中心与中国教育部人文社会科学重点研究基地——河南大学黄河文明与可持续发展研究中心保持密切联系，就丝绸之路与中希文化交流、中希古典文明比较、生态环境与文明兴衰、文物年份鉴定及保护技术等议题开展了多层次合作，包括联合培养博士、共同进行课题研究、互邀学者参与国际会

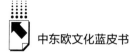

议等。其中，中国—希腊环境与文化国际学术论坛已成为双方国际学术交流的品牌活动，由双方定期轮流举办。2021年9月，第二届中国—希腊环境与文化国际学术论坛在希腊德尔菲顺利举行，与会专家围绕文化、环境与气候变化展开讨论，为推动中希跨区域比较研究、构建人类与自然生命共同体注入动力。

2. 中国社会科学院—拉斯卡瑞德斯基金会中国研究中心

拉斯卡瑞德斯基金会创立于2007年，是一个旨在促进希腊文化推广与海洋研究的非营利性公益组织。该基金会创始人、欧盟船东协会前主席帕诺斯·拉斯卡瑞德斯认为，希中关系是最好的欧洲国家对华关系之一，两国需要深挖友好交流、互利合作的根源，并以此推动双边关系行稳致远。[①] 2019年，以中希共建"一带一路"为契机，拉斯卡瑞德斯基金会与中国社会科学院欧洲研究所合作建立了主要关注当代中国与中希关系的希腊中国研究中心。近年来，希腊中国研究中心除了推出英文论文集《中国—希腊关系：政治、经济与文化分析》(China-Greece Relations: A Political, Economic and Cultural Anylaysis)，还组织了包括"中国与希腊：从古至今的交流、影响和印象"线上研讨会、"纪念中希建交50周年：古老文明与现代伙伴"研讨会和"一带一路"倡议十周年与中希关系高端论坛在内的多场学术活动，先后邀请了来自清华大学、复旦大学、北京外国语大学、对外经济贸易大学、雅典大学、爱奥尼亚大学、哈罗科皮奥大学、希腊欧洲与外交政策基金会、雅典国际经济关系研究所等知名高校和智库的学者与会探讨哲学、考古、经贸、教育等领域的议题，为两国学界人士搭建增进了解与互信的桥梁。

3. 中希文明互鉴中心

相较于上述两个学术机构，中希文明互鉴中心的成立更为瞩目。2019年11月，习近平主席访希期间提出中希要携手为国际社会树立文

---

① 《"中国与希腊：从古至今的交流、影响和印象"研讨会举行》，中华人民共和国驻希腊共和国大使馆网站，2021年11月15日，http://gr.china-embassy.gov.cn/dsxx/hd/202111/t20211115_10448617.htm。

明互鉴样板，① 这一倡议引发了希腊各界的积极反响。随后，在中希两国教育部和中国驻希腊大使馆的积极推动下，四所希腊高校和四所中国高校参与共建中希文明互鉴中心。其中，希方中心总部设在雅典大学，成员包括帕特雷大学、亚里士多德大学和克里特大学，中方中心则由西南大学牵头。2023 年 2 月，在中希文明互鉴中心成立之际，习近平主席还复信希方中心的五位学者，期望学者能深入挖掘古老文明蕴含的世界观、价值观，为人类破解时代难题、推动构建人类命运共同体提供精神指引。② 当前，中希文明互鉴中心希方中心主要以哲学为研究重点，围绕人才培养、科学研究、人文交流等方面开展工作。人才培养方面，帕特雷大学与西南大学联合培养硕士的项目"希腊—中国文明比较"在 2023 年 9 月迎来首批学生。根据培养方案，该项目的学生需要分别在中国和希腊修读哲学与历史相关课程，并在中希两位导师的联合指导下完成涉及两大文明比较的学位论文。科学研究方面，希方中心各成员高校在 2023 年组织了多场与中国文化相关的学术活动，主要探讨中国不同哲学流派的特征、中希两国哲学的异同之处。此外，古代传统医学理念也是颇受关注的议题。人文交流方面，克里特大学于 2023 年 7 月 12~17 日举办了主题为"美德的种子：古希腊和中国"（The Seeds of Virtue in Ancient Greece and China）的国际暑期学校活动，邀请多国哲学家、古典学家和汉学家给来自中国人民大学、香港大学、哥伦比亚大学、普林斯顿大学、乔治城大学等高校的学生带来多场讲座，就现代哲学对东方哲学思想的接受、当代希腊和中国推动传统与现代文明交融的实践等议题进行讨论，有力地推动了东西方文明交流互鉴。2023 年中希文明互鉴中心希方中心主要学术活动如表 1 所示。

---

① 《大国外交 | 5 位希腊学者为何要给习近平主席写信？——专访中国驻希腊大使肖军正》，央广网，2023 年 2 月 26 日，https://china.cnr.cn/qqhygbw/20230226/t20230226_526165306.shtml。

② 《习近平复信希腊学者》，新华网，2023 年 2 月 21 日，http://www.news.cn/politics/2023-02/21/c_1129382028.htm。

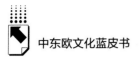

表1 2023年中希文明互鉴中心希方中心主要学术活动

主办方	学术活动主题
雅典大学	1）讲座：论孔子的"绅士"形象 Διάλεξη：On Confucian "Gentleman" 2）讲座：从数字人文视角看中国文化遗产——以孔子《论语》为例 Διάλεξη：Chinese Cultural Heritage from the Perspective of Digital Humanities：The Case of Confucian Analects 3）西南大学王勇教授系列讲座 Σειρά διαλέξεων του καθηγητή Wang Yong, Παν/μιο Southwest 4）座谈会：拜占庭医学与中医对话 Εκδήλωση：Byzantine and Chinese Medicine in Dialogue 5）国际会议：医学疗法——古希腊和中国的哲学与科学 Διεθνές συνέδριο：Therapy：Philosophy and Science in Ancient Greece and China
帕特雷大学	1）研讨会：从中国大陆视角看技术哲学 Ημερίδα：Philosophy of Technology. A Chinese-Continental Perspective 2）国际研讨会：希腊和中国哲学中的邪恶范式 Διεθνής διημερίδα：Patterns of Evil in Greece and China 3）国际会议：希腊和中国的哲学 Διεθνές συνέδριο：Philosophy in Greece and China
亚里士多德大学	1）关于古希腊和中国哲学的线上工作坊 Διαδικτυακά φιλοσοφικά εργαστήρια για την αρχαία ελληνική και κινεζική φιλοσοφία 2）国际研讨会：古希腊和中国哲学中的法制观 Διεθνής ημερίδα：Νόμος στην Αρχαία Ελληνική και Κινεζική Φιλοσοφία 3）国际会议：哲学准则的合法性何在？希腊和中国哲学的具体运用 Διεθνές συνέδριο：How Legitimate is the Philosophical Canon? Concrete Applications from Greek and Chinese Philosophies
克里特大学	1）讲座：苏格拉底和孔子的管理与教学方式 Διάλεξη：Ruling and Teaching in Socrates and Confucius 2）公开课：中国法家——思想家、理念与公正标准 Ανοιχτό μάθημα：China's "Legalists"：Thinkers, Ideology, Impartial Standards 3）面向青少年的暑期哲学工作坊 Καλοκαιρινά εργαστήρια φιλοσοφίας για παιδιά 4）国际研讨会：希腊和中国的健康与康复理念 Διεθνής διημερίδα：Health and Healing in Greece and China 5）国际研讨会：何为老子思想内真正的矛盾冲突？ Διεθνές colloquium：True Contradictions in the Laozi?

资料来源：Ανακοινώσεις，中希文明互鉴中心希方中心官网，https://kelkip.uoa.gr/anakoino seis_ kai_ ekdiloseis/anakoinoseis/。

（二）民间协会

近年来，随着中希两国双边关系的不断发展，两国各领域往来日益密切。在希腊，许多与中国文化有关的协会陆续成立，其中最具代表性的是希中友好协会、希腊武术功夫协会①和希中友谊与合作组织。这三个协会或组织均由希腊人设立，且在希腊本土具有较高知名度，为中国语言、文化在希腊的传播做出了重要贡献。

1. 希中友好协会

1965 年，国立雅典理工大学前校长、希腊国会议员尼古拉斯·基茨基斯受邀率团访华，得到毛泽东主席和周恩来总理的亲自接见。代表团返回希腊后，联合希腊科学界、政界、文化界多名知名人士组建了旨在促进两国思想文化交流的希中友好协会。希中友好协会作为希腊最早成立的对华友好团体，是中希友谊的重要开拓者。早在中希两国建交前，该协会就积极向希腊介绍中国文化、宣传中国所取得的成就，如将逾百本中国出版的图书引入希腊、举办中华人民共和国十年成就图片展览等，有力地增进了希腊各界对中国的认识。长期以来，该协会主要成员一直致力于在希腊推进汉语教学和中国文化传播——该协会不仅是希腊最早提供汉语教学的机构之一，还是希腊首个汉语水平考试（HSK）中心；每年春节期间，该协会都举办新春联欢会，邀请希腊政界、文化界代表共同庆祝中国农历新年。当前，该协会的工作重点还包括为两国民间交流与合作牵线搭桥，如协助举办中希城市论坛、与山东等地政府外办洽谈文化交流事宜等。2019 年 11 月，习近平总书记在发表于希腊主流报刊《每日报》（*Η Καθημερινή*）的一篇署名文章中特别提及了希中友好协会，对其六十年如一日坚持"为两国人民的友好交往工作到老"的奉献精神表示高度赞赏。②

---

① 又译希腊武术功夫联合会、希腊武术联合会或希腊武术联盟。

② 《让古老文明的智慧照鉴未来》，人民网，2019 年 11 月 11 日，http：//politics. people. com. cn/n1/2019/1111/c1024-31447034.html。

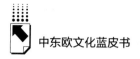

2. 希腊武术功夫协会

希腊武术功夫协会成立于1993年，是欧洲武术联合会以及国际武术联合会会员。该协会于2000年得到希腊体育总局的承认，系在希腊境内推广武术运动及其价值理念的主要社会团体。经过三十年的发展，该协会已成为希腊规模最大的中国文化协会之一，目前拥有80多个会员协会以及近250名教练。该协会的品牌活动为泛希腊武术功夫锦标赛，该赛事自2000年首次开展以来已顺利举办二十三届，每年吸引千余人次参赛。此外，该协会定期组织会员协会间的锦标赛以及各类讲座和研讨会，并主办第十八届欧洲武术锦标赛暨第六届欧洲传统功夫比赛等国际赛事。值得强调的是，该协会首创Parawushu理念，将残障人士纳入武术训练和比赛当中，赋予了中国武术更丰富的内涵。近年来，希腊武术功夫协会不断加强与中方的沟通往来。2022年4月，该协会主席迪米特里奥斯·阿多亚斯托斯在与中国驻希腊大使肖军正会谈时指出，中国武术深受希腊民众喜爱，为希中两国人民加深了解和增进友谊提供了助力。[①] 2021~2023年，在"中希文化和旅游年"框架下，该协会协同雅典中国文化中心等有关部门策划"中国武术月"线下系列活动，以进一步提升当地民众对中国传统文化的认识。

3. 希中友谊与合作组织

希中友谊与合作组织是一个致力于促进希中两国经贸文化往来的社会组织，其主要业务为与外语培训机构合作开设汉语水平考试备考课程和少儿汉语课程。此外，该组织的业务还包括提供汉英希三语互译服务、经贸和文化领域法律咨询、来华留学或进修汉语申请支持等。作为希腊境内最知名的汉语服务提供商之一，希中友谊与合作组织自2013年起面向希腊国家药品管理局、泛希腊公共金融服务雇员联合会、比雷埃夫斯应用科学大学[②]等政府部门、工会组织和高校开设汉语及中国文化培训班。近年来，该组织还与雅典市政府达成协议，开始在基普塞利、圣帕夫洛斯、新科斯莫斯、下佩特拉

---

① 《肖军正大使会见希腊武术联盟主席》，中华人民共和国驻希腊共和国大使馆网站，2022年4月22日，https：//gr.china-embassy.gov.cn/dsxx/hd/202204/t20220422_ 10672154.htm。

② 2018年3月，比雷埃夫斯应用科学大学、雅典技术教育学院合并成立西阿提卡大学。

洛纳、埃维尔皮东等多个社区的学习中心为居民提供每周两小时的免费汉语入门课程，有力地拓展了汉语教学在希腊首都的辐射范围。

（三）语言教学点

自 21 世纪初开始，以中希两国在奥运、港口等领域的合作为契机，"汉语热"在希腊逐步形成。在这一背景下，雅典商务孔子学院于 2009 年 10 月揭牌成立，标志着最为正规、权威的汉语教学平台正式落地希腊。随着当地民众汉语学习需求日益增长，希腊孔子学院建设步伐也有所加快。近五年，亚里士多德大学、色萨利大学及西阿提卡大学先后成立孔子学院。总体而言，四所孔子学院分别发挥各自专业特色，因地制宜地满足不同群体学习者的需求。

1. 雅典商务孔子学院

雅典商务孔子学院由中国对外经济贸易大学和雅典经商大学合作建立，是希腊第一所孔子学院、欧洲第一所商务孔子学院，同时是希腊唯一一个"国际中文教师证书"考点。近年来，该孔子学院生源规模不断扩大，从成立伊始招收 50 余名学员到开设 33 个教学班。与之相对应，所设汉语课程类型日益多样化。当前，该孔子学院的汉语课程主要分为普通汉语和商务汉语两类，其中普通汉语课程分为六个等级，涵盖 HSK 1~5 级水平，另外设有零基础汉语强化班和 YCT 1~3 级少儿汉语班。除了本部之外，该孔子学院还在约单纳吉欧学校设立了希腊首个孔子课堂，并且在中远海运比雷埃夫斯港口有限公司、华为希腊子公司、雅典学院等中资企业和多所院校设立了汉语教学点，持续拓展汉语教学服务范围。孔子学院不仅是传播汉语的平台，也承担着推广中华文化的使命。雅典商务孔子学院成立以来，先后举办了"Two Worlds Becomes One"中希文化节、斯巴达市中国文化节、圣帕拉斯凯维市中国文化节、仲夏端午中希文化交流节等大型文化活动，深入希腊基层讲好中国故事。作为一所以商务为特色的孔子学院，该孔子学院积极为中希两国商界人士和青年学子搭建交流渠道。例如，2011 年发起的中希经贸论坛已成功举办五届，累计吸引了超过 1500 名中希企业家、政府官员和学界代表参与共商两国经贸合作前景；暑期汉语文化体验营、青年领袖"创新

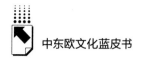

创业中国行"来华研修项目等赴华交流活动则为孔子学院学员提供近距离了解中国经济、社会与文化发展情况的机会。此外，该孔子学院作为希腊汉语教学的典范，牵头组织了旅希文化教育人士座谈会、希腊汉语教学与文化座谈会、希腊国际中文教育学研讨会等多场学术会议，有效促进了在希汉语教师之间的经验交流。

2. 亚里士多德大学孔子学院

2018 年 12 月，上海外国语大学和亚里士多德大学共建的亚里士多德大学孔子学院正式成立。该孔子学院拥有 2 名外方人员，4 名中方人员（包括 3 名汉语教师），成立以来已为 1500 余名学员授课。当前，该孔子学院主要面向成人学员开设涵盖 HSK 1~4 级水平的汉语课程。2023 年，该孔子学院还在希腊第二大城市塞萨洛尼基建立了两个汉语教学点——移民、难民及经济困难学生特别学校教学点和塞萨洛尼基第四普通高中教学点，首次将汉语课堂延伸至当地中小学。除开设常规课程外，该孔子学院还打造了"中国制造"特色品牌项目，旨在借助艺术创作等形式让希腊民众感受中国文化的魅力。与希腊其他孔子学院相比，亚里士多德大学孔子学院尤为重视开展汉语教学研究。2022 年 10 月，该孔子学院发布了首部用希腊语编写的汉语学习入门书《中文导学》（ *Εισαγωγή στον Κόσμο της Κινέζικης Γλώσσας* ），书中介绍了中文以及中国社会语言学概况，并系统分析了汉语语音、词汇、词类、短语、句式和汉字的特点。该孔子学院还组织了首届希腊大学中文教育圆桌会议、"中希语言文化教学"国际研讨会、"跨界中文教学与交流研究：挑战、实践和叙述"国际研讨会等学术活动，通过探讨第二语言教学理论与实践、教学材料开发、汉语教师素养培养等议题，推动希腊汉语教学的发展。

3. 色萨利大学孔子学院

中央财经大学和色萨利大学联合创办的色萨利大学孔子学院成立于 2021 年 11 月，是希腊中部地区的第一所孔子学院。该孔子学院拥有 3 名外方人员、4 名中方人员（包括 1 名汉语教师和 2 名志愿者），自 2021 年开始面向色萨利大学语言与跨文化研究系学生以及社会人士开设 HSK 1~3 级水平的汉语课程。此外，该孔子学院十分重视开展各类面向当地民众的文化活动，包括举办中希"Z世代"青年交流活动，邀请旅希华人戏剧团体赴该孔子学院所在地的市政剧院演出以及组织涵盖中国历史、神话、地理、汉字、当代经济等领域的专题讲座，以加强中希人文交流与互鉴。值得指出的是，该孔子学院还设有中希城市与区域发展研究中心，旨在促进两国学者在城市规划、基础设施建设、区域协同发展等领域的交流，同时为两国企业开拓合作机会提供支持。该孔子学院定期举办"中欧城市与区域发展"国际研讨会，并多次组织两国学者互访，对促进中希双方战略互信、服务"一带一路"倡议具有积极意义。

4. 西阿提卡大学孔子学院

2023年6月，上海中医药大学和西阿提卡大学共建的希腊首个中医药特色孔子学院——西阿提卡大学孔子学院正式成立。长期以来，上海中医药大学和西阿提卡大学保持着良好合作关系。早在2018年，上海中医药大学海外首家太极健康中心就在西阿提卡大学挂牌成立，为该校学生及医护人员开设了太极文化、针灸、推拿、气功等一系列课程，同时面向希腊民众开设了中华传统经典养生术培训班。在两校合作建立孔子学院成立之际，由上海中医药大学和上海市气功研究所专家共同编撰的《中华传统经典养生术》丛书希腊语版正式发布，将八段锦等养生功法的历史源流、理论特点和动作分解系统介绍给希腊读者。目前，西阿提卡大学孔子学院拥有3名外方行政管理人员和3名中方人员（包括1名汉语教师和1名中医教师）。该孔子学院成立半年以来，中方教师已面向希腊全国物理治疗师协会、希腊疼痛物理治疗学会、希腊针灸学会等学术机构开展多场讲座。根据计划，该孔子学院于2024年3月迎来第一批零基础汉语学员，届时将充分发挥专业特色，把中医药科学与汉语教育相融合，切实推动中医药知识在当地的普及。

（四）主要汉学家

2019年5月，中国驻希腊大使章启月在首届中国—希腊高等教育论坛开幕式上表示，希望将来能够涌现一大批中国的"希腊通"和希腊的汉学家，为两国教育事业发展和民心相通提供支持。① 实际上，与许多其他欧洲国家相比，希腊汉学发展起步较晚。迪米特里斯·维利萨洛普洛斯编写的《中国哲学史》（*Ιστορία της Κινέζικης Φιλοσοφίας*）一书于 1981 年出版后，希腊人才逐渐对中国古代的思想体系产生了浓厚兴趣，许多学者陆续开展了比较哲学研究。与此同时，一些希腊学者长期进修汉语并将中国哲学、历史和文化作为主要研究方向，成为颇具影响力的汉学家。

1. 索提里斯·查理克亚斯

索提里斯·查理克亚斯出于对中国社会主义发展状况的好奇，开始阅读法国汉学著作，从此被中国人诠释自然与世界的独特方式吸引。为了更准确地理解中国思想精华，他从 1989 年起在比中协会进修汉语。五年后，他开始从事翻译工作，成为首位将中文书籍直译至希腊语的译者。查理克亚斯认为，在西方知识体系难以应对社会危机的背景下，中国传统思想中对人类根本问题的理解能够为世界提供重要的参考。② 因此，他在翻译中国古代经典著作方面倾注了大量心血，近二十年先后译完《论语》、《孟子》、《大学》、《中庸》、《列子》和《庄子》。其中，《论语》自 2001 年首次出版以来特别受希腊读者喜爱，其第二版和第三版分别于 2010 年和 2021 年发行。除了中国古代经典著作，他还翻译了鲁迅的《呐喊》、池莉的《午夜起舞》、阎连科的《年月日》等中国现当代文学作品。此外，他结合自己翻译不同时期中国文学作品的感受，撰写了《中国传统与现代》（*Παράδοση και Νεωτερικότητα στην Κίνα*）一书，系统介绍了 1842 年以来中国文化的发展历程并解答了中国如何将传统文化与现代生活方式相结合的问题，向希腊读者呈现真实、立体、全面的中国形象。鉴于查理克亚斯在阐释与推广中国文化上所做出的卓越贡献，中国国家新闻出版署向其颁发了第 13 届中华图书特殊贡献奖。

---

① 《首届中国—希腊高等教育论坛在希腊举行》，中国政府网，2019 年 5 月 24 日，https：//www. gov. cn/xinwen/2019-05/24/content_ 5394389. htm。

② "συγγραφέας–μεταφραστής: Η μόνη σταθερότητα του κόσμου είναι οι μεταβολές του"，《左翼道路》网站，2017 年 6 月 20 日，https：//edromos. gr/sotiris–chalikias–h–monh–statherotita–tou–kosmou–einai–oi–metaboles–tou/。

2. 易冬兰

易冬兰是一位研究先秦哲学的青年汉学家。她从希腊雅典大学本科毕业后，前往中国继续深造，分别取得南京大学中国学硕士学位和华东师范大学中国哲学博士学位。此后，她选择在华从教，现任澳门大学哲学系高级讲师、华东师范大学哲学系跨文化研修中心研究员和教师。她致力于研究早期儒学以及东西方比较哲学，并着重考察中国早期思想中的反讽和悖论。在她看来，中国哲学的宝贵经验在于西方哲学家通常剔除特殊性以发现普遍性，而以孔子为代表的中国古代思想家想尽可能多地包含特殊性，让不同的价值和观点成为各方协商和调整的基础。① 目前，她已在《道家文化研究》、《哲学指南》（*Philosophy Compass*）、《中国哲学期刊》（*Journal of Chinese Philosophy*）、《教学理念》（*Teaching Philosophy*）等中文核心期刊上发表多篇论文，并参与翻译《当代中国哲学研究》《老子今注今译》等当代中国哲学著作。她还经常出席在华举办的各类学术活动，包括第二届国际青年儒学论坛、第七届全国古典学年会：古典与现代、第三届文明交流互鉴对话会暨首届世界汉学家大会等，就儒家经典文本中的反讽思想、前苏格拉底思想与道家、中希哲学的互动关系等议题展开探讨。此外，作为世界汉学家理事会代表，她呼吁召集有志于从事中国哲学、语言、历史和文化研究的希腊学者加入希腊汉学家理事会，进一步凝聚希腊汉学学术力量。

3. 埃琳娜·埃弗拉米多

埃琳娜·埃弗拉米多毕业于希腊亚里士多德大学，是希腊首位将中希哲学比较作为学位论文研究方向的哲学博士。她在 21 世纪之初就来到了中国，先是担任希腊驻华大使馆教育和文化参赞，后来又到北京大学参与希腊研究中心的语言课程建设。她在中国高校推广希腊文化之余，也对中希文化与社会关系开展了一些研究。她曾在希腊报刊《编辑报》（*Η Εφημερίδα των Συντακτών*）上发表评论文章，呼吁希腊政府要重视高校中国研究相关专业建设，为推动与世界

---

① 《东西问·汉学家｜希腊汉学家易冬兰："情理"或许是孔子思想对当今世界的最大贡献》，中国新闻网，2023 年 9 月 29 日，https：//www.chinanews.com.cn/dxw/2023/09－29/10087181.shtml。

第二大经济体的交流交往提供人才支撑和智力支持。① 目前，埃弗拉米多担任希腊爱奥尼亚大学哲学副教授，同时是国际儒学联合会执行委员会成员、世界汉学中心顾问以及希腊和中国文化和旅游部文学作品互译项目工作组成员。近年来，她受邀前往北京师范大学、北京语言大学、上海外国语大学、山东理工大学等多个中国高校讲学，内容涉及"一带一路"视域下的中希文化交流、希腊作家对华认知与看法、希腊哲学与中国哲学的异同等。她也积极参与两国文明交流对话，如"中国—希腊文明对话：古典哲学思想与当代国际关系"学术研讨会、第八届尼山世界文明论坛框架下的"2022尼山中希古典文明对话"活动、首届中国—巴尔干地区汉学大会等。她表示，儒家经典和希腊哲学思想几乎在同一时期分别传入西方和中国，而对于当今的世界而言，不同文明之间的尊重、理解、互鉴同样重要。②

（五）书籍

一国对他国文化的接受与研究可以从当地出版的书籍中窥见一斑。近年来，随着中希两国文化交流及合作的发展，越来越多中文著作被引入希腊图书市场。此外，许多希腊本土学者开始参与编撰与中国历史、哲学、医学、语言等领域有关的书籍，进一步推动中国文化在希传播。本节通过梳理2020~2023年在希腊出版的中国文化相关书籍，呈现希腊对中国文化接受与研究的最新趋势。

1. 中文书籍的希腊语译本

2020~2023年，在希腊翻译出版的中文书籍主要集中在文学、哲学、医学领域（见表2）。文学领域，近几年出版的中文书籍译本主要为当代国际知名作家的作品，其中包括希腊第三十八届国际知名作家艺术家奖项③得主吉狄马

---

① "Οι κινεζικές σπουδές στην Ελλάδα"，《编辑报》网站，2016年1月21日，https://www.efsyn.gr/stiles/apopseis/55788_oi-kinezikes-spoydes-stin-ellada。

② 《各国使节、学者出席"2022尼山中希古典文明对话"》，《大众日报》网站，2022年9月28日，https://dzrb.dzng.com/articleContent/5689_1064743.html。

③ 该奖项由希腊国际作家艺术家协会和希腊国际作家艺术家研究院共同组织评选，并在每年举办的国际诗人艺术家节上颁发。

加的新近诗作。这些书籍大多得到了希腊文化界的关注，如《年月日》译本出版后，希腊主流报刊《领先报》（Πρώτο Θέμα）对其进行了发文宣传；《青铜葵花》译本入选希腊国家图书馆青少年暑期推荐阅读书目，其译者还受邀在希腊广播电视公司（EPT）电台播客中进行图书内容分享等。作为拥有 4000 多年诗歌传统的民族，希腊人同样青睐中国古代诗歌。近年来，希腊陆续出版了六部中国古代诗歌合集以及李贺、王维和李白的诗集。不过，希腊文化界人士很少对中国文学作品进行系统分析，绝大多数文章停留在推荐短评层面。

中国古代哲学相关著作在希腊尤为受欢迎。除了当代教育专家朱永新所著的《滥觞与辉煌：中国古代教育思想史》之外，还有诸多古代哲学典籍得以翻译出版。其中，《易经》、《道德经》和《孙子兵法》在拥有多个希腊语译本的基础上，又在 2020～2023 年增添了新译本。值得强调的是，随着一批熟悉中文的希腊译者成长起来，一些中国古代哲学典籍得以直接从古代汉语译成希腊语，不再需要经过英语或者其他语言的译本转译。例如，《庄子》和《三十六计》译本以及波利梅洛斯的《道德经》译本均由古代汉语直译而成。在学术研究层面，《道德经》是最受希腊学者关注的哲学典籍。其中，近几年比较有代表性的文章为汉学家易冬兰在期刊《宗教》（Religions）上发表的关于《道德经》三个希腊语译本①的对比分析。易冬兰认为，与塞菲里亚迪译本和阿列克萨基斯译本相比，最新出版的波利梅洛斯译本更加侧重于解读《道德经》中的政治主张，而不是聚焦宗教和哲学议题。同时，译者对中国文化有了深入了解，能够借助《诗经》《礼记》《论语》等典籍中的内容进行必要的补充说明。然而，译者没有梳理出《道德经》政治主张的主线，使得译本重点不够突出。②

---

① 即马尼亚·塞菲里亚迪翻译的 Λάο Τσου: Τάο Τε Κινγκ（1971）、乔治·阿列克萨基斯翻译的 Λάο Τσε Τάο Τε Κινγκ: Το Βιβλίο του Λόγου και της Φύσης（1996）和康斯坦蒂诺斯·G. 波利梅洛斯翻译的 Τάο Τε Τζινγκ: Το Ποίημα του Γηραιού（2021）。

② "Translative Trends in Three Modern Greek Renderings of the Daodejing"，MDPI 网站，2023 年 2 月 20 日，https：//www.mdpi.com/2077-1444/14/2/283。

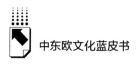

表2　2020~2023年中文书籍的希腊语译本出版情况

领域	书名	作者	译者	出版社
文学	《三体3:死神永生》 (*To Τέλος του Θανάτου*)	刘慈欣	托马斯·P.马斯塔库里斯	SEΛINI
	《年月日》 (*Χρόνια, Μήνες, Μέρες*)	阎连科	索提里斯·查理克亚斯	Αλεξάνδρεια
	《裂开的星球》 (*Κερματισμένος Πλανήτης*)	吉狄马加	乔治·巴拉纳斯	Κοινωνία των Δεκάτων
	《青铜葵花》 (*Μπρούντζος και Ηλιοτρόπιο*)	曹文轩	迪米特里斯·索塔基斯	Πατάκη
	《时间的玫瑰》 (*To Ρόδο του Χρόνου*)	北岛	阿纳斯塔西斯·维斯托尼蒂斯	Καστανιώτη
	《海浪》 (*Κύματα*)		玛丽安娜·齐安齐	
	《中国古代诗词集 (公元4~13世纪)》 (*Ανθολογία Κλασικής Κινέζικης Ποίησης, από τον 4ο έως τον 13ο Αιώνα*)	—	雅尼斯·利瓦达斯	Εκάτη
	《李白诗集》 (*Λι Μπάι: Ποιήματα*)	李白	乔治·维伊斯	Σμίλη
哲学	《庄子》 (*Τσουάγκ Τσι*)	庄子	索提里斯·查理克亚斯	Ίνδικτος
	《易经》 (*I Τσινγκ*)	—	克里斯托杜洛斯·利萨里斯	Διόπτρα
	《三十六计》 (*36 Στρατηγήματα*)	—	迪米特里斯·梅坦尼特斯	Σμίλη
	《道德经》 (*Τάο Τε Τσινγκ*)①	老子	克里斯托杜洛斯·利萨里斯	Διόπτρα
			瓦西利基·科基努	Οξύ

---

① 又译*Τάο Τε Κινγκ*或*Τάο Τε Τζινγκ*。

领域	书名	作者	译者	出版社
哲学	《道德经》 （ *Τάο Τε Τσινγκ* ）	老子	康斯坦蒂诺斯·G. 波利梅洛斯	*Λίγγα Γαία*
	《孙子兵法》 （ *Η Τέχνη του Πολέμου* ）	孙武	托马斯·P. 马斯塔库里斯	*Λαβύρινθος*
			克里斯托斯·埃马努伊利迪斯	*Μάτι*
	《滥觞与辉煌：中国古代教育思想史》 （ *Ιστορία της Αρχαίας Κινεζικής Σκέψης για την Εκπαίδευση* ）	朱永新	玛丽安娜·齐安齐	*Καστανιώτη*
医学	《中华传统经典养生术》丛书 （ *Κλασική και Παραδοσιακή Προαγωγή της Υγειάς στην Κίνα* ）	陈昌乐 倪青根 孙磊 肖斌 许峰 赵晓霆	玛丽安娜·齐安齐	*Καστανιώτη*

资料来源：作者自制。

2. 希腊学者所著的中国文化书籍

2020~2023 年，在希腊出版的本土学者所著的中国文化书籍领域较广、数量较为丰富（见表3）。从领域上看，已出版书籍涵盖了历史、哲学、医学、语言等领域。历史领域，希腊学者主要聚焦丝绸之路沿线国家的历史沿革及风土人情和中国近现代以来发生的巨大变迁。其中，希腊国家文学奖①候选人索玛伊斯·帕帕萨纳西乌-弗托普卢撰写的《寻迹丝绸之路》（ *Ιχνηλατώντας τον Δρόμο του Μεταξιού* ）获得了希腊学界的高度评价。例如，雅典人民大学教授波蒂查·格里戈拉库表示，该书的独特之处在于详细叙述了希腊文化在亚洲地区留下的印记以及古代中国各民族的文化特征，这些都是希

---

① 即Κρατικά Βραβεία Λογοτεχνίας, Λογοτεχνικής Μετάφρασης και Παιδικού Βιβλίου，该奖项由希腊文化和体育部每年组织评选。

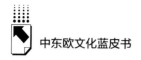
腊学界长期以来较少关注的内容。①

哲学领域，近年来希腊出版了第一批涉及中希哲学比较的书籍，包括《希腊与中国古代哲学思想平行比较》（*Αρχαία Ελλάδα - Αρχαία Κίνα：Παράλληλη Φιλοσοφική Σκέψη*）、《与孔子茶话》（*Τσάι με τον Κομφούκιο*）、《赫拉克利特与老子》（*Ηράκλειτος και Λάο-Τσε*）、《比较哲学议题》（*Ζητήματα Συγκριτικής Φιλοσοφίας*）等，标志着中国古代哲学在希腊开始得到较为系统的研究。值得一提的是，哲学家赫里斯托斯·卡夫德拉尼斯撰写的《希腊与中国古代哲学思想平行比较》（中文版为《当苏格拉底遇上孔子：希腊与中国思想家的跨时空对话》）于 2023 年 1 月被花城出版社引入中国。在国家广电总局、中国驻希腊大使馆以及希腊文化和体育部的支持下，基于该书内容的纪录片于 2023 年底开拍。另外，希腊图书市场上有关中国古代哲学思想的书籍大多出自弗朗索瓦·于连、万百安、毕来德等他国汉学家之手。尼可斯·迪西奥斯所著《中国古代思想导论》（*Εισαγωγή στη Σκέψη της Παλαιάς Κίνας*）是为数不多由希腊学者撰写的中国古代哲学专著。

医学领域，希腊学者对中医药文化进行了较为深入的研究，内容涵盖中医基础理论、中医发展史、中医药本土化等。中医药文化在希腊的兴起始于 20 世纪 70 年代，当时吉亚戈斯·卡拉维斯博士成立了旨在推广针灸疗法的针灸研究与应用中心。随后几十年间，针灸逐步为希腊医学界所熟知，并被广泛运用于临床疼痛治疗。近年来，以亚历山德罗斯·I. 蒂利基迪斯、米尔提亚迪斯·G. 卡拉维斯和阿尔忒弥斯·卡尔维兹为代表的针灸师撰写了多部有关针灸理论与实践、反射疗法以及中医基础理论的书籍，有力地推动了中医药文化在希腊的传播。除了针灸疗法之外，中草药、推拿、太极、气功也逐步为希腊公众所熟知。在这一背景下，学界开始关注中医药文化在希腊本土的发展情况。例如，社会学博士迪米特拉·卢卡分析了 21 世纪初期中医药文化在融入希腊本土时所面临的挑战，其中，包括从业人员的水平差异问题。

---

① "*Ιχνηλατώντας τον Δρόμο του Μεταξιού:Το νέο βιβλίο της Θωμαΐδος Παπαθανασίου-Φωτοπούλου*"，《领先报》网站，2020 年 12 月 29 日，https：//www. protothema. gr/culture/article/1079740/ihnilatodas-ton-dromo-tou-metaxiou-to-neo-vivlio-tis-thomaidos-papathanasiou-fotopoulou/。

需要指出的是，随着希腊近五年开始加强与中国中医药院校的合作，先后建成西阿提卡大学太极健康中心和雅典中医药中心，中医药文化有望在希腊实现更为规范化的发展。

语言领域，希腊第一批本土汉语教辅的面世改变了以往希腊人只能借助英语学习汉语的局面。除了亚里士多德大学孔子学院编写的《中文导学》之外，希腊本土汉语教辅还包括适用于各级汉语学习者的《汉语语法大全》（Κινεζική Γραμματική για Όλα τα Επίπεδα）和面向零基础学习者的《初学者实用汉语指南》（Πρακτικός Οδηγός Εκμάθησης Κινεζικών για Αρχάριους）。其中，《汉语语法大全》的作者菲妮娅·帕帕科斯玛是一名颇有声望的希腊本土资深汉语教师，同时是希腊首家旨在推广中国语言文化的出版社——汉语图书出版社的创始人。她曾受邀到亚里士多德大学孔子学院主讲关于汉语语法的会议，并接受雅典之声、南方报业传媒集团等多家媒体采访。她表示，汉语图书出版社的创办初衷是为希腊快速扩大的汉语学习群体提供切合其学习特点的汉语学习材料。未来，该出版社还致力于将文学、历史等领域的中文书籍引入希腊图书市场，帮助希腊读者更全面地了解中国。①

表3　2020~2023年希腊学者所著中国文化书籍出版情况

领域	书名	作者	出版社
历史	《寻迹丝绸之路》（Ιχνηλατώντας τον Δρόμο του Μεταξιού）	索玛伊斯·帕帕萨纳西乌-弗托普卢	Μπαρτζουλιάνος
	《中国：从半殖民地到超级大国》（Κίνα: Από Μισοαποικία σε Υπερδύναμη）	帕诺斯·加尔加纳斯	Μαρξιστικό Βιβλιοπωλείο
哲学	《赫拉克利特与老子》（Ηράκλειτος και Λάο-Τσε）	兰姆普洛斯·I. 帕帕雅尼斯	Άμμων Εκδοτική
	《比较哲学议题》（Ζητήματα Συγκριτικής Φιλοσοφίας）		
	《中国古代思想导论》（Εισαγωγή στη Σκέψη της Παλαιάς Κίνας）	尼可斯·迪西奥斯	Κέδρος

① "Φένια Παπακοσμά/Κινέζικη γραμματική, Συνέντευξη στο CueMagazine"，希腊汉语图书出版社网站，2022年11月14日，https：//mandarinbooks.gr/fenia-papakosma-kineziki-grammatiki/。

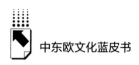

续表

领域	书名	作者	出版社
医学	《反射疗法与五行经络》（ *Η Ρεφλεξολογία Συναντά τα Πέντε Στοιχεία και τους Μεσημβρινούς* ）	阿尔忒弥斯·卡尔维兹	ETRA
	《解开谜团:中医基础理论》（ *Ξετυλίγοντας τον Μίτο: Βασική Θεωρία Κινεζικής Ιατρικής* ）		ITME
	《古代中医的历史和哲学思考》（ *Ιστορική και Φιλοσοφική Θεώρηση της Αρχαίας Κινεζικής Ιατρικής* ）	乔治·N. 戈齐斯	Ζήτη
	《追寻"龙"的足迹:雅典医务工作者的中医药文化融合实践》（ *Ιχνηλατώντας τον "Δράκο": Η Πολιτισμική Ενσωμάτωση της Κινεζικής Ιατρικής στους Επαγγελματίες Υγείας της Αθήνας* ）	迪米特拉·卢卡	Γρηγόρη
语言	《汉语语法大全》（ *Κινεζική Γραμματική για Όλα τα Επίπεδα* ）	菲妮娅·帕帕科斯玛	Mandarin Books
	《初学者实用汉语指南》（ *Πρακτικός Οδηγός Εκμάθησης Κινεζικών για Αρχάριους* ）	迪米特里斯·马夫罗伊迪斯	Ελληνοεκδοτική
	《中文导学》（ *Εισαγωγή στον Κόσμο της Κινέζικης Γλώσσας* ）	罗兰·索卡利杜　陈森　张群	Ζυγός

资料来源：作者自制。

<h2 align="center">三　希腊的中国文化研究展望</h2>

当前，希腊社会各界对加强与中国的文化往来有着较强意愿，而希腊的中国文化研究也呈方兴未艾之势。民间交流方面，在原有文化协会及组织的基础上，希腊成立了多个华人文化团体。这些团体积极打造各项文化品牌活

动，如中希文化艺术交流协会主办的"中国故事"系列讲座、中希华人戏剧联盟在 2023 年 12 月发起的首届"中希国际戏剧节"，为两国文明互鉴和民心相通注入新活力。另外，值得关注的是近年来汉语教学在希腊高校的推广与普及。从全球首个网络中文课堂落户爱琴大学到中国教育部中外语言交流合作中心携手爱奥尼亚大学计划开展国际中文教育项目和中希翻译人才联培项目，再到亚里士多德大学孔子学院为该校学生提供中文学分课程，多样化的语言教育合作形式将有助于培养更多知华友华的希腊汉语人才。

然而，希腊的中国文化研究起步较晚，尽管近年来取得了快速发展，但仍有较大的提升空间，特别是在汉学/中国学学科建设方面，希腊与许多周边国家相比发展较为滞后。实际上，希腊高校设立亚洲研究系的计划曾屡遭搁浅。例如，雅典大学土耳其和现代亚洲研究系（分为土耳其研究和东亚研究两个方向）目前只开设了土耳其研究方向的课程，而爱奥尼亚大学的亚洲研究系（分为中国研究和日本研究两个方向）自 2009 年成立后从未正式运行。不过，随着希腊与中国高等教育合作的深化，近年来亚里士多德大学孔子学院外方院长罗兰·索卡利杜、中希文明互鉴中心指导委员会主席斯泰利奥斯·维尔维达基斯等希腊学者再次提出了在希腊高校设立中文专业、开设中国文化研究相关课程的目标，这对于希腊汉学/中国学学科建设而言无疑是一个积极信号，同时为中国文化研究在希腊的发展勾勒出新的蓝图。

B.8
匈牙利的中国文化研究报告

王梦圆*

摘　要：　随着中国"一带一路"倡议与匈牙利"向东开放"战略的进一步对接，依托坚实的语言教学与汉学研究基础，匈牙利的中国文化研究在近年来呈现研究主体多、研究领域广、研究水平高的特点。匈牙利高等院校中文系、东方学研究机构以及各种综合性与专业性民间文化机构构成匈牙利中国文化研究与推广的主体，匈牙利最具权威性的三本东方学期刊则是发布中国文化研究学术成果的主要平台。近五年，匈牙利学界产出的关于中国文化的学术成果涵盖中国古代史、中国哲学、中文教学、汉学、语言学、文学翻译等方面，以期刊论文、图书、研讨会、读书会、文化活动等多种形式呈现。

关键词：　匈牙利　中国文化　汉学　东方学

匈牙利与中国的交往最早可以追溯到 14 世纪。19 世纪，匈牙利掀起了一阵"亚洲寻根"的热潮，许多科学家、冒险家不约而同地在这一时期来到中国进行科学考察，为匈牙利中国学的发展打下了坚实的基础。20 世纪，匈牙利汉学专业开始发展，罗兰大学最先设立了中文系，并涌现一大批汉学家，他们为匈牙利汉学的发展做出了重要贡献，为匈牙利中国文化研究拉开了序幕。近年来，随着匈牙利汉语教学的进一步普及和汉学研究的不断发展，匈牙利进行中国文化研究的机构数量增多、领域拓宽、成果丰富。

---

* 王梦圆，广东外语外贸大学区域国别学院（国际关系研究院）匈牙利语专业教师，主要研究方向为中东欧区域国别研究、匈牙利社会与文化、中匈文化交流史。

一 匈牙利的汉语教学

开展汉语教学，培养双语人才是进行中国文化研究的基础。匈牙利的汉语教学始于1923年罗兰大学远东语言文学教研室与中文系的创立，20世纪50年代，随着中国与匈牙利的政治关系不断深化，匈牙利开始了系统的现代汉语教学，中匈两国互派留学生，共同培养了一批优秀的汉学家。如今，匈牙利的汉语教学日趋完善，形成了公立院校和私营机构共同发展、相得益彰，小学、中学、大学等各阶段公共教育逐步衔接的局面。①

（一）匈牙利高等院校汉语教学

匈牙利汉语教学的主要阵地集中在高等院校，可分为中文系汉语教学和非中文系汉语教学。罗兰大学、帕兹玛尼·彼得天主教大学（以下简称"帕兹玛尼大学"）、卡洛里·加斯帕新教大学（以下简称"卡洛里大学"）设有中文系；考文纽斯大学、国家行政大学、塞梅维什大学等开设汉语专业课程。

1. 中文系汉语教学

（1）罗兰大学

在设有中文系的匈牙利大学中，罗兰大学中文系的历史最悠久、教学内容最全面、研究成果最丰富。1923年，罗兰大学成立了远东语言文学教研室，研究和教学重点在古代汉语与古代中古欧文化领域；20世纪50年代开始，罗兰大学中文系开始引入现代汉语教学。如今的罗兰大学中文系设有东方语言文学学士、汉学硕士、汉学博士三个层次的中国语言与文化学位点，教学内容包括现代汉语、古代汉语、翻译、历史、文化、思想、经济、政治等方面。

罗兰大学中文系本科学制为三年，毕业可获得东方语言文学中文方向学士学位。中文系专业课包含三个模块，其中东方语言与文化史模块为18~22学分；语言专业课模块（现代汉语、古代汉语、语言学）为40~70学分；

---

① 叶秋月：《匈牙利汉语教学的历史与现状——以罗兰大学中文系和罗兰大学孔子学院为例》，《汉语国际传播研究》2021年第1期。

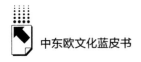

其他文化历史知识模块（历史、教育、宗教史）为 8～30 学分。此外，中文系专业学生完成汉语口笔译专业课程，最高可选择 50 个学分的课程。

本科毕业后，学生可选择申请学制为两年的汉学硕士项目。除了接受更高级别的语言教学外，学生还可以对中国社会和文化各个领域进行更深入的了解。汉学硕士毕业需要获得 120 个学分，获得硕士学位后，可以申请为期三年的汉学博士课程。在博士培养中，学生主要在所选导师的指导下专注于科学研究。

此外，非中文系专业的学生可以选修中文课程，学习基础的中文及中国文化知识。罗兰大学还设有供学生参加汉语水平考试（HSK）的测验点，这在无形之中为汉语的推广提供了更多便利。

在师资方面，罗兰大学中文系现共有 11 名教师，其中包括 6 名匈牙利教师、4 名中国教师、1 名越南籍教师，系主任为郝清新，每年招生人数为 10～65 人。①

（2）帕兹玛尼大学

帕兹玛尼大学是匈牙利现代中国研究的重要基地，大学的中文系隶属于国际政治学院，与匈牙利负责国际事务的政府部门之间有着密切的合作。中文系主任为绍莱特·盖尔盖伊，中文系提供三年制的中文本科教学，教学目标是使中文系专业的零基础本科生在三年的本科学习中达到中级汉语水平，同时教授中国文化、思想、历史、经济、政治、社会知识。此外，中文系还开设汉语辅修和汉语笔译、口译专业课程，每年招生人数为 5～20 人。

帕兹玛尼大学还设有东欧地区唯一的东亚学硕士点，该硕士点最初由帕兹玛尼大学和考文纽斯大学于 2014～2015 学年开设，自 2022 年起由帕兹玛尼大学单独管理。东亚学硕士学制为两年，目的是培养精通东亚地区文化、了解东亚历史、会讲中文并能够在商业、经济、外交、公共管理、科技领域进行合作的人才。教学内容一方面包括国际关系和法律、跨文化交际、世界经济及相关领域的知识，另一方面包括中国、印度、韩国、东南亚及其他国

---

① 罗兰大学中文系官网，https：//www.btk.elte.hu/szervezetek/kinai-tanszek，最后访问时间：2024 年 1 月 7 日。

家的历史和文化、社会、政治和经济制度、外交政策和安全政策。此外，东亚学硕士研究生还可以选择汉语课程：有一定汉语基础的学生从中级汉语课程开始学习，初学者则从基础汉语课程开始学习。①

（3）卡洛里大学

2020 年，卡洛里大学东方语言文学专业提供三年制的中文本科教学，每年招生人数为 8~25 人。② 东方语言文学专业中文方向的本科教学一方面是基础知识模块课程，包括人文学科领域所需的一般知识和理论基础课程；另一方面是中文专业课程，包括必修的语言课程，以及与中国的历史、社会、文化、政治和经济相关的非语言课程。此外，中文专业学生也可以选择一门辅修二外课程，通常为日语或韩语。

2. 非中文系汉语教学

近年来，汉语成为匈牙利众多大学的新兴二外课程。位于首都布达佩斯的考文纽斯大学、国家行政大学、塞梅维什大学、中欧大学和法门佛教学院，以及位于其他城市的米什科尔茨大学、佩奇大学、塞格德大学、德布勒森大学、塞切尼·伊什特万大学等都开设了中文辅修课程，目的是提高各专业领域人才的中文素养，以满足中国与匈牙利在各领域开展交流与合作的需要。③

布达佩斯外贸学院东亚语言系的学生在大学期间必须在其中一年选择汉语作为必修课，通过考试并获得学分。考文纽斯大学一般与中国有关的学院有与专业课适切的中文教学课程。而该校的外贸学院为了在新时期谋求更好的发展，满足学生的学习与就业需求，在近些年创设了受国家认可的商务汉语水平考试。国家行政大学中国学系（前身为中国公共管理、经济和社会研究中心）开展了满足特殊需要的现代汉学教学活动，主要目标是培养包括外交、税务、海关、经济、执法、移民等领域的匈牙利公共管理和行政专

---

① 帕兹玛尼·彼得天主教大学中文系官网，https：//btk.ppke.hu/kinai-tanszek，最后访问时间：2024 年 1 月 7 日。

② 卡洛里·加斯帕新教大学官网，https：//btk.kre.hu/index.php/keleti-nyelvek-es-kulturak-kinai-szakirany-ba，最后访问时间：2024 年 1 月 7 日。

③ 黎敏：《"一带一路"沿线国家匈牙利的汉语教学现状及发展策略研究》，《国际汉语教育》（中英文）2020 年第 2 期。

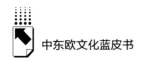

业人员。该系汉语课程每年通常有 25~30 名学生获得为期一年的奖学金——匈牙利和中国的各种国家及其他奖学金，并来中国学习。

（二）匈牙利中小学汉语教学

汉语在匈牙利被 7 所中学列为学分课，每周至少 3 课时，其他学校的汉语课为非学分的兴趣课，每周 1~2 课时。一些学校鼓励学生将汉语选为毕业考试科目，参加匈牙利教育部认可的官方汉语考试。

成立于 2004 年 9 月的匈中双语学校是中东欧地区唯一一所使用中文和所在国语言教学的公立全日制学校，隶属于匈牙利公共教育体系，旨在为华裔子女及匈牙利青少年提供一个学习汉语的平台。2004 年 9 月，匈中双语学校正式开始招生。2016 年 11 月，匈中双语学校增设高中部。匈中双语学校开设了匈牙利语、中文、数学、英语、自然、物理、化学、计算机、音乐、体育、美术等课程，匈牙利语授课时间占 65%，汉语授课时间占 35%。

匈中双语学校是中匈两国政府友好外交的见证，是两国文化教育合作的里程碑，具有一定的象征意义。2023 年春节前夕，该校学生胡灵月、宋智孝代表全校学生致信习近平主席及其夫人彭丽媛教授，按照中国风俗拜年，讲述在校学习 12 年中文的感受，表达将来去中国上大学、为匈中友好做贡献的愿望。国家主席习近平复信匈牙利匈中双语学校学生，鼓励匈牙利青少年更多地了解中国，做传承发展中匈友好事业的使者。[1]

（三）孔子学院

目前，匈牙利共有 5 所孔子学院，分别是罗兰大学孔子学院、塞格德大学孔子学院、米什科尔茨大学孔子学院、佩奇大学中医孔子学院和德布勒森大学孔子学院。

1. 罗兰大学孔子学院

罗兰大学孔子学院位于首都布达佩斯，是匈牙利第一所孔子学院，成立

---

[1] 《努力做传承发展中匈友好事业的使者》，光明网，2023 年 2 月 26 日，https：//m. gmw. cn/baijia/2023-02/26/36391095. html。

于 2006 年，与北京外国语大学合作建设，现已在匈牙利确立了中国语言和文化教学、研究与交流的权威性地位。① 2014 年 11 月 4 日，为顺应中东欧国家对高质量汉语教师的需求，中东欧汉语教师培训中心在罗兰大学孔子学院正式挂牌成立，目前已成为面向中东欧 16 国培训本土汉语教师的区域中心。匈牙利罗兰大学孔子学院成立后，除了成人班以外，在匈牙利全国 27 所大中小学开设汉语课程，进行汉语教学及推广。目前，孔子学院拥有 36 名以汉语为母语的专业教师，每年招收超过 2000 名汉语学习者，教学点辐射至全国 10 个主要城市，达 33 处。②

2. 塞格德大学孔子学院

塞格德大学孔子学院成立于 2012 年，是匈牙利第二所孔子学院，由上海外国语大学和塞格德大学共建。截至 2020 年 9 月，塞格德大学孔子学院已在匈牙利 21 所中小学及幼儿园设立了汉语教学点。自 2013～2014 学年开始，该大学孔子学院在中欧大学为从事旅游业的专业人士开设汉语培训课程。③

3. 米什科尔茨大学孔子学院

米什科尔茨大学孔子学院成立于 2013 年，由北京化工大学与米什科尔茨大学合作建设。米什科尔茨大学孔子学院成立 10 年以来，在汉语教学、文化传播、人文交流等方面都取得了突出的成绩，2015 年获批孔子学院奖金申请资格，2016 年成功获批 HSK 考点。目前，米什科尔茨大学孔子学院共有 7 名汉语教师，为米什科尔茨大学开设汉语选修课程，并在 4 座城市的 14 所中小学开设了汉语教学点。④

4. 佩奇大学中医孔子学院

佩奇大学与华北理工大学合作建立的佩奇大学中医孔子学院开设了中医类

---

① 北京外国语大学孔子学院工作处网站，https：//oci. bfsu. edu. cn/info/1181/5878. htm，最后访问时间：2024 年 1 月 10 日。

② 罗兰大学孔子学院官网，www. konfuciuszintezet. hu，最后访问时间：2024 年 1 月 10 日。

③ 塞格德大学孔子学院官网，https：//konfuciuszintezet. u－szeged. hu/nyelvoktatas/ovoda－altalanos/kinai-nyelvorak，最后访问时间：2024 年 1 月 10 日。

④ 米什科尔茨大学孔子学院官网，https：//konfuciusz. uni-miskolc. hu/fooldal，最后访问时间：2024 年 1 月 10 日。

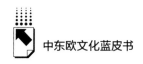
学科专业，现共有 8 名授课教师，其中 6 名为中文教师，2 名为中医领域的专家。佩奇大学中医孔子学院设立了面向 8~13 岁儿童的中国语言文化培训班，在 6 所高中开设了汉语教学点，并在佩奇大学开设了汉语与中医选修课程。[①]

除了汉语课程外，佩奇大学中医孔子学院还提供用英语和匈牙利语授课的中医课堂，课程内容涉及中医理论、中医养生和中医健身等领域，以调动学员对中医文化的学习兴趣，进而使学员主动学习相关汉语知识，促进学院汉语教学的发展。

5. 德布勒森大学孔子学院

2019 年，德布勒森大学孔子学院成立，由天津外国语大学与德布勒森大学共建。[②] 德布勒森大学孔子学院所有课程已纳入德布勒森大学学分体系，两校还在中医等领域开展广泛合作。

（四）民营培训机构

在匈牙利，除了孔子学院外，普通的民营培训机构也承担了一部分面向社会人士进行的汉语培训工作。在众多培训机构中最具实力的是东方语言学校，经过长期发展，东方语言学校已经成为匈牙利民间推广、传播汉语的中坚力量，为社会上想要通过学习汉语了解中国或者想要借助汉语与中国人建立合作关系的匈牙利人提供优质的汉语培训课程。值得一提的是，一些在匈牙利本土经营的大型公司会在内部开展汉语培训，为员工提供一些学习汉语的机会。这样一来，当员工接触到与中国公司相关的业务时，会在一定程度上提高员工的工作效率。

二 匈牙利开展中国文化研究的机构

匈牙利研究中国文化的机构主要包括由大学和学术机构建立的学术研究团队，由民间人士建立的综合性文化交流组织，以及由专业人士建立的文化

---

① 佩奇大学中医孔子学院官网，https：//konfuciusz. etk. pte. hu，最后访问时间：2024 年 1 月 10 日。
② 德布勒森大学孔子学院官网，https：//konfuciusz. unideb. hu，最后访问时间：2024 年 1 月 10 日。

推广协会。它们分别在学术研究、促进中匈文化交流与民间交往方面发挥着重要的作用。

（一）学术机构与研究团队

匈牙利对中国文化的研究可以追溯到 19 世纪，当时盛行的匈牙利人起源于东方的观点使许多匈牙利人产生了东方情结，表现出对东亚特别是对中国文化的兴趣，涌现了一大批赴东亚探险考察的官方及民间团队，他们为匈牙利中国学的建立与发展开辟了道路，留下了一大批有关中国文化的宝贵资料，是当今匈牙利各学术机构开展中国文化研究的基础。在此基础上成立的匈牙利高校东亚学系、汉学系、中文系衍生出一批与中国相关的学术机构。

1. 罗兰大学远东研究所

作为匈牙利东亚学及汉学的发源地，匈牙利罗兰大学研究中国文化的机构无论是从数量来看还是从成果来看，都是最多的。罗兰大学文学院下设的远东研究所成立于 1924 年，前身是罗兰大学东方学研究所，是匈牙利唯一一所专门从事远东地区语言和文化教学与研究的机构，下设中文系，定期出版学术期刊《远东研究》。远东研究所下设三个与中国文化相关的学术研究团队：罗马世界与远东研究团队、丝绸之路研究团队、佛学研究中心。

罗马世界与远东研究团队由罗兰大学卓越基金于 2023 年资助成立，隶属于罗兰大学孔子学院，主要研究领域为古代丝绸之路，目标是将东亚和东南亚地区与罗马相关的考古发现、古代中国的文字资料以及相关的考古理论模型进行整合，还原罗马帝国与远东地区之间的贸易网络，总结古罗马商品在亚洲流通的特点。① 2023 年 8 月，团队成员参加在中国兰州大学举办的"一带一路"国际科学组织联盟（ANSO）丝绸之路论坛暨第二届跨大陆交流与丝路文明联盟（ATES）科学会议并发言。

---

① 罗兰大学罗马世界与远东研究团队官网，https：//romanworld. konfuciuszintezet. hu，最后访问时间：2024 年 1 月 20 日。

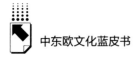

丝绸之路研究团队由罗兰大学中文系、匈牙利科学院——塞格德大学土耳其研究中心在 2017 年合作建立，负责人是罗兰大学副校长郝清新，目标是以文献学、历史学和考古学为基础对古代、中世纪和现代丝绸之路进行多方面的研究，更准确地描绘古代、现代丝绸之路沿线的物质和精神跨文化关系。① 团队曾分别于 2018 年、2019 年举办"丝绸之路沿线文化的迁徙、相遇与互动""敦煌与丝绸之路文化接触"学术会议，并在 2018~2020 年产出多篇相关研究论文。

佛学研究中心成立于 2016 年，负责人为郝清新，目的是支持罗兰大学各院系开展的佛学研究、管理与佛学有关的科研项目、组织国内和国际会议、加强佛学研究领域的国际合作。②

2. 匈牙利科学院

匈牙利科学院是匈牙利全国最高的科研机构，其语言科研所下属的东方学研究室于 1993 年成立，现主任为绍莱特·盖尔盖伊。主要研究领域包括：印度佛教、藏传佛教和蒙古佛教；中国历史、文学和哲学；伊斯兰问题研究；宗教史对比研究；伊本·赫勒敦—韦伯模式分析；伊斯兰教与基督教依存与矛盾的研究。③

3. 帕兹玛尼大学现代东亚研究团队

除了传统的汉学研究基地罗兰大学，匈牙利许多高校在建立中文系或中国学系之后也开始了专业的汉学研究。帕兹玛尼大学文学院下设现代东亚研究团队，负责人为绍莱特·盖尔盖伊，旨在研究世界上人口最多、增长最快的东亚及东南亚地区的政治、经济、社会和安全政策。该团队举办研讨会、出版书籍，并制作"东方快车"系列广播节目与播客，至今已制作超过 200

---

① 塞格德大学官网，https：//arts. u-szeged. hu/mta-elte-szte-selyemut，最后访问时间：2024 年 1 月 20 日。

② 罗兰大学远东研究所官网，https：//tavolkeletiintezet. elte. hu/index. php？menu = kozpontok & almenu = buddhizmuskp，最后访问时间：2024 年 1 月 20 日。

③ 《匈牙利亚洲研究机构》，世界亚洲研究信息中心网站，2009 年 3 月 17 日，https：// icwar. bfsu. edu. cn/info/1105/1384. htm。

期播客。[①]

4.卡罗利·卡斯帕尔大学汉学研究团队

卡罗利·卡斯帕尔大学东亚语言文化学院中文系于 2020 年建立了汉学研究团队，积极举办会议与讲座，团队成员发表多篇学术论文，并于 2021 年出版专著书籍《匈中关系 1949—1989》。[②]

（二）民间协会

1.综合性文化交流协会

除了大学下设的学术机构参与研究团队之外，匈牙利也有许多民间设立的与中国文化相关的协会，涵盖文化、武术、中医、书法等各个领域。

成立于 1959 年的匈中友好协会是匈牙利历史最悠久的中匈民间交流组织，现会长为匈牙利汉学家宗博莉·克拉拉。该协会通过组织会议、讲座、展览、音乐会等活动传播中国文化，促进两国的民间交流，为两国文化、教育、经济和外交关系的进一步发展做出了贡献。该协会多次举办有关中国文化、美食、文学、旅游等方面的科学知识讲座；于 2018 年出版书籍《日月桥——中国人的匈牙利记忆》；与匈牙利中央电视台、塞格德大学孔子学院合作制作了"与汉学大师对话"系列影片；曾参加中国—中东欧青年发展论坛、北京国际民间友好论坛、北京国际图书博览会、丝绸之路沿线民间组织合作网络论坛等国际会议。[③]

成立于 1995 年的匈中文化交流中心也是匈牙利国内重要的旨在促进中匈两国文化交流的非营利性机构之一。该中心通过教育与实践活动传播中国传统文化，建立了中国书画学校、醒狮武术学校、中国传统音乐学校，并开

---

① 帕兹玛尼·彼得天主教大学官网，https：//btk. ppke. hu/modern－kelet－azsia－kutatocsoport－2，最后访问时间：2024 年 1 月 20 日。

② 卡罗利·卡斯帕尔大学人文社科学院官网，https：//btk. kre. hu/index. php/2015－12－05－09－31－20/kari-kutatocsoportok/853-sinologiai-kutatocsoport. html，最后访问时间：2024 年 1 月 20 日。

③ 匈中友好协会官网，https：//www. mkbt. hu/rolunk/，最后访问时间：2024 年 2 月 21 日。

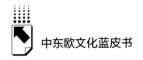
设茶艺、武术、书法、绘画、乐器等培训班。①

成立于2015年的匈牙利—中国文化交流协会是在匈牙利法院正式注册的非营利性社会组织,旨在促进两国文化交流,会员单位包括匈牙利《新导报》、匈牙利钻石传媒旅游咨询服务公司等。该协会于2016年创立了大型品牌活动"中国春"文化节,曾成功举办新春晚会、中国电影展、中国文化月等大型文化推广活动。②

2. 专业性文化推广协会

随着中国文化在匈牙利的进一步传播,匈牙利人对中国文化的兴趣越来越高涨,催生了一批旨在进行中国特色文化活动推广与教学的协会。

在中医领域,成立于1989年的匈牙利针灸医生协会旨在开展针灸领域的理论研究与实践应用,在匈牙利推广针灸、推拿、中药、保健操、饮食保健法等,促进国内外中医的交流与合作。③ 成立于2002年的匈牙利中医药学会以在匈牙利推广中医文化为宗旨。为了发展匈牙利的中医事业、促进中西两种医学之间的交流与合作,匈牙利中医药学会成员积极地参与匈牙利的中医临床、教学和科研工作。④ 匈牙利中国意象医学协会支持意象医学相关研究和经验的交流,曾于2018年在塞梅维什大学主办"中国意象医学大会",吸引了来自世界各地的意象医学专家参会。此外,该协会还开设意象医学培训课程,以及开展其他与意象医学相关的活动如讲座、研讨会等,创作并发布有关意象医学的书籍、视频、音频材料。⑤

1998年成立的匈牙利龙舟协会负责组织匈牙利国内的龙舟比赛,培养龙舟运动员。2018年7月,该协会在塞格德举办了全球规模最大的龙舟比

---

① 匈中文化交流中心官网,https://www.kinainfo.hu/node/184,最后访问时间:2024年2月21日。
② 匈牙利—中国文化交流协会官网,https://hccadotblog.wordpress.com/简介/,最后访问时间:2024年2月21日。
③ 匈牙利针灸医生协会官网,https://maot.hu,最后访问时间:2024年2月21日。
④ 匈牙利中医药学会官网,https://www.hkome.hu/untitled-c161u,最后访问时间:2024年10月28日。
⑤ 匈牙利中国意象医学协会官网,https://www.zyq108.hu/Kinai-Kepmedicina,最后访问时间:2024年10月28日。

赛——第 11 届 IDBF 俱乐部龙舟世界锦标赛，参赛人数创历届之最，共有 6200 名运动员参加。[①]

匈牙利传统功夫与武术协会则主要开展武术培训、教练培训活动，定期举办匈牙利全国武术锦标赛，该协会包含近 50 个武术教学机构。[②] 成立于 1999 年的匈牙利禅武国际联盟开展武术、太极、中医、茶道、书法、舞狮舞龙教学活动，同时传授中国传统文化和武术道德。该联盟定期举办全国性的武术比赛，开展武术训练营，不少学员在此影响下开始学习汉语。[③]

三 匈牙利开展的与中国文化研究相关的学术活动

近五年，匈牙利开展了大量与中国文化相关的学术活动，主要由匈牙利孔子学院、学术机构、文化交流协会等主持或联合举办，形式主要为研讨会、论坛、讲座、读书会等。中国文化研究在匈牙利学术界的活跃，推动了中国文化在匈牙利的有效传播。

（一）孔子学院举办的学术活动

五年间，匈牙利各孔子学院以不同的形式积极举办各类学术活动，包括专题讲座、研讨会等，为中文学习者提供了学习与交流的平台。

2020~2023 年，匈牙利罗兰大学孔子学院共举办了近 40 场学术讲座及研讨会，主题包含中国文化、文学、绘画、书法、武术、中医、经贸、中文教学、中匈关系等方面，吸引了众多中文学习者以及对中国文化感兴趣的匈牙利人参与，同时定期举办研究成果分享会如青年汉学家研讨会，助力匈牙利汉学的新发展。

---

① 匈牙利龙舟协会官网，https：//www.sarkanyhajozas.hu/hirek，最后访问时间：2024 年 2 月 21 日。
② 匈牙利传统功夫与武术协会官网，https：//www.hkf.hu/aktuális，最后访问时间：2024 年 10 月 28 日。
③ 匈牙利禅武国际联盟官网，https：//www.chanwu.co.hu/hírek，最后访问时间：2024 年 10 月 28 日。

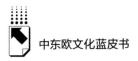

2015 年起，塞格德大学孔子学院定期组织"孔院茶馆"学术茶话会，邀请汉学家、专家学者、成功的商业人士等就中国现状、经济形势、社会及政治等方面开展讲座与进行座谈。然而 2020 年以来，受新冠疫情影响，"孔院茶馆"仅举办了五次。当线下学术与研讨活动几乎陷入停滞之时，在塞格德大学孔子学院、中国驻匈牙利大使馆、布达佩斯国家旅游局、科苏特出版集团、外研社中文编辑部与匈中友好协会的支持下，《近观中国》匈中友好协会"相簿"比赛于 2020 年 12 月举办，为匈牙利人民提供了一个从"远处"近观中国、了解中国文化的机会。2023 年 12 月，塞格德大学孔子学院与匈中青年友好协会、诺依曼·亚诺什大学欧亚中心共同举办了"第五届欧亚黎明会议"。

德布勒森大学孔子学院在 2022~2023 年共邀请专业人士举办了四场学术讲座，并于 2022 年举办匈牙利汉语教学与研究高端论坛、茶文化学术研讨会。

（二）学术机构举办的学术活动

在东方学领域，匈牙利罗兰大学历史学院厄特沃什·尤若夫学院东方学与东亚研究工作坊分别在 2020 年与 2023 年举办了"近与远"东方学与东亚研究研讨会，为年轻的东方学与东亚研究学者提供了交流与讨论的平台。2020 年研讨会的成果于 2022 年作为论文集出版。帕兹玛尼大学文学院现代东亚研究团队多次围绕亚洲研究主题举办专题讲座、工作坊、圆桌会议与研讨会，主题大多为亚洲或东亚范围的文化、军事、政治专题研究。2023 年 5 月，帕兹玛尼大学中文系主任绍莱特·盖尔盖伊主讲了"中国的'一带一路'倡议"专题讲座，总结了"一带一路"倡议迄今为止取得的成就、面临的问题，并展望了未来的发展。2023 年 6 月，与帕兹玛尼大学民族志研究所共同举办了"亚洲的民族建设"论坛。匈牙利戏剧与电影艺术大学于 2021 年 9 月举办了"塑造中华民族认同的京剧与昆曲"专题讲座。

（三）文化交流协会举办的学术活动

除了孔子学院与相关学术机构之外，匈中青年友好协会也多次组织、承办学术研讨会及圆桌会议。2023 年 3 月 31 日，匈中青年友好协会在帕兹玛尼大学举行了主题为"当今中国站在何处"的圆桌讨论会。2023 年 4 月 26 日,匈中青年友好协会举办主题为"21 世纪内亚的门户地区和冲突焦点"的圆桌会议。10 月 26 日,匈中青年友好协会承办由中国中央广播电视总台、诺伊曼·亚诺什大学欧亚中心主办的"共建'一带一路'十周年——经验与展望"会议。11 月 28 日,匈中青年友好协会与塞格德大学孔子学院、诺伊曼·亚诺什大学欧亚中心联合举办以"古与新丝绸之路——中国的思考模式"为主题的圆桌会议。

2023 年 3 月 16 日,布达佩斯中国文化中心与裴多菲文学博物馆联合举办"从裴多菲说起——中匈诗歌对话"活动。该活动由匈牙利汉学家、翻译家宗博莉·克拉拉主持,文学翻译家、裴多菲研究员李震参与对话。

2022 年 9 月起,在中国作家协会的支持下,当代中国读书俱乐部定期在播种者咖啡馆举办读书会,邀请年轻的匈牙利汉学家以及中国文学爱好者围绕特定中国作家或作品进行研讨与分享(见表 1)。

表 1　匈牙利当代中国读书俱乐部读书会举办情况

期数	时间	读书会主题
第一期	2022 年 9 月 15 日	余华
第二期	2022 年 12 月 1 日	广东小说、广东诗歌、广东散文
第三期	2023 年 2 月 9 日	文学翻译
第四期	2023 年 3 月 30 日	张炜《蘑菇七种》
第五期	2023 年 5 月 18 日	余泽民《纸鱼缸》
第六期	2023 年 10 月 12 日	徜徉在中国当代文学帝国,年轻人读什么?
第七期	2023 年 12 月 14 日	刘震云——《吃瓜时代的儿女们》《我不是潘金莲》《一地鸡毛》
第八期	2024 年 2 月 29 日	鲁敏《此情无法投递》

四　匈牙利有关中国文化研究的出版物

(一)匈牙利研究中国文化的学术期刊

匈牙利研究中国文化的学术期刊主要包括罗兰大学文学院远东研究所创

办的《远东研究》，李盖蒂·劳约什创立的《匈牙利科学院东方学学报》《东方研究》。

1.《远东研究》（*Távol-keleti Tanulmányok*）

《远东研究》是匈牙利罗兰大学文学院远东研究所的官方期刊，创刊于2009年，自2021年起改版为匈英双语刊物，英文版期刊为 *Journal of East Asian Cultures*，被欧洲人文社会科学研究索引、匈牙利期刊目录数据库、SherpaRomeo、DOAJ、EPA、MTMT 数据库收录。现总主编为郝清新，编审会共7人，其中5人来自罗兰大学。该期刊遵循匈牙利罗兰大学文学院远东研究所的百年传统，旨在用跨学科的研究方法和历史的眼光分析当代东亚社会与文化。[①] 该期刊主要内容包括从哲学、历史、语言、艺术史、民族志和宗教理论的角度审视日本、中国、韩国、蒙古国及其他相关文化的文章。近五年，《远东研究》共刊登和转载了40余篇关于中国的论文，涵盖了汉学、历史学、语言学、佛学、古代哲学、翻译学、汉语教育、社会与政治等方面的研究（见图1）。

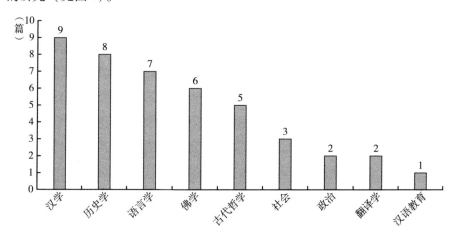

图1 《远东研究》近五年刊登的中国研究论文题材及数量

资料来源：匈牙利国立塞切尼图书馆电子馆藏，https：//epa. oszk. hu/html/vgi/kardexlap. phtml？id=4539。

---

① 《远东研究》官网，https：//ojs. elte. hu/tkt/issue/view/639，最后访问时间：2024年2月1日。

2. 《匈牙利科学院东方学学报》（ *Acta Orientalia Academiae Scientiarum Hungaricae* ）

《匈牙利科学院东方学学报》是匈牙利东方研究的国际专业期刊，成立于 1950 年，创始人和第一任主编是李盖蒂·劳约什，现为由匈牙利社会科学出版社出版的英文季刊。总主编为匈牙利宗教史学家康高博，编审会共10 人，其中 5 人来自罗兰大学，其余 5 人为来自美国、法国、德国、日本的东方学专家。该期刊收录文章的研究领域主要为东方研究，包括突厥语、蒙古语、满—通古斯语、汉语、藏语、印度—雅利安语、伊朗语及突厥语的语言学、文学及历史学研究。近五年，《匈牙利科学院东方学学报》刊发的有关中国的论文成果主要是对古代文献及文物的历史研究，包括古汉语、古蒙古语、古维吾尔语、契丹语文献、图画及其残片。《匈牙利科学院东方学学报》近五年刊登的中国研究论文题材及数量如图 2 所示。

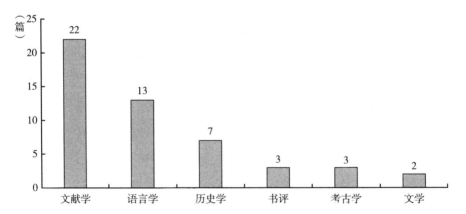

图 2 《匈牙利科学院东方学学报》近五年刊登的中国研究论文题材及数量

资料来源：匈牙利科学院期刊数据库，https：//akjournals.com/view/journals/062/062 - overview.xml。

3. 《东方研究》（ *Keletkutatás* ）

《东方研究》的创始主编是李盖蒂·劳约什，他以克洛什·乔玛文库为基础创办了该期刊，目的是以匈牙利语呈现最新的匈牙利东方学研究成果。1986～1994 年，这本半年刊的主编是匈牙利突厥学家苏萨·卡库克。

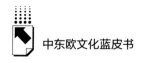

随着 20 世纪 90 年代远东研究所的独立，《东方研究》逐渐发展成为一本集阿拉伯、土耳其、印度、伊朗、汉学、日本学、藏学等研究于一体的专业期刊。该期刊现任编辑是突厥学家大卫·盖佐、佛多尔·帕尔和本尼迪克·佩里。与前文两本期刊相比，该期刊近五年刊登的关于中国的研究成果相对较少，共 10 篇，其中 5 篇都收录在 2022 年秋季纪念匈牙利东方学家李盖蒂·劳约什特刊中。

（二）匈牙利近五年出版的有关中国文化的书籍

近五年，匈牙利出版了大量与中国文化有关的书籍，主要包括文学翻译作品、中国文化研究外译作品以及匈牙利本土研究中国文化的作品。其中，文学翻译作品的数量最多、体量最大，中国文化研究外译作品以及匈牙利本土研究中国文化的作品涵盖了哲学、历史、思想、语言、经济、政治等多个领域，进一步推动了中国文化经典作品在匈牙利的传播。

1. 文学翻译作品

近五年，匈牙利共译介出版了 34 部中国文学作品。其中，从译介作品的时期来看，现当代文学作品的占比较大，古代、近代文学的作品占比较少。这一方面是因为近年来中国现当代文学在国际的影响力不断提升，匈牙利人对中国现当代文学产生了极大的兴趣；另一方面是因为在一批汉学家的努力下，中国古代、近代文学作品在此前已经有了多种译本，市场趋于饱和。从文体来看，被译介的作品以长篇小说为主。从作家来看，被译介的作品数量最多的作家是刘慈欣，包括《三体》（*A háromtest-probléma*）三部曲与《白垩纪往事》（*Hangyák és dinoszauruszok: Csontcitadella és Sziklaváros elveszett történelme*）。此外，著名中国当代作家余华的《许三观卖血记》（*A véradó krónikája*）、《活着》（*Élni*）以及莫言的《生死疲劳》（*Élni és halni végkime-rülésig*）也被译为匈牙利语。在中国古代文学中，霍尔瓦特·奥利弗·彼得所译的《三国演义》（*Három királyság*）三卷本陆续于 2020~2022 年出版。

2. 中国文化研究外译作品

除了文学翻译作品之外，近五年匈牙利也出版了一些中国文化研究外译作品，主要为介绍中国传统文化思想、哲学与历史的书籍，包括中国国家社会科学基金重大项目"中华思想文化术语的整理、传播与数据库建设"的研究成果、"十三五"国家重点出版物出版规划项目、获评第二届向全国推荐中华优秀传统文化普及图书的《中国思想文化术语》（*A kínai gondolkodás és kultúra alapfogalmai*），共两卷，分别于 2020 年与 2022 年出版。中国思想文化术语是当代中国人理解中国古代哲学思想、人文精神、思维方式、价值观念之变化乃至文学、艺术、历史等各领域发展的核心关键，也是世界其他国家和民族了解中国、中华民族和海外华人之精神世界的钥匙。袁行霈、严文明、张传玺、楼宇烈主编的《中华文明史》（1~4 卷）（*A kínai civilizáció története*）（I-IV）、王治河的《过程与多元：中国和而不同思想研究》（*Folyamat és Pluralizmus-Kínai elmélkedés a sokszínűség harmoniájáról*）均于 2020 年出版。

此外，匈牙利也出版了数部从英文译入的中国文化研究作品，包括美国加利福尼亚大学东方医学博士米沙·露丝·科翰所著的《中医手册——古代治疗的现代指南》（*A kínai orvoslás kézikönyve-Modern útmutató az ősi gyógyításhoz*）。

3. 匈牙利本土研究中国文化的作品

2020 年以来，匈牙利出版了数部关于中国文化研究的书籍，包括研究类专著以及汉语学习的工具类书籍。研究类专著包括语言学家鲍拉什·尤若夫·阿提拉撰写的《中国智慧——158 条哲理谚语的发展史》（*Kínai bölcsességek：158 életigazság művelődéstörténete*）、《千年中国文化的谚语、俗语和符号》（*A több ezer éves kínai kultúra közmondásai, szólásai és jelképei tükrében*）；前匈牙利驻上海总领事、前匈牙利国家银行行长首席顾问、现诺伊曼·亚诺什大学欧亚中心主任霍尔瓦特·莱温特撰写的《中国地缘政治思考——从中国视角看"一带一路"》（*A kínai geopolitikai gondolkodás-"Egy övezet, egy út" kínai szemszögből*），以及国家行政大学研究团队于 2020 年出版的研究成果《匈中政治和经济关系领域的机遇和挑战》（*Lehetőségek és kihívások a magyar-kínai kapcsolatok területén I. kötet：Politikai kapcsolatok*）。匈牙利在 2022 年出版的两本汉语学习的工具书类书籍包括《汉匈图解词典——1500 个日常用词》（*Képes szótár Kínai-Magyar：1500 hasznos szó a*

hétköznapokhoz）以及《汉语语法概览——附示例》（*Kínai nyelvtani áttekintés：Praktikus példákkal*），进一步丰富了匈牙利汉语学习的参考书目，为匈牙利汉语学习者提供了更多选择。

五 匈牙利汉学家

（一）20世纪的匈牙利汉学家

1.李盖蒂·劳约什

李盖蒂·劳约什是罗兰大学东亚学院的第一个汉学家，时任远东语言文学教研室主任，培养了第一代汉学研究者，研究侧重于中国有关亚洲匈奴人和其他游牧民族的文献史料。1947年当选为匈牙利科学院院士，并于1949~1969年担任匈牙利科学院副院长职务。他创办了匈牙利最权威的两本东方学期刊《匈牙利科学院东方学学报》和《东方研究》，同时编辑了《匈牙利东方文库》和《克洛什·乔玛文库》系列丛书，培养了一大批匈牙利汉学家，为匈牙利汉学的发展奠定了坚实的文献与研究基础。

2.陈国

1942年，东方学家李盖蒂·劳约什接任布达佩斯罗兰大学东亚系主任，设立中文专业，陈国便是第一位学生，也是匈牙利教育史上正式学习中文的第一人。1963~1983年，陈国接替恩师当了二十年的系主任，翻译了《水浒传》《西游记》《西游记补》，并多次再版，影响了几代匈牙利读者。他还将白居易、李白、杜甫的大量诗作译成匈牙利语，如《白居易诗选》《李白诗选》《中国古典诗歌选》等。

3.杜克义

杜克义是匈牙利著名的汉学家、科学院院士、东方研究中心主任，同时是欧洲著名的汉学家之一。1949年，杜克义以优异的成绩考入了匈牙利罗兰大学中文系，在著名的东方学者、匈牙利科学院副院长李盖蒂·劳约什教授的指导下攻读中国古典文学、中国古代史和中国古典哲学。他曾翻译和编译过许多中国经典文学作品，包括《屈原诗选》《乐府诗选》《诗经》《道德经》《曹植诗选》《关汉卿杂剧选》《聊斋志异》《孙子兵法》等，并撰写了《中国哲学简史》等经典中国文化研究作品。

4. 尤山度

尤山度，匈牙利著名汉学家、翻译家、匈牙利罗兰大学中文系名誉副教授，曾任匈牙利驻华使馆参赞，在中国生活十余年，长期从事中国语言、文化、历史的研究和传播。他创作出版的《汉语》四卷，为汉语在匈牙利的传播做出了贡献，译著有《毛泽东诗词21首》《我的前半生》等，代表作有《中国与奥匈帝国》《从铁路岗哨到长城》等。

5. 高恩德

高恩德是第一批来中国学习汉语的匈牙利留学生，毕业后曾在匈牙利驻华使馆工作，1959年回到匈牙利后当选为匈牙利中国友好协会秘书长，后调入罗兰大学中国与东亚教研室工作。他是匈牙利20世纪中国现代文学研究的奠基人，翻译和介绍了鲁迅和老舍等中国著名作家的作品，包括《鲁迅杂文选》《鲁迅短篇小说选》等，撰写和出版了《现代中国诗歌》《鲁迅与东欧新文学》《匈牙利文学在中国》等著作。

6. 姑兰

姑兰是匈牙利唯一研究中国戏曲的汉学家、翻译家。她于1956~1963年在北京大学学习，从20世纪70年代开始在匈牙利的欧洲出版社担任东方文学编辑室主编，是中国作品在匈牙利推广的重要幕后推手。姑兰也参与研究和翻译工作，著有《中国戏剧与匈牙利舞台》《中国古代科考制度》等；独自翻译了《西游记》《道德经》等作品。由于为中国图书在匈牙利的翻译和出版做出了特殊贡献，姑兰于2018年获得第12届中华图书特殊贡献奖。

（二）当代匈牙利汉学家

1. 郝清新

郝清新是匈牙利汉传佛教领域的权威，现为罗兰大学副校长、罗兰大学孔子学院院长。郝清新教授在汉语和中国文化的推广方面发挥着举足轻重的

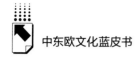

作用，编写了《汉匈词典》和《匈汉词典》，在他的带领下罗兰大学孔子学院蓬勃发展，有利于匈牙利汉语教学和文化推广，罗兰大学孔子学院在2015年被评为全球示范孔子学院，五度获得优秀孔子学院，郝清新教授个人获得"先进个人"荣誉称号。

2.绍莱特·盖尔盖伊

绍莱特·盖尔盖伊博士现任帕兹玛尼大学中文系主任，国际学与政治学院的院长，当代东亚研究中心主任，兼任匈牙利外事学院的研究者和罗兰大学中文系教授。绍莱特·盖尔盖伊博士的主要研究领域是中国政治和对外关系，他在中国历史和文化研究方面也颇有成就，主编了11本相关书籍，发表了40多篇学术性文章，撰写了50多篇书评、60多篇弘扬中国文化的文章。

3.宗博莉·克拉拉

宗博莉·克拉拉师从姑兰，先后在北京语言大学和北京大学学习中文及中国文学。从匈牙利罗兰大学毕业后，她开始将研究重心放到中国改革开放后的当代文学翻译上。她将莫言、苏童、余华等多位中国当代作家的作品翻译成匈牙利语，是第一位翻译中国当代作家作品，并将其引入匈牙利的翻译家。

4.包甫博

包甫博现为匈牙利科学院语言学研究所副所长、高级研究员。2000年取得罗兰大学语言学博士学位，从2011年开始关注中东欧的汉语研究及其对现代语言学理论的贡献，并发表了一系列相关论文。包甫博教授除了在汉学研究上投入大量时间，近二十年还指导了中匈学生完成汉语研究的博士论文，培养了一大批汉学青年人才。

5.其他青年汉学家

除此之外，匈牙利汉学家新群体还有在汉传佛教领域颇有建树的梅琳达博士，翻译了《孝经》《二十四孝》《三字经》等多部中国古代典籍，并就职于匈牙利国家行政大学、东方语言学院的贝山教授，汉学家跨文化、跨学科研究的典范——将西方理论应用于中国传统礼貌用语研究的唐佐力教授。

这些青年汉学家积极阐述他们对中国文化和语言的理解，在中匈两国之间的政治、文化、语言交流中发挥着重要作用。

结　语

作为匈牙利汉学的发源地，高等院校中文系与东方学研究机构仍然是匈牙利中国文化研究与推广的主体。其中，匈牙利罗兰大学及其下设机构无论是从中文教学、学术研究、汉学家培养方面来看还是从活动举办、国际合作方面来看，都是匈牙利中国文化研究的关键。随着近年来中国文化在匈牙利的进一步传播，匈牙利其他高校如帕兹玛尼大学等已成为研究与传播中国文化的新据点。各种综合性文化交流协会与专业性文化推广协会，如匈中文化交流中心、匈牙利传统功夫与武术协会等也在促进中匈两国交流方面发挥着不可替代的作用。

在汉语教学方面，匈牙利高等院校中文系、中小学汉语教学、孔子学院汉语、民营培训机构相得益彰，共同构成了中国文化在匈牙利传播的基础阵地。匈牙利高等院校中文系培养的一大批汉学家组成了中国文化研究成果产出的重要主体。《远东研究》《匈牙利科学院东方学学报》《东方研究》三本期刊则是中国文化研究成果产出的主要平台。近五年，匈牙利学界产出的关于中国文化的学术成果涵盖了中国古代史、中国哲学、中文教学、汉学、语言学、文学翻译等方面。其中，聚焦中国古代文化和语言的研究成果相对丰富，而对于现代中国的研究则主要集中在政治、经济与中匈关系等方面。近五年出版的有关中国文化书籍则以现当代文学翻译为主，中国文化研究外译作品与匈牙利本土研究中国语言、文化的作品也十分丰富。

随着"一带一路"倡议与匈牙利"向东开放"战略的进一步对接，坚实的汉语教学与汉学研究基础，将继续推进中匈两国文化领域的交流与合作，将推动匈牙利对中国文化的研究迈上新台阶。

B.9
波兰的中国文化研究报告

梁小聪*

摘　要：　在中波双边文化合作协定的基础上，中国文化在波兰的推广事业得到了较为稳定的发展。近年来，中波官方和民间文化交流活动遍地开花，呈现多样化、传统与现代相结合的新面貌。波兰境内的中国文化学术机构、高校汉学系和孔子学院等汉语教学点，为波兰人民提供了学习汉语和了解中国文化的平台。此外，本报告梳理了近五年波兰中国文化研究的书籍和学术论文出版、体现了波兰出版社对中国文化研究的关注度较高和热情不减的现状，相关出版物也受到读者较为广泛的喜爱。本报告还阐述了近年来致力于在波兰传播中国文化的波兰汉学家和外交官，并对代表人物的生平和贡献做了简要的整理。总体而言，中波文化交流呈现日渐频繁的趋势，文化教育合作进一步全面深化，中国文化在波兰的影响力不断提升。

关键词：　波兰　中国文化　学术机构　出版　汉学

前　言

波兰是第一个与新中国签订文化合作协定的国家，中波建交七十多年来，两国共签署了25个年度的文化合作协定，为两国文化交流与合作奠定了坚实的法律基础。而近五年最重要的一份中波文化合作议定是《中波2021—2024年文化合作议定书》（2021年），由波兰文化、民族遗产与体育部（以下简称

---

* 梁小聪，广东外语外贸大学区域国别学院（国际关系研究院）波兰语专业教师，主要研究方向为中东欧区域国别研究、波兰文学等。

"波兰文化部") 与中华人民共和国文化和旅游部共同签署, 旨在深化两国在文化资产保护、存档行动和文学作品翻译等方面的合作。这是对双方签署的首份《中华人民共和国与波兰人民共和国文化合作协定》(1951 年) 和为合作提供总体框架的《中华人民共和国政府和波兰共和国政府文化和科学合作协定》(1986 年) 的有力补充。① 2016 年 6 月, 习近平主席出访波兰, 极大地鼓舞了中波双方在教育文化领域的合作热情, 并掀起了"中国热"。② 时隔八年, 2024 年 6 月, 波兰总统安杰伊·杜达携夫人访问中国, 并为双边合作发展杰出人士颁奖, 这将进一步促进中波两国文化交流。③ 随着全球化的加深, 在"一带一路"倡议、中国—中东欧国家合作机制及中波文化合作协定等框架下, 中波两国之间的政治与经济关系日益紧密, 两国文化之间的交流变得更加频繁。

一　波兰的中国文化学术机构

中国文化博大精深、源远流长, 特别是在艺术、文学、哲学等领域, 对世界历史发展具有一定的影响力。波兰相关文化机构和协会在中国文化研究方面扮演着重要角色。新中国成立后不久, 波中友好协会④和中波友好协会先后成立, 为促进中波两国在音乐、戏剧、美术、电影、文学翻译等领域的民间文化交流做出了巨大贡献。2015 年, 波兰—中国合作协会在波兰成立, 该协会专家关注中国对外政策和共建"一带一路"倡议, 解读《习近平谈治国理

---

① 《驻波兰大使刘光源与波副总理兼文化、民族遗产与体育部部长格林斯基在华沙共同签署〈中波 2021—2024 年文化合作议定书〉》, 中华人民共和国驻波兰共和国大使馆网站, 2021 年 1 月 28 日, http: //pl. china - embassy. gov. cn/sghd/202101/t20210128 _ 2174481. htm; 《中华人民共和国与波兰共和国文化交流与合作简况 (一)》, 中华人民共和国驻波兰共和国大使馆网站, 2002 年 6 月 5 日, http: //pl. china-embassy. gov. cn/chn/ywzn/jlwh/200406/t20040608 _ 2462863. htm。

② 《习近平主席访问在波兰掀起"中国热"》, 新华网, 2016 年 6 月 26 日, http: //www. xinhuanet. com/world/2016-06/26/c_ 1119114495. htm。

③ 《波兰总统访问中国的行程安排》, "波华资讯" 微信公众号, 2024 年 6 月 22 日, https: //mp. weixin. qq. com/s/dCQxgjsQmflCgCa_ yx4SAQ。

④ 波中友好协会官网, https: //tppch. pl/, 最后访问时间: 2024 年 2 月 5 日。

政》波兰语编译版《创新中国》，研究中波教育合作和汉语教学现状，组织关于中国风俗习惯、艺术文化等领域的讲座，中国美食烹饪工作坊，汉语课，中国画展和中国木偶剧演出等，促进双方文化交流。此外，像波兰瓦津基皇家博物馆①与中国恭王府合作，共同推进在瓦津基公园内落成的中国园项目建设（2014）。波兰学术界对以中国文化为首的东方文化的关注度越来越高，在官方和民间都涌现了不少致力于以中国社会与文化为研究重点的东方学术机构。

（一）官方机构

波兰除了创建孔子学院、汉学系等关注汉语或汉学研究的高校机构外，还设立了各大官方研究机构，如华沙社会科学与人文科学大学东亚研究中心、波兰东方学会、波兰科学院东方研究委员会、华沙大学东西方哲学比较研究中心②、波兰东方研究中心③、波兰科学院地中海与东方文化研究所④、西里西亚大学人文学院中国语言文化中心等。大多数机构以亚洲和非洲为主要研究主体，随着中国国际影响力的提升，波兰境内该类型研究协会对中国文化、哲学、法律、文学等领域越发关注。以下将主要介绍其中三个规模较大的研究机构。

1. 华沙社会科学与人文科学大学东亚研究中心⑤

华沙社会科学与人文科学大学东亚研究中心是聚焦东亚地区，特别是中

---

① 《十八世纪的皇家花园》，瓦津基皇家博物馆官网，https：//www.lazienki-krolewskie.pl/cn/ogrody/ogrod-krolewski-xviii-wieku，最后访问时间：2024 年 2 月 5 日。
② 华沙大学东西方哲学比较研究中心官网，https：//filozofia.uw.edu.pl/pracownia-strona/centrum-badan-porownawczych-nad-filozofia-wschodu-i-zachodu/，最后访问时间：2024 年 2 月 5 日。
③ 《波兰东方研究中心》，中国—中东欧国家智库交流与合作网络官网，2015 年 12 月 7 日，https：//www.17plus1-thinktank.com/article/280.html? source = article_ link。波兰东方研究中心负责监测和分析波兰周边地区，如中欧国家、北欧国家和东欧国家、巴尔干半岛和中东欧国家高加索、土耳其与中亚的政治、经济和社会状况。近年来，该中心还将研究范围扩大到中国和以色列问题。
④ 波兰科学院地中海与东方文化研究所官网，http：//www.iksiopan.pl/index.php/pl/instytut/historia，最后访问时间：2024 年 2 月 5 日。波兰科学院地中海与东方文化研究所成立于 2010 年 9 月，由波兰科学院地中海考古研究所和波兰科学院非欧洲国家研究所这两个对波兰科学有重大贡献的机构合并而成。该研究所出版了波兰第一部关于 19~20 世纪中国历史的文献著作。
⑤ 华沙社会科学与人文科学大学东亚研究中心官网，Centrum Cywilizacji Azji Wschodniej，https：//swps.pl/32998-centrum-cywilizacji-azji-wschodniej，最后访问时间：2024 年 2 月 5 日。

国大陆和台湾、朝鲜半岛和日本的研究机构，由波兰知名汉学家、波兰科学院教授、亚洲研究元老级专家施石道于 2003 年创立，目前由汉学家、翻译家、亚当·密茨凯维奇研究所亚洲项目负责人马丁教授担任中心主任。这里汇集了文化、宗教、文学、语言学、政治等学科的研究人员，研究团队精通汉学、区域与国别等领域。该中心的使命不仅是进行科学研究，还是普及以中国为首的亚洲知识与教学，为波兰民众掌握中国资讯、感知中国文化提供了一个重要平台。此外，在中国国务院新闻办的指导下，中国外文出版发行事业局于 2016 年在波兰华沙社会科学与人文科学大学东亚研究中心建立了全球首个"中国图书中心"，并根据双方合作协议每年赠送 300 册涵盖中国政治、经济、文化等主题的图书。[①]

2. 波兰东方学会[②]

波兰东方学会成立于 1922 年 5 月 28 日，是唯一一个历史可以追溯到波兰第二共和国之初的致力于东方问题的科学协会，其创始人是利沃夫大学教授安杰伊·高龙斯基、扬·切卡诺夫斯基和齐格蒙特·斯莫戈泽夫斯基。1922~1952 年，该学会的活动重点是亚非问题研究和学术出版事务，主要负责《东方年鉴》[③]（ *Rocznik Orientalistyczny* ）、《东方观察》[④]（ *Przegląd Orientalistyczny* ）和《东方文选》（ *Collectanea Orientalia* ）等学术期刊的出版工作。需要补充的是，半年刊《东方年鉴》是亚非语言学、文学、历史、文化、宗教和社会研究领域备受推崇的期刊，是世界上历史最悠久的期刊

---

① 《波兰华沙社会学与人文科学大学东亚研究中心》，中华文化国际传播网，2022 年 11 月 29 日，http://www.cngoesglobal.com/list_ 57/155.html。中国外文出版发行事业局向华沙社会科学与人文科学大学东亚研究中心"中国图书中心"赠送的主题图书涵盖中国政治、经济、文化等领域，既有大量中国传统文化经典和被波兰读者熟知的中国文学名著，也有真实客观、时效性强的当代中国国情读物，以及波兰普通民众比较感兴趣的中国武术、中医药、中国少数民族文化艺术等内容的图书。

② 波兰东方学协会官网，http://pto.orient.uw.edu.pl/，最后访问时间：2024 年 2 月 5 日。

③ 《东方年鉴》官网，https://journals.pan.pl/ro，最后访问时间：2024 年 2 月 5 日。

④ 《东方观察》官网，http://pto.orient.uw.edu.pl/o-przegladzie-orientalistycznym/，最后访问时间：2024 年 2 月 5 日。《东方观察》于 1949 年创刊，是涵盖亚非语言学、文学、历史、文化、宗教、政治等人文学科领域的学术期刊，2019 年前期刊论文仅以波兰语发表，而后可用波兰语和英语发表，根据波兰科学和高等教育部评分，该期刊获20分。

之一，也是波兰最古老的期刊（创刊于 1914 年），根据波兰科学和高等教育部评分，该期刊获 70 分，期刊论文主要以英语、德语、法语发表，也有许多论文使用东方字体撰写。在联合国教科文组织波兰委员会的倡议下，波兰东方学会于 1966~1987 年出版了 9 卷东方文学经典译著。该学会成员通过参加国际东方学家代表大会、组织年度全国学术会议、资助举办科学文化活动等方式，传播亚非民族、语言和文化知识。其中以 2021 年的"跨学科视角下的新中国成立 70 周年变革回顾"国际研讨会为代表，波兰东方学会召集国内外学者围绕中国经济发展、语言、文学、文化、艺术、教育、中国历史和对外政策反思、建筑与艺术、中国社会政治思想等 14 项议题展开探讨。[1]

3. 波兰科学院东方研究委员会[2]

波兰科学院东方研究委员会成立于 1952 年，是致力于东方研究的官方学术机构，现任委员会主席为彼特·塔拉哈教授。该机构的研究对象主要为亚洲和非洲，特别侧重于人文和社会科学领域，并联合各大亚非研究机构，融合教研和科研资源，开展学术著作出版、专家咨询、图书馆建设、国际会议等活动，包括负责《东方年鉴》、《东方观察》和《东方之箔》等学术期刊的评估和出版工作，促成了波兰科学院东方研究部和波兰科学院东方研究委员会克拉科夫分部的成立，联合波兰东方学会组织了国际和全国学术会议，如东方文学理论问题国际研讨会、亚非语言理论问题国际研讨会以及为东方研究史上重要的周年纪念日和杰出人物特设的会议，其中，2022 年举办的第 11 届当代东方研究趋势国际研讨会中有波兰学者关注中国方言、媒体语言等主题。波兰科学院东方研究委员会注重国际化交流与合作，旨在推动波兰东方研究以及亚非洲语言文化研究的发展，传播东方研究成果，普及

---

① "International Conference 'A Review of Changes. 70 Years of the People's Republic of China in an Interdisciplinary Perspective'"，波兰东方学会官网，http://pto.orient.uw.edu.pl/wp-content/uploads/sites/52/2017/07/China-conference-programme-2021.pdf，最后访问时间：2024 年 2 月 5 日。

② 波兰科学院东方研究委员会官网，https://kno.pan.pl/，最后访问时间：2024 年 2 月 5 日。

亚非国家语言、文学、历史、文化、社会学、经济学等领域知识。2008 年以来，该机构每年举办四次由 KNO PAN 成员和特邀嘉宾宣读论文的常设学术会议，而周期性的国际东方研究大会自 2017 年起，由最初每两年一次改为与华沙大学东方研究所每年合作举办一次。

（二）民间机构

20 世纪 70 年代起，中国武术电影开始风靡全球，中国武术作为中国文化的重要组成部分，在西方广泛传播。在波兰，中国武术机构也遍地开花。波兰武术协会①是波兰规模最大的武术文化协会之一。该协会成立于 1989 年，同年成为欧洲武术联合会会员，一年后参与了在北京成立国际武术联合会的工作。波兰武术协会成立以来，组织了多项体育赛事，主要包括国际武术节、波兰国际武术锦标赛和波兰武术杯等，并培养了一批批武术人才参加世界武术锦标赛和欧洲武术锦标赛等国际赛事。此外，为了满足不同人群对中国武术的探索和学习，增强体魄，学习防身技巧，该协会面向老年人、儿童、青少年开设了各类武术培训班。此外，克拉科夫武术学校、波兰"南北神龙"武术馆、奥尔什丁中国少林功夫学校、中波武术协会、塔尔诺布热格"南北白鹤"太极拳学校、沧州秘宗拳功夫学校等都是波兰境内名气较高、规模较大的武术文化机构。据不完全统计，37 个主要城市（人口在 10 万人以上）共有武术协会和学校 224 家，其中，华沙 35 家、克拉科夫 17 家、波兹南 12 家、罗兹 10 家、弗罗茨瓦夫 9 家、格但斯克 7 家，武术种类涵盖咏春拳、太极拳、气功等，部分武术学校还开展了涉及 16 种中式武器的实用训练。

中医文化方面，波兰境内有多家相关机构，且知名度高，中医逐渐成为波兰当地居民和患者日常疗养的重要手段之一。在传统中医领域，国际学术论坛上的波兰唯一官方代表是波兰中医药协会②，该协会成立于 2009 年，并于 2013 年成为欧洲最重要的中医药协会组织欧洲中医药协会的正式成员。波

---

① 波兰武术协会官网，https：//pzwushu. pl/，最后访问时间：2024 年 2 月 5 日。
② 波兰中医药协会官网，http：//www. pttmc. org/，最后访问时间：2024 年 3 月 9 日。

兰中医药协会汇集了融合 TMC 诊断疗法的传统中医领域医师，承担中医领域人才培养任务，在波兰各地开展相关医疗业务。而波兰第一个加入世界针灸学会联合会的组织是波中传统理疗针灸康复协会①，该协会与国外中医药中心和组织有着密切的联系，每年都会邀请中国和欧洲大学的优秀教授来波兰讲学，每两年为其学生组织一次世界针灸学会联合会②"国际针灸师"水平考试。此外，张医师诊所、克拉科夫欧亚中医理疗中心③、健康艺术中心传统中医学校等波兰中医药机构也为患者提供传统中医治疗，并开展相关培训和研讨会。

在波兰，中国武术文化、中医文化非常流行。此外，还有中国书法文化、建筑等领域也受到波兰人的喜爱，相关普及活动主要由建立了孔子学院或汉学系的高校或其他众多文化机构主导。

二　汉语教学点

汉语，作为世界上最为广泛使用的语言之一，随着我国国力日益强盛，在国际中的重要性越发凸显，并在全球范围内掀起"汉语热"，波兰也不例外。截至 2024 年，波兰有 4 所孔子学院，有 6 所公立高校设立了汉学系，还有部分私立大学、中小学和语言学校也开设汉语课程。④ 波兰赛区的"汉

---

① 波中传统理疗针灸康复协会官网，https：//stowarzyszenietcm. pl/，最后访问时间：2024 年 3 月 9 日。
② 世界针灸学会联合会成立于 1987 年，而世界针灸学会联合会"国际针灸师"水平考试委员会则成立于 1997 年，国际针灸师证书是针灸领域素负盛名的国际证书，得到世界上大多数国家的认可。
③ 克拉科夫欧亚中医理疗中心官网，https：//tcmcenter. pl/o - centrum/，最后访问时间：2024 年 3 月 9 日。该中心是由欧亚商业教育基金会建立的，提供中医、理疗、按摩、营养学等方面的疗养服务，其重要成果是建立了疼痛治疗所，使用传统和非常规医学方法进行治疗。该中心与天津中医药大学附属中医院、克拉科夫雅盖隆大学医学院疼痛研究和治疗科、天津市卫生健康委员会合作，从中国聘请高素质专家进行指导。
④ "Szkoła Podstawowa nr 4 im. Królowej Jadwigi w Ostrowie Wielkopolskim zainaugurowała naukę języka chińskiego. Zajęcia dla dzieci sąbezpłatne"，波兹南广播电视台（TVP）官网，https：// poznan. tvp. pl/44940955/jezyk - chinski - w - ostrowskiej - podstawowce - jedyna - taka - szkola - w - polsce，最后访问时间：2024 年 5 月 24 日。

语桥"世界大中小学生中文比赛①正是近年来波兰对外汉语教学发展壮大的体现。该赛事由中国驻波兰大使馆主办、当地孔子学院轮流承办,来自华沙、克拉科夫、波兹南、奥波莱、格但斯克等地的大中小学生以"线上+线下"的混合形式积极参赛,② 近年来的选手人数过百人,③ 而孔子学院等汉语教学机构起到了重要的指导作用。

(一)孔子学院

孔子学院于 2004 年创办,由中国教育部辖下中外语言交流合作中心为背景的中国国际中文教育基金会管理,属于以国际中文教育发展为目标的国际性非营利性教育机构,总部设在中国北京。孔子学院致力于汉语教学和文化推广,承担举办汉语水平考试(HSK)和颁发孔子学院奖学金的职能,全面提升海外汉语教学质量和学生水平。截至 2022 年 12 月,全球共有 492 所孔子学院,分布在 160 个国家和地区,其中,欧洲数量居于首位,共计 184 所。④ 波兰曾在克拉科夫、波兹南、奥波莱、弗罗茨瓦夫、格但斯克、华沙等城市先后建立过 6 家孔子学院,但自 2023 年起,华沙理工大学孔子学院(与北京交通大学共建)⑤、弗罗茨瓦夫大学孔子学院(与厦门大学共建)⑥ 因未续约而停招。因此,目前波兰仅剩下 4 家孔子学院正常运作:克

① "汉语桥"官网,http://bridge.chinese.cn/,最后访问时间:2024 年 5 月 24 日。"汉语桥"始办于 2002 年,旨在弘扬中华文化,增进世界各国人民对中国的认知和了解,推动中国与各国在政治、经济、文化、教育各领域的交流与合作。

② 《"汉语桥"世界中学生中文比赛和小学生中文秀波兰赛区决赛在线举办》,中华人民共和国驻波兰共和国大使馆网站,2022 年 6 月 17 日,http://pl.china-embassy.gov.cn/ywzn/jyhz/202206/t20220617_10705725.htm。

③ 《2024 年"汉语桥"世界大中小学生中文比赛波兰赛区预选赛举行》,中华人民共和国驻波兰共和国大使馆网站,2024 年 5 月 24 日,http://pl.china-cmbassy.gov.cn/ywzn/jyhz/202405/t20240524_11311126.htm。

④ 赵灵山、张君丽编《孔子学院年度发展报告 2022》,中国国际中文教育基金会,2023,第 10 页。

⑤ "Zamknięcie Instytutu Konfucjusza",华沙理工大学孔子学院官网,2023 年 5 月 22 日,https://www.confucius.pw.edu.pl/Aktualnosci/Zamkniecie-Instytutu-Konfucjusza。

⑥ "Uniwersytet Wrocławski zakończył działalno śćInstytutu Konfucjusza",弗罗茨瓦夫广播电视台官网,2023 年 10 月 26 日,https://www.radiowroclaw.pl/articles/view/134965/Uniwersytet-Wroclawski-zakonczyl-dzialalnosc-Instytutu-Konfucjusza。

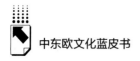

拉科夫孔子学院、波兹南亚当·密茨凯维奇大学孔子学院、奥波莱孔子学院、格但斯克大学孔子学院。

1. 克拉科夫孔子学院

2006 年 9 月，由北京外国语大学与波兰雅盖隆大学共建的克拉科夫孔子学院正式成立，是波兰第一所、全球第一百零八所孔子学院，也是波兰唯一荣获"先进孔子学院"表彰（2016 年）、"示范孔子学院"称号（2019年）的孔子学院，2020 年被评为"汉语考试优秀考点"。其首任波方院长为翟伯单，首任中方副院长是茅银辉博士。目前，波方院长为柯文勤博士，中方副院长为杨慧玲博士。① 克拉科夫孔子学院现有外派教师 5 人，志愿者 2人，本土教师 4 人，海外志愿者 2 人，专职行政人员 1 人，兼职网站媒体运营人员 3 人。② 克拉科夫孔子学院按照《欧洲语言教学与评估框架性共同标准》（CEFR）开设初级、中级、高级的中文课程，每个等级需完成 60 个学时的课程，既包括综合语言课程，也包括商务中文、少儿中文等专题课程。课程设置了线上和线下两种形式，使用《当代中文》《成功之路》等国内出版的对外汉语教材，以 HSK 为参考标准，教学大纲涵盖各个等级需要掌握的相关主题词汇，并在听说读写各方面提出了难度呈阶梯式提升的具体要求。③ 此外，克拉科夫孔子学院还定期开展涵盖中国文化（戏剧、音乐、文学、节日、饮食、书法、武术、中医、剪纸、电影、摄影、汉服）和中国国情（社会、经济、政治、科技）等主题的会议、讲座、研习班、工作坊或文化体验活动，邀请中国专家、波兰汉学家与师生共同鉴赏并进行学术讨论。④

---

① "Historia Instytutu Konfucjusza w Krakowie"，克拉科夫孔子学院官网，https：//instytutko nfucjusza. uj. edu. pl/historia，最后访问时间：2024 年 1 月 24 日。

② 《克拉科夫孔子学院》，北京外国语大学孔子学院工作处官网，2024 年 3 月 1 日，https：// oci. bfsu. edu. cn/info/1199/6150. htm。

③ "Opisy poziomów kursów języka chińskiego w Instytucie Konfucjusza"，克拉科夫孔子学院官网，https：//instytutkonfucjusza. uj. edu. pl/jezyk-chinski-opisy，最后访问时间：2024 年 1 月 24 日。

④ "Aktualności w Instytucie Konfucjusza"，克拉科夫孔子学院官网，https：//instytutkonfucjusza. uj. edu. pl/aktualnosci，最后访问时间：2024 年 1 月 24 日。

2. 波兹南亚当·密茨凯维奇大学孔子学院

2008 年 6 月，与天津理工大学共建的波兹南亚当·密茨凯维奇大学孔子学院正式成立，是波兰第二所孔子学院。波兹南亚当·密茨凯维奇大学孔子学院针对成人和青少年群体开设了初级班、中级班，初级班分为 A1 至 A4 四个等级，各需完成 60 个学时的课程，而中级班则分为 B1 和 B2 两个等级，各需要完成 90 个学时的课程。课程内容多为生活化实用主题，主要使用《汉语乐园》《快乐汉语》《跟我学汉语》《当代中文》《汉语图解词典》等教材和工具书。① 除此之外，波兹南亚当·密茨凯维奇大学孔子学院还提供暑期班课程，包括基础课程、中级课程、少儿课程、文化课程、书法课程等。该孔子学院致力于汉语教学和文化推广，积极举办中国文化主题（历史、哲学、社会、音乐、书法、武术、电影）的讲座、学术研讨会、比赛、演出或放映会、讲习班等活动，同时不断加强与其他高校及中小学的合作，不断扩大规模和影响力。例如，波兹南亚当·密茨凯维奇大学孔子学院和维斯瓦大学于 2011 年 6 月共同开设了华沙第一个孔子课堂②、邀请南京市秦淮区第一中心小学少儿京剧团前往孔子学院表演③等。

3. 奥波莱孔子学院

2008 年，由北京工业大学与奥波莱工业大学共建的奥波莱孔子学院正式成立，是一个以推广汉语和中国文化为使命的公益性机构。奥波莱孔子学院现有外派教师 5 人，本土教师 1 人④，共出版著作和教材 6 部⑤。每年 10 月至次年 6 月，该孔子学院面向儿童、青少年和成人开设初级、中级、高级汉

① "Program kursów"，波兹南亚当·密茨凯维奇大学孔子学院官网，http：//konfucjusz. amu. edu. pl/index. php？page＝program-kursow，最后访问时间：2024 年 1 月 24 日。

② 《波兰维斯瓦大学校领导一行到访我校》，天津理工大学国际交流处官网，2023 年 12 月 8 日，http：//gjjl. tjut. edu. cn/info/1037/1971. htm。

③ 《少儿京剧团的表演》，波兹南亚当·密茨凯维奇大学孔子学院官方社交平台，https：// www. facebook. com/events/936414026712171，最后访问时间：2024 年 1 月 24 日。

④ "Pracownicy Instytutu Konfucjusza w Opolu"，奥波莱孔子学院官网，https：//ik. po. opole. pl/？page_ id＝2532，最后访问时间：2024 年 1 月 24 日。

⑤ "Publikacje"，奥波莱孔子学院官网，https：//ik. po. opole. pl/？page_ id＝2603，最后访问时间：2024 年 1 月 24 日。

语课程，此外还开设面向奥波莱地区中小学生、奥波莱工业大学和奥波莱大学师生的免费汉语课程，致力于培养学生应对日常生活、社会和职场的汉语交际能力。① 在融入奥波莱工业大学及奥波莱市的发展的同时，奥波莱孔子学院配合学校积极加强"一带一路"建设，不断完善与共建国家伙伴学校的合作，举办文化、教育、科技等领域的各项活动，如太极课、瓷器手绘工作坊、文学朗诵会、电影之夜、花卉画展、棋类益智游戏等；在2019年下设3个孔子课堂，即西里西亚大学孔子课堂、西里西亚理工大学孔子课堂、比亚威斯托克理工大学孔子课堂，为当地居民提供汉语教学和中国文化推广服务②。

4. 格但斯克大学孔子学院

2015年9月，与中国社会科学院大学共建的格但斯克大学孔子学院成立，是波兰北部的第一所孔子学院。该孔子学院建立以来，为波罗的海三联城（格丁尼亚、索波特、格但斯克）地区的多所公立和私立中小学提供汉语教学和中外教育、文化等方面的服务，还与格但斯克市政府社会发展部保持着长期合作。除了商务汉语课程等专业领域语言班之外，格但斯克大学孔子学院还开设了少儿汉语课程、太极课、"一对一"教学课程等。此外，按照HSK的语言水平，该孔子学院创新性地用中国城市名称为各等级课程命名③，每个等级需完成60个学时的课程，配合电影、戏剧、报纸等多媒体材料，对学员听力、书写、口语能力进行全面培训，并负责举办包括HSK、BCT（商务汉语考试）、YCT（少儿汉语考试）在内的国家认证的考试④。

---

① 奥波莱孔子学院官网，https：//ik. po. opole. pl/，最后访问时间：2024年1月24日。
② 《孔子学院与孔子课堂》，"一带一路"中波大学联盟官网，https：//spuc. bjut. edu. cn/kzxyykzkt/ablkzxy. htm，最后访问时间：2024年1月24日。
③ "Kursy językowe"，格但斯克大学孔子学院官网，https：//instytutkonfucjusza. ug. edu. pl/kursy-jezykowe/，最后访问时间：2024年1月24日。这些课程用中国城市名称为课程分级命名，如"北京"为HSK 0入门级课程、"武汉"为HSK 1初级课程、"厦门"为HSK 2初级课程、"成都"为HSK 3中级课程、"宁波"为HSK 4中级课程、"南京"为HSK 5高级课程、"苏州"为HSK 6高级课程。
④ "Instytut Konfucjusza UG z nowym kierownictwem"，格但斯克大学官网，2021年3月19日，https：//ug. edu. pl/news/pl/961/instytut-konfucjusza-ug-z-nowym-kierownictwem。

多年来，格但斯克大学孔子学院已逐步打造了"萌娃学汉语""汉语轻松聊"等品牌活动①，并通过组织展览、影评和讲座来推广中国艺术，如少儿工作坊、中国武术大会、旅游节、乒乓球赛、"我眼中的中国"摄影展、文化演出等，都是让汉语爱好者体验中国传统文化和人文风情的有效形式②。此外，孔子学院和格但斯克大学历史系、电影与媒体系科研团队合作举办过第五届海洋与河流史会议——从丝绸之路到"一带一路"、第17届全国军事历史学生大会、纪念惊悚片《卡里加里博士的小屋》上映百年学术研讨会等大型学术活动。③

（二）高校汉学系

汉学，是一门覆盖语言、文化、历史、哲学、文学、经济等涉及中国一切科学领域的学科。目前，波兰共有6所公立高校建立了汉学系，最古老的汉学系隶属华沙大学，而波兹南亚当·密茨凯维奇大学、卢布林天主教大学、格但斯克大学、克拉科夫雅盖隆大学、弗罗茨瓦夫大学等高校也陆续开设了汉学系。④

---

① 中国社会科学院大学国际教育学院官网，https：//sged.ucass.edu.cn/kzxy.htm，最后访问时间：2024年1月24日。

② "Aktualności"，格但斯克大学孔子学院官网，2023年11月9日，https：//instytutkonfucjusza.ug.edu.pl/aktualnosci/。

③ 《第五届海洋与河流史会议——从丝绸之路到"一带一路"（V KIIMiR-Od Jedwabnego Szlaku do Delt and Road）》，格但斯克大学官方社交平台，https：//www.facebook.com/events/1625243294243443；《第17届全国军事历史学生大会（XVII Ogólnopolska Konferencja Studentów Historyków Wojskowości）》，格但斯克大学Facebook官方社交平台，https：//www.facebook.com/events/611799209354303；《纪念惊悚片〈卡里加里博士的小屋〉上映百年学术研讨会（100 lat ekranowej grozy-konferencja naukowa）》，格但斯克大学Facebook官方社交平台，https：//www.facebook.com/events/491081304865661，最后访问时间：2024年1月24日。

④ 《【智库编译】波兰的汉学研究：历史与现状》，北京外国语大学、教育部国别和区域研究培育基地中东欧研究中心网站，2023年7月3日，https：//cees.bfsu.edu.cn/info/1121/2360.htm；"Nauka języka chińskiego-sinologia, studia w Chinach czy kurs językowy za granicą?"，中国高校联盟网（China Campus Network）官网，https：//www.studiawchinach.pl/blog/nauka-jezyka-chinskiego-sinologia-studia-w-chinach-czy-kurs-jezykowy-za-granica，最后访问时间：2024年1月24日。

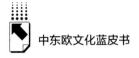
1. 华沙大学汉学系①

华沙大学汉学系成立于 1933 年，是华沙大学人文学院历史最悠久的远东研究专业。该系现有波兰教师 7 人、中国教师 3 人，教学团队皆具有硕士研究生以上学历，其中含教授 2 人、副教授 3 人。早在二战前，华沙的汉学教授就已在国际上享有盛誉，包括研究中国佛教和民间文学的扬·雅沃尔斯基、作为国际联盟教育改革顾问活跃在中国的维托尔德·雅布翁斯基在内的 11 位著名汉学教授。自 1949 年新中国成立，华沙大学汉学系就与我国保持长期稳定的合作关系，包括聘请中国讲师、图书捐赠、著作出版。从 20 世纪 60 年代开始，该大学汉学系逐渐专注于中国逻辑学、中国现代文学史、中国戏剧史、中国近代史以及汉代文化和语言等专业领域的研究。近二十年，华沙大学汉学系已出版了著作近 30 部，内容涵盖文学、修辞学、历史、戏剧、流行文化等。② 华沙大学汉学系具有悠久的学派传统，强调对古代中国和古典文献的研究，但也坚持与时俱进，重视现代汉语教学法的创新，并因此于 2003 年获得波兰高等教育部和体育部、欧盟教育和文化部颁发的"欧盟标签"荣誉称号。近年来，该校汉学系的教科研重点从语言学研究转向了文化研究，融入了哲学、艺术、民族学等领域。华沙大学汉学系具有本科（招生 25 人/学年）、硕士（招生 20 人/学年）、博士（东方研究专业下设汉学方向）③ 三个人才培养层次，并定期开展学术研讨会、翻译比赛、专题讲座等活动。

2. 波兹南亚当·密茨凯维奇大学汉学系④

波兹南亚当·密茨凯维奇大学汉学系创立于 2005 年，但早在 1974 年就已经开设了第一门汉语课程，而 1988 年，波兹南第一个、波兰第二

---

① 华沙大学汉学系官网，http：//sinologia. uw. edu. pl/，最后访问时间：2024 年 1 月 24 日。

② "PUBLIKACJE"，华沙大学汉学系官网，http：//sinologia. uw. edu. pl/publikacje/，最后访问时间：2024 年 1 月 24 日。

③ "Studia doktoranckie"，华沙大学汉学系官网，https：//orient. uw. edu. pl/studia – doktoranckie/，最后访问时间：2024 年 1 月 24 日。

④ 波兹南亚当·密茨凯维奇大学汉学系官网，http：//orient. amu. edu. pl/struktura – instytutu/zaklad-sinologii/，最后访问时间：2024 年 1 月 24 日。

个五年制汉学本硕连读专业（本科 40 人/学年，硕士 14 人/学年）正式招生。目前，汉学系聘有波兰教师 10 人、中国教师 3 人，其中 7 人具有博士学位、5 人具有硕士学位，主要从事语言学、文学、比较学和翻译学的研究。在本科三年、硕士两年的教学中，该校汉语系以培养交际功能为宗旨，课程设置强调语言实用性，十分注重实践，重点锻炼现代汉语口头和书面交流技能，除了基础语言学习外，还按学生水平补充法律、教育、翻译、科技等专业知识，使毕业生在就业市场上拥有更强的竞争力。

3. 卢布林天主教大学汉学系①

卢布林天主教大学汉学系于 2012 年正式设立，提供本科和硕士人才培养层次的课程，现有专业教师 10 人，包括中国教师 3 人、波兰教师 7 人，其中 4 人具有博士学位、5 人具有硕士学位。该校汉学系课程注重培养学生学习标准普通话、古典汉语、中国古代历史和文化以及现代中国国情等。② 此外，卢布林天主教大学还举办"汉语周"等系列品牌文化活动，让学生拓展语言知识面，体验中华优秀传统文化。③

4. 格但斯克大学汉学系④

格但斯克大学汉学系于 2013 年成立，与格但斯克大学孔子学院紧密合作。自建系至 2021 年，中国的波兰文学翻译家、对外汉语教学专家乌兰博士担任格但斯克大学汉学系主任。⑤ 该系致力于培养应用型、复合型、具备跨文化交际能力的人才，课程设置包含通识教育课程、基础和方法学培训课程、专业课程、实用汉语课程、专业实习等，旨在让学生熟练使用汉语和第

---

① 卢布林天主教大学官网，https：//www. kul. pl/katedra-sinologii，art_ 92768. html，最后访问时间：2023 年 9 月 4 日。
② "Program"，卢布林天主教大学官网，https：//e. kul. pl/qlprogram. html？ra = 0&etap = 0&kid =4803&op =2，最后访问时间：2023 年 9 月 4 日。
③ "Aktualności"，卢布林天主教大学官网，kul. pl/sinologia-aktualnosci，art_ 39761. html，最后访问时间：2023 年 9 月 4 日。
④ "Sinologia"，格但斯克大学官网，https：//old. ug. edu. pl/rekrutacja/studia/kierunki_ studio w/20192020/sinologia-stacjonarne-i_ stopnia，最后访问时间：2024 年 1 月 24 日。
⑤ 《在波兰教汉语》，澎湃，2022 年 10 月 23 日，https：//m. thepaper. cn/baijiahao_ 20427836。

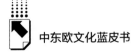

二外语，掌握中波或中欧文化、商贸、媒体、经济、政治、外交、法律等交叉学科的专业知识和实践技能。此外，格但斯克大学还为汉学系学生提供与中国相关的企事业单位的专业实习机会。该系每年招生 36 人，近三年报考人数都超过 200 人，竞争较大。①

5. 克拉科夫雅盖隆大学汉学系②

雅盖隆大学汉学系创立于 2014 年 10 月，是东方研究所最年轻的科系。它致力于培养具备跨文化交际能力的学生，关注中国文学、语言和文化研究领域，科研方向为汉语语言学、汉语教学等。该汉学系教学内容丰富且系统，不仅涵盖汉语基础知识、书写传统、古代汉语以及听说读写等各类型技巧训练，还注重通过通识课程帮助学生深入汉学领域探讨各类人文知识。自 2017 年起，雅盖隆大学汉学系开设了硕士学位课程。雅盖隆大学汉学系聘任了来自波兰、中国台湾和大陆的教学科研岗教授和助理 8 人，汉语教师和实习生 4 人。本科（招生 32 人/学年）毕业时，学生至少要达到 B2 水平的汉语会话能力、阅读能力，能书写简体字和繁体字，了解中国文化习俗，能在语言和非语言交际中正确传达信息；硕士（招生 15 人/学年）毕业时，学生将能达到 C1 水平的汉语会话能力、阅读能力，翻译能力得到重点培养，可从事旅游、媒体、政治、经济、外交、文化等行业的专业工作。

6. 弗罗茨瓦夫大学汉学系③

2019 年，弗罗茨瓦夫大学开设了汉学本科专业（招生 26 人/学年）。该专业的设立与弗罗茨瓦夫大学 2008 年创立的孔子学院密切相关。虽然该大学未与中方续签共办孔子学院的合同，但校长罗伯特·奥尔科维奇表示，这

---

① "Progi punktowe i liczba kandydatów na miejsce"，格但斯克大学官网，https：//ug. edu. pl/rekrutacja/studia_ i_ i _ ii_ stopnia_ oraz_ jednolite_ magisterskie/niezbednik－kandydata/progi-punktowe-i-liczba-kandydatow-na-miejsce，最后访问时间：2024 年 1 月 24 日。

② 克拉科夫雅盖隆大学汉学系官网，https：//sinology-institute-oriental-studies. filg. uj. edu. pl/zh_ CN，最后访问时间：2024 年 1 月 24 日。

③ "Sinologia"，弗罗茨瓦夫大学官网，https：//isksio. uwr. edu. pl/studia/studia-stacjonarne-i-stopnia/sinologia/，最后访问时间：2024 年 1 月 24 日。

不影响汉学仍是最受欢迎的专业之一，并计划在未来开设汉学硕士点。① 该专业现有波兰教师 4 人、中国教师 4 人，其中 1 人具有博士学位、7 人具有硕士学位。课程设置涵盖语言学、文学、文化和宗教学领域，注重培养学生扎实的语言基础和实践技能，使毕业生有能力进入中国市场的跨国企业、地方政府机构、文化中心、出版社及旅行社等地方工作。

现如今，越来越多的波兰高校致力于合作办学，与中国各大高校、社会科学院等共同设立相关政法类院系，围绕中国政治文化、法律文化等领域开展人才培养和科研工作。例如，华沙大学与北京外国语大学、东北大学、中国政法大学、中国社会科学院、对外经济贸易大学等合作创办了中国法律与经济学院，课程设置特色主要是关注中国法律、经济、语言、文化等交叉领域引发的社会问题，引导学生学习中国法律体系基本框架和中国文化传统知识，以帮助波兰人及其企业在中国乃至远东商业文化圈里自由、安全且合法地经商从业。此外，还有华沙大学中国法律与经济学院、中国法律与经济研究中心、雅盖隆大学比较文明研究系、中国法律与文化学院，波兹南亚当·密茨凯维奇大学东方研究系、罗兹大学国际与政治研究学院亚洲研究系、弗罗茨瓦夫大学东方法律研究所、西里西亚大学中国法律与文化学院、格但斯克大学中国法学院等高校单位或专业围绕中国相关文化领域开展人才培养和科研工作。

三 涉及中国文化研究的出版单位及出版物

近年来，随着中波文化交流日益频繁，波兰境内越来越多的出版社和学术期刊关注中国研究，出版了众多相关著作和文学作品，包括本土研究成果和学术外译成果，内容主要涵盖中国文化、历史、社会、哲学等领域，助力推动中国文化在波兰的传播。本节通过梳理 2019~2023 年在波兰较为活跃

---

① 《弗罗茨瓦夫大学不再与中方续约共办孔子学院》，网易新闻网站，https://www.163.com/dy/article/I1EO0C2E0552ZN2V.html；"Rekrutacja na sinologię"，弗罗茨瓦夫大学官网，https://uwr.edu.pl/rekrutacja-na-sinologie/，最后访问时间：2024 年 1 月 24 日。

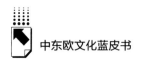

的致力于中国研究的相关出版单位、期刊和书籍，呈现波兰对中国文化接受
与研究的最新趋势。

（一）出版社

据不完全统计，波兰有近 30 家出版社曾出版过与中国文学文化相关的
著作，而近五年，有近 20 家出版社涉及中国主题的图书产出，其中较为活
跃的有对话学术出版社、亚当·马歇尔出版社、国家出版局、Rebis 出版社、
格但斯克大学出版社、华沙大学出版社、核心学术出版社、台风出版社、零
域出版社等。以下将简要介绍三个在中国文化领域贡献较为突出的波兰出
版社。

1. 对话学术出版社①

对话学术出版社成立于 1992 年，专注于出版关于东方国家历史、文化
和语言方面的书籍，是 20~21 世纪亚非国家语言文化和国际问题研究的先
锋出版集团。博格丹·古拉尔赤克、马丁等汉学家，卡塔日娜·萨莱克、玛
格扎塔·莱利嘉等汉波翻译家，都为该出版社关于中国研究的书籍出版提供
了学术支持和译介帮助。

2. 亚当·马歇尔出版社②

亚当·马歇尔出版社成立于 1990 年，是马歇尔出版集团③国际股份有
限公司的重要支柱。该出版社一直致力于推广科学和科普文学、诗歌和小说
作品，关注人文和社会科学领域研究，每年出版 400 多部书籍。亚当·马歇
尔出版社坚持与波兰各地和其他国家作者合作，而与以中国为首的亚洲国家
的合作关系尤为密切。其中，"亚太图书馆" 系列丛书正是加强与该地区合

---

① 对话学术出版社官网，https://wydawnictwodialog.pl/，最后访问时间：2024 年 3 月 8 日。
② 亚当·马歇尔出版社官网，https://sklep.marszalek.com.pl/pl/3-ksiegarnia，最后访问时
间：2024 年 3 月 8 日。成立初期的 22 年里，亚当·马歇尔出版社由创始人亚当·马歇尔博
士统筹管理。目前，该出版社总裁为他的女儿、托伦哥白尼大学教授亚当·马歇尔—卡瓦。
③ 该集团旗下还有马歇尔时代出版集团（Time Marszałek Group、GRADO 科学出版社、
Wydawnictwo Naukowe GRADO）、马歇尔发展传媒有限公司、亚太协会、切斯瓦夫·莫伊谢
维奇国际合作支持基金会、东方和非洲研究中心、乌克兰 Helvetica 出版社、吉尔吉斯斯坦
Arcus 出版社、拉脱维亚 Baltija 出版社。

作的重要研究项目之一。亚当·马歇尔出版社出版的书籍深受好评，曾获
20 个重量级国内外官方奖项，近年来还获得了中国政府颁发的中华图书特
殊贡献奖。

3. 国家出版局[①]

国家出版局成立于 1946 年，被誉为"波兰传奇"出版社，对促进 20
世纪后半叶的波兰文化推广和全民阅读具有巨大贡献。该出版社初期致力于
成为意识形态政党旗下的出版社，但后来包括帕韦乌·赫兹、安东尼·斯沃
尼姆斯基在内的一众精英作家、社论家和编辑，为出版社赋予了全新理念，
并奠定了出版社的知识形态。2017 年，国家出版局收归波兰文化部领导，
以人文学科为出版特色，关注文学作品的出版，其出版书目类型覆盖面广，
从经典到当代、从国内到国外，不仅发挥了其文化塑造作用，还注重对相关
领域的推广与传播、翻译和科研等。

（二）期刊

2019~2023 年，波兰学术期刊共发表了 100 余篇涉及中国文化的论文，
主题丰富。据不完全统计，中国文学 9 篇、哲学思想 20 篇、影视文化 7 篇、
艺术文化 5 篇、语言文化 17 篇、服饰文化 6 篇、中国人物 4 篇、中国政治
和经济社会 8 篇、传统文化 5 篇、跨文化研究 17 篇、制度法律 6 篇。其中，
常聚焦中国文化研究的学术期刊有《格但斯克东亚研究》（*Gdańskie Studia
Azji Wschodniej*）、《哥白尼文学》（*Litteraria Copernicana*）、《新东方政治》（*Nowa
Polityka Wschodnia*）、《人文年鉴》（*Roczniki Humanistyczne*）、《专有名词学》
（*Onomastica*）等，而在《格但斯克东亚研究》、《哥白尼文学》、《东方研究》[②]
（*Studia Orientalne*）和《新批评》[③]（*Nowa Krytyka*）等学术期刊中都有中国
专家担任外籍编委或学术顾问。需要特别提及的是，亚当·马歇尔出版社

---

① 国家出版局官网，https：//piw. pl/，最后访问时间：2024 年 3 月 8 日。
② 《东方研究》学术期刊官网，https：//czasopisma. marszalek. com. pl/en/10 - 15804/studia -
   orientalne，最后访问时间：2024 年 4 月 10 日。
③ 《新批评》学术期刊官网，https：//wnus. usz. edu. pl/nk/pl/，最后访问时间：2024 年 4 月 10 日。

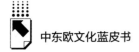

旗下创办的学术期刊一如既往地保持着对东方问题的研究热情。① 以下主要对其中三本在关于中国文化主题论文方面较为突出的学术期刊做简要的介绍。

1.《格但斯克东亚研究》②（*Gdańskie Studia Azji Wschodniej*）

《格但斯克东亚研究》是由格但斯克大学东亚研究中心于 2012 年创办的半年刊，致力于东亚国家（主要是中国、日本和韩国）的两本主要学术期刊之一。学术论文聚焦这些国家的法律、性质、政治、经济、历史、文化、哲学和文学等研究领域，旨在让读者了解东亚国家，加强波兰与国内外该领域的专家学者间的交流，提升学术国际影响力。该期刊学术委员会由来自波兰、中国、日本、韩国等的专家组成，其中，卡米尔·泽伊德勒教授任主编，赵刚、茅银辉、乌兰教授任中国外籍编委。③《格但斯克东亚研究》被列入波兰高等教育部学术期刊名录，评分为 40 分，并被 ERIH PLUS、EBSCO、CEJSH（中欧社会科学和人文学科期刊）、CEEOL（中欧和东欧在线图书馆）、ICI Journals Master、Google Scholar、PBN（波兰科学文献）、WorldCat 等学术文献索引数据库收录。

2.《哥白尼文学》④（*Litteraria Copernicana*）

《哥白尼文学》创办于 2008 年，是由托伦哥白尼大学人文学院主办的学术期刊，2015 年前（第 1~16 期）为半年刊，自 2016 年起改为季刊。该刊物每期都设有专题，主要刊载文学史、文学理论、文化史、文化理论（包括戏

---

① 亚当·马歇尔出版社官网，https://czasopisma.marszalek.com.pl/en/10-15804，最后访问时间：2024 年 4 月 10 日。

② 《格但斯克东亚研究》学术期刊官网，https://www.ejournals.eu/GSAW//，最后访问时间：2024 年 4 月 10 日。

③ "Rada naukowa"，《格但斯克东亚研究》学术期刊官网，https://ejournals.eu/czasopismo/gsaw/strona/rada-naukowa，最后访问时间：2024 年 4 月 10 日。Joanna Kamień 任总编秘书，Ewa Oziewicz 任编委主席，编委成员为 Bogdan Góralczyk，Joanna Grzybek，Marcin Jacoby，Jan Rowiński，Mateusz Stępień，Sungeun Choi（韩国），Zhao Gang（中国），Mao Yinhui（中国），Emiko Kakiuchi（日本），Toshiyuki Kono（日本），Wu Lan（中国），Koji Morita（日本），Ren Yatsunami（日本），Yuki Horie，Anna Król，Jacek Splisgart。

④ "Litteraria Copernicana"，《哥白尼文学》学术期刊官网，https://www.human.umk.pl/litteraria-copernicana/，最后访问时间：2024 年 4 月 10 日。

剧研究、电影研究、艺术史等较广义的人文学科)、美学和人类学等领域具有
原创性和学术价值的论文。期刊主要由三大部分组成,期刊核心部分"Studia
i rozprawy"(研究和论文)刊登创新研究成果论文,"Mistrzowie"(大师)介
绍公认的学术领域研究专家的生平和贡献,"Recenzje"(书评)则是对书籍的
评介,而季刊中的"Materiały i archiwalia"(材料和档案)、"Wywiady"(采
访)或"Varia"(杂记)则是对超出特定问题研究的文章进行收刊。该期刊
作者和编辑都是来自托伦及其他地区、其他国家的学术文化界专家,其中汉
娜·拉图什娜任主编,茅银辉教授任中国学术顾问。[①]《哥白尼文学》被
scopus、DOAJ、ICI Journals Master、Google Scholar、ERIH PLUS、PBN、Sherpa
Romeo、Arianta 等学术文献索引数据库收录。

3.《新东方政治》[②](*Nowa Polityka Wschodnia*)

《新东方政治》创办于 2011 年,最初为半年刊,自 2016 年起改为季
刊。该期刊由亚当·马歇尔出版社、巴基亚斯拉夫大学和阿拉木图哈萨克
斯坦法拉比国立大学与东方研究中心和亚太学会合作出版。该期刊隶属于
托伦尼古拉斯·哥白尼大学政治学与安全学院,由亚当·马歇尔—卡瓦教
授担任主编[③],关注东欧和中欧以及中亚国家和地区的政治、科学、经济、
历史、文化、地理等研究领域。《新东方政治》被 Arianta、Baidu Scholar

---

① "ZESPÓŁ REDAKCYJNY",《哥白尼文学》学术期刊官网,https://www.human.umk.pl/
litteraria-copernicana/zespol-redakcyjny/,最后访问时间:2024 年 4 月 10 日。Adam Bednarczyk
任副主编,Magdalena Kowalska、Elizbieta Kruszyńska 任总编秘书,Bartosz Awianowicz、Piotr
Biłos(法国)、Cezary Bronowski、Mirosława Buchholtz、Marina Cicciarini(意大利)、Artur
Duda、Olga Fedunina(俄罗斯)、Anna Kościołek、Jelena Kozmina(俄罗斯)、Yinhui Mao(中
国)、Piotr Sadkowski、Kalina Stefanova(保加利亚)、Leszek Żyliński 任学术顾问。

② 《新东方政治》学术期刊官网,https://czasopisma.marszalek.com.pl/en/10-15804/npw,
最后访问时间:2024 年 4 月 10 日。

③ Nurlana Aliyeva、Daulet Baideldinov、Maciej Raś任副主编,Tadeusz Bodio、Natalia Antoniuk、
Roswitha Badry、Walenty Baluk、Manereliin Chimedtseye、Yuksel Alper Ecevit、OzgurUnal Eris、
Sylwester Gardocki、Grzegorz Janusz、Dorota Kamińska-Jones、Nino Kemertelidze、Wojciech
Materski、Sean McEnroe、Eugeniusz Mironowicz、Ravichandran Moorthy、Rafig Manaf Novruzov、
Jaroslav Pánek、Ahmet Renima、Akmal Saidov、Uladzimir Snapkouski、Jacek Sobczak、Alicja
Stępień-Kuczyńska、Kim Sueng-li、Takashi Terada、Mariusz Wołos、Precious Yamaguchi、
Arkadiusz Żukowski 为学术委员会成员。

（百度学术）、BazHum、British Library、CEEOL、CEJSH、CiteFactor、Columbia International Affairs Online、DOAJ、Electronic Journals Library、ERIH PLUS、EuroPub Index、Google Scholar、HeinOnline、ICI Journals Master、ICI World of Journals、JournalTOCs、Naver Academic、PBN、Semantic Scholar、QOAM、Publons 等学术文献索引数据库收录。

（三）书籍

近几年，许多波兰本土学者开始主编与中国相关的书籍，出版重点涵盖了中国文化、历史、社会、哲学、文学等领域（见表1）。例如，前波兰驻华大使孔凡结合自身外交经历，出版了《中国饮食艺术与传统文化》，介绍中国各地的饮食文化，展现了中国菜的发展史和多样性；波兰汉学家、社会学家彼得·普莱巴尼亚克出版的《孙子兵法》中，除了分析中国文献，还结合了波兰瓦尔德马·斯克兹普扎克将军、彼得·格斯塔上校、安杰伊·拜特大使、马里安·戈里尼亚教授等人提供的专业领域实例，展现中国军事哲学思想的普用性[1]；由多名汉学家和翻译家共同编译的《中国媒体关于 21 世纪初中国社会和文化变迁的报道》，通过分析中国媒体报刊文章，较为客观地从中国视角介绍和评价当代中国[2]。此外，波兰图书市场上还出现了一些以中国历史或社会为背景的文学作品。根据波兰各大主流图书社区网站评分，这些本土研究出版物大多受波兰读者的欢迎和喜爱，具有一定的影响力。

波兰国家图书馆发布的年度《波兰出版业的数据变化》（*Ruch Wydawniczy w Liczbach*）中的调研数据显示[3]，2019~2023 年，由于新冠疫情对出版业的冲击，中国作品在波兰的翻译出版情况总体呈下滑迹象，但近期

---

[1] *Traktat Sztuka wojny*，波兰最大的图书社区网站 Lubimyczytać. pl 官网，https：//lubimyczytac. pl/ksiazka/4970790/traktat-sztuka-wojny，最后访问时间：2024 年 3 月 8 日。

[2] *Prasa chińska o przemianach społecznych i kulturowych kraju w początkach XXI wieku*，波兰科学出版社（PWN）线上购书中心官网，https：//ksiegarnia. pwn. pl/Prasa－chinska－o－przemianach-spolecznych-i-kulturowych-kraju-w-poczatkach-XXI-wieku，842919130，p. html，最后访问时间：2024 年 3 月 8 日。

[3] Biblioteka Narodowa/ Raporty/ Ruch Wydawniczy W Liczbach，波兰国家图书馆官网，https：//www. bn. org. pl/raporty-bn/ruch-wydawniczy-w-liczbach，最后访问时间：2024 年 3 月 8 日。

有回热的趋势。总体而言，波兰出版业对中国文学、科学等类型的出版物予以较大的关注，哲学、社会、历史、文学、艺术主题的内容占重要地位，此外，在波兰出版市场中可窥见中国科幻文学的巨大潜能。2019 年，中国作家诗集占波兰国内诗歌出版总量的 0.3%，中国恐怖小说、犯罪小说、爱情小说占波兰国内奇幻文学作品出版总量的 2%，中国作品在波兰的译著出版量为 45 部，占波兰国内翻译出版总量的 0.66%。① 受新冠疫情影响，2020 年，中国作品在波兰的译著出版量为 28 部，占波兰国内翻译出版总量的 0.47%②，其中汉语教材为 3 部；2021 年，在教育领域可见中国的身影，中国作品在波兰的译著出版量为 33 部，占波兰国内翻译出版总量的 0.5%③，对中国经济发展的关注度提升；2022 年，中国作品在波兰的译著出版量回落，总量仅为 16 部，占波兰国内翻译出版总量的 0.22%④；2023 年，中国作品在波兰的译著出版量提升为 32 部，占波兰国内翻译出版总量的 0.37%⑤（见表 2）。

值得一提的是，中国文学在波兰的译介得到了大力推进，除了有余华、沈复、姜戎的经典文学作品《在细雨中呼喊》《浮生六记》《狼图腾》等，以刘慈欣为代表的中国科幻作家作品同样受到了波兰翻译界的重点关注（见表 3）。这不仅与 2021 年波兰科幻大师斯坦尼斯瓦夫·莱姆诞辰 100 周年纪念日兴起"科幻热"的效应相关，还与中国科幻文学的蓬勃发展息息相关。

---

① "Ruch Wydawniczy w Liczbach 2019 K"，波兰国家图书馆官网，https：//www.bn.org.pl/raporty-bn/ruch-wydawniczy-w-liczbach/ruch-wydawniczy-w-liczbach-2019-k，最后访问时间：2024 年 3 月 8 日。

② "Ruch Wydawniczy w Liczbach 2019 K"，波兰国家图书馆官网，https：//www.bn.org.pl/raporty-bn/ruch-wydawniczy-w-liczbach/ruch-wydawniczy-w-liczbach-2019-k，最后访问时间：2024 年 3 月 8 日。

③ "Ruch Wydawniczy w Liczbach 2019 K"，波兰国家图书馆官网，https：//www.bn.org.pl/raporty-bn/ruch-wydawniczy-w-liczbach/ruch-wydawniczy-w-liczbach-2019-k，最后访问时间：2024 年 3 月 8 日。

④ "Ruch Wydawniczy w Liczbach 2019 K"，波兰国家图书馆官网，https：//www.bn.org.pl/raporty-bn/ruch-wydawniczy-w-liczbach/ruch-wydawniczy-w-liczbach-2019-k，最后访问时间：2024 年 3 月 8 日。

⑤ "Ruch Wydawniczy w Liczbach 2019 K"，波兰国家图书馆官网，https：//www.bn.org.pl/raporty-bn/ruch-wydawniczy-w-liczbach/ruch-wydawniczy-w-liczbach-2019-k，最后访问时间：2024 年 3 月 8 日。

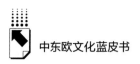

表1 2019~2023年波兰本土中国研究的书籍出版情况

名称	作者	出版社	出版时间
中国文化			
《中国武术：身体、思维、运动和传统》 （*Chińskie sztuki walki. Ciało, umysł, sport i tradycja*）	Wojciech Bizon, Krzysztof Brzozowski	Wydawnictwa Uniwersytetu Gdańskiego	2020 年
《中国饮食艺术与传统文化》 （*Tradycje i sztuka kulinarna Chin. Historia, zwyczaje, smaki*）	Ksawery Burski	Dialog	2021 年 3 月 22 日
《皇清职贡图》 （*Qing Imperial Illustrations of Tributary Peoples*）	Laura Hostetler, Xuemei Wu	Brill historia	2022 年 8 月 15 日
《星座，星象，中国，命理》 （*Horoskopy, Astrologiczny, chiński, numerologiczny*）	Tamara Zybert	Wydawnictwo SBM	2022 年 9 月 15 日
中国历史			
《传统中医历史》 （*Historia tradycyjnej chińskiej medycyny*） （中国文明史系列丛书）	Bartosz Potka	Wydawnictwo Adam Marszałek	2019 年 1 月 1 日
《中国武术史》 （*Historia chińskiego wushu*）	Bartosz Płotka	Wydawnictwo Adam Marszałek	2020 年 1 月 1 日
《中国：了解帝国，文明喷薄》 （*Chiny - zrozumieć imperium. Pulsujący matecznik cywilizacji*）	Piotr Plebaniak	Wydawnictwo Defence 24	2020 年 12 月 4 日
《中国：文明和人民画像》 （*Chiny. Portret cywilizacji i ludu*）	Michael Wood	W. A. B.	2022 年 10 月 26 日
中国社会			
《中国媒体关于 21 世纪初中国社会和文化变迁的报道》 （*Prasa chińska o przemianach społecznych i kulturowych kraju w początkach XXI wieku*）	作者：Joanna Afek， Krzysztof Gawlikowski， Magorzata awacz， Agnieszka obacz， Marta Tomczak 翻译： Jakub Chmielewski， Krzysztof Gawlikowski， Katarzyna Golik， Justyna Jagucik， Joanna Kartasiewicz	Sedno	2020 年

名称	作者	出版社	出版时间
中国社会			
《中国和东亚:大变局中的遗产》 (*Chiny i Azja Wschodnia. Dziedzictwo w obliczu przemian*)	Bogdan Góralczyk 、Adam Jelonek、Kamil Zeidler 等来自波兰和国外学术中心的 20 名研究中国和东亚问题的知名学者	Dialog	2021 年
中国哲学			
《流浪谋士之道:中华文明创造者的名言和格言》 (*Drogi wędrownych doradców. Maksymy i sentencje twórców chińskiej cywilizacji*)	Piotr Plebaniak	Zona Zero	2019 年 9 月 15 日
《中国变形记:儒家文明与西方文明》 (*Chińskie metamorfozy. Cywilizacja konfucjańska a cywilizacja zachodnia*)	Krzysztof Gawlikowski	Zona Zero	2022 年 12 月 22 日
《孙子兵法》 (*Traktat Sztuka wojny*)	Piotr Plebaniak	Polskie Towarzystwo Geopolityczne	2021 年 5 月 4 日
《孔子的脸面:中国"自我"关系视角下的"脸"与"面"》 (*Twarz konfucjańska. Lian i mian w perspektywie chińskiego self relacyjnego*)	Pejda Katarzyna, Ciemniewski Cezary	Wydawnictwa Uniwersytetu Warszawskiego	2021 年 2 月 26 日
《辜鸿铭——文明融合思想的先驱:儒家思想对西方和世界的救治之道》 (*Gu Hongming prekursorem idei fuzji cywilizacji. Konfucjanizm jako ratunek dla Zachodu i świata*)	Marek Tylkowski	Sedno	2021 年
《中国价值观:传统文化和现代价值观》 (*Chińskie wartości. Tradycyjna kultura i współczesne wartości*)	Bartosz Potka	Wydawnictwo Adam Marszałek	2022 年
以中国为背景的文学作品			
三部曲之一:《罂粟战争》 (*Wojna Makowa*)	作者:匡灵秀 (华裔美籍作家) 翻译:Grzegorz Komerski	Fabryka Słów	2020 年 2 月 12 日

163

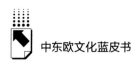

续表

名称	作者	出版社	出版时间
以中国为背景的文学作品			
三部曲之二:《龙之共和》 (*Republika smoka*)	作者:匡灵秀 (华裔美籍作家) 翻译:Grzegorz Komerski	Fabryka Słów	2020 年 10 月 14 日
三部曲之三:《燃烧的神》 (*Płonący bóg*)	作者:匡灵秀 (华裔美籍作家) 翻译:Grzegorz Komerski	Fabryka Słów	2021 年 6 月 30 日
《园丁:中国童话故事》 〔*Ogrodnik. Bajka Chińska*(audiobook)〕	Magorzata Cudak	Zaczarowany Minibus	2022 年 11 月 26 日

注:表格内容由笔者整理,仅列举线上书店较容易获取或购买的部分书籍。

表2　2019~2023 年中国作品在波兰的翻译出版情况

单位:部

年份	2019	2020	2021	2022	2023
出版总数	45	28	33	16	32
按作品类型分					
科学出版物	5	1	3	6	6
科普出版物	7	4	7	1	4
纯文学	19	9	11	4	4
浪漫现实文学	0	0	3	2	2
幻想文学	6	4	5	2	10
儿童读物	1	4	0	1	0
纪实文学	4	1	3	0	4
宗教出版物	0	1	1	0	0
指南出版物	0	0	0	0	1
艺术书籍与画册	2	0	0	0	1
百科全书、辞典	0	1	0	0	0
汉语教材	0	3	0	0	0
幽默、轶事	1	0	0	0	0

续表

年份	2019	2020	2021	2022	2023
出版总数	45	28	33	16	32
按作品内容分					
综合类	0	0	0	0	1
哲学、心理	0	0	3	3	2
宗教、神学	1	1	0	0	0
社会、数据	0	1	2	0	3
政治、经济	4	2	5	1	1
法律、公共管理、社会援助与关怀、保险	0	1	0	0	0
军事艺术与科学	0	1	2	1	1
民族志、文化人类学	1	0	0	0	0
语言学、语言	0	3	0	0	0
自然科学	3	1	0	0	0
医学、公共健康	0	0	0	0	1
平面艺术、绘图、摄影	2	0	0	0	2
文学史、文学批评	2	1	2	1	2
文学	27	17	19	8	16
地理	2	0	0	1	0
历史、传记	3	0	0	1	3

资料来源：笔者根据过往 5 年《波兰出版业的数据变化》发布的数据整理而成。

表3 2019~2023 年波兰对中国文学和著作翻译出版的情况

作品	作家	翻译	出版社	出版时间
中国文学作品外译				
Brązowy i Sonko《青铜葵花》	曹文轩	Katarzyna Sarek，Maria Jarosz，Andrzej Swoboda	Dialog	2019 年 2 月 20 日
Wilczy Totem《狼图腾》	姜戎	Małgorzata Religa	Dialog	2020 年 5 月 19 日
Pradawna łódź《古船》	张炜	Agnieszka Walulik	Dialog	2019 年 5 月 23 日
Nie mam własnego imienia《我没有自己的名字》	余华	Małgorzata Religa	Dialog	2019 年 7 月 16 日

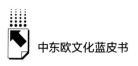

续表

作品	作家	翻译	出版社	出版时间
Siedmiopiętrowa pagoda. Antologia opowiadań współczesnych pisarzy chińskich 《七层宝塔：中国当代作家短篇小说选》	冯骥才等人	Agnieszka Walulik, Katarzyna Sarek, Marcin Jacoby, Maria Jarosz, Andrzej Swoboda, Kacper Kamiński	Dialog	2019 年 8 月 8 日
Opowiastki z Zaświatów 《幽冥故事》	合著	Ewa Panik-Tuowiecka	Dialog	2019 年 8 月 20 日
Deszcz 《雨》	黄锦树	Katarzyna Sarek	Dialog	2020 年 1 月 17 日
Krzyk w deszczu 《在细雨中呼喊》	余华	Kinga Kubicka	Dialog	2020 年 9 月 24 日
Ja morderca 《下面，我该干些什么》	阿乙	Magorzata Religa	Dialog	2020 年 11 月 18 日
Światła w bursztynie. Antologia współczesnej poezji chińskiej 《琥珀之光：中国当代诗集》	合著	Katarzyna Sarek, Małgorzata Religa	Dialog	2021 年 4 月 20 日
Zaśpiewam Ci piosenkę. Opowieści z południa Tajwanu 《花甲男孩》	杨富闵	Agnieszka Walulik	Dialog	2021 年 4 月 27 日
Dzieci solnych pól 《盐田儿女》	蔡素芬	Maria Jarosz	Dialog	2021 年 10 月 8 日
Drogie dziecko 《亲爱的小孩》	刘梓洁	Agata Chyla	Dialog	2021 年 12 月 24 日
Dziewczyny z północy 《北妹》	盛可以	Kinga Kubicka	Dialog	2022 年 2 月 15 日
Opady kwiaty. Historia chińskiego rozwodu 《洛城花落》	周大新	Agata Chyla	Dialog	2023 年 3 月 20 日
O upływającym życiu. Opowieść w sześciu rozdziałach 《浮生六记》	沈复	Katarzyna Sarek	Państwowy Instytut Wydawniczy	2019 年 5 月 20 日

续表

作品	作家	翻译	出版社	出版时间
Kamień w lustrze. Antologia literatury chińskiej XX i XXI wieku 《20-21 世纪中国文学作品选》	钱钟书、韩少功、沈从文、史铁生、王小波、徐志摩等人	合译	Państwowy Instytut Wydawniczy	2019 年 9 月 11 月
Kroniki Eksplozji 《炸裂志》	阎连科	Joanna Krenz	Państwowy Instytut Wydawniczy	2019 年 10 月 15 日
Miłość w czasach rewolucji 《革命时期的爱情》	王小波	Katarzyna Sarek	Państwowy Instytut Wydawniczy	2019 年 11 月 12 日
Całusy Lenina 《受活》	阎连科	Joanna Krenz	Państwowy Instytut Wydawniczy	2020 年 12 月 10 日
Opowieści znad rzeki Hulan 《呼兰河传》	萧红	Magdalena Stoszek-Deng	Państwowy Instytut Wydawniczy	2021 年 5 月 13 日
Tęczujący popiół 《锦灰》	盛可以	Joanna Krenz	Państwowy Instytut Wydawniczy	2021 年 6 月 17 日
Złote czasy 《黄金时代》	王小波	Katarzyna Sarek	Państwowy Instytut Wydawniczy	2021 年 11 月 18 日
Dzień, w którym umarło sońce 《日熄》	阎连科	Joanna Krenz	Państwowy Instytut Wydawniczy	2022 年 5 月 11 日
Ulica żółtego błota 《黄泥街》	残雪	Katarzyna Sarek	Państwowy Instytut Wydawniczy	2023 年 3 月 29 日
Sutra Serca 《心经》	阎连科	Joanna Krenz	Państwowy Instytut Wydawniczy	2023 年 9 月 20 日

续表

作品	作家	翻译	出版社	出版时间
Zbieracz porostów 《采树鳔》	张炜	Edyta Grotek	Time Marszałek Group	2019 年 1 月 1 日
Morskie wiatr 《海边的风》	张炜	Ewa Bartosiak	Time Marszałek Group	2019 年 1 月 1 日
Lis i wino 《狐狸和酒》	张炜	Ewa Bartosiak	Time Marszałek Group	2019 年 1 月 1 日
Ratuj artystę 《请挽救艺术家》	张炜	Robert Marszałek	Time Marszałek Group	2019 年 1 月 1 日
Winogrona w deszczu jesiennym 《秋雨洗葡萄》	张炜	Krzysztof Gębura	Time Marszałek Group	2019 年 1 月 1 日
Jesienny gniew i inne opowiadania 《张炜中短篇小说选集：秋天的愤怒》	张炜	Emilia Skowrońska	Time Marszałek Group	2019 年 1 月 1 日
Zakątki Chin. Sekrety pola kukurydzy 《钻玉米地》	张炜	Grażyna Grzywna-Tunk	Time Marszałek Group	2019 年 1 月 1 日
Orszak Trzeciego Syna 《赶马的老三》	韩少功	Katarzyna Ulma-Lechner	Time Marszałek Group	2021 年 10 月 1 日
Piorun kulisty 《球状闪电》	刘慈欣	Andrzej Jankowski	Rebis	2019 年 1 月 15 日
Era supernowej 《超新星纪元》	刘慈欣	Andrzej Jankowski	Rebis	2019 年 6 月 4 日
Wędrująca Ziemia 《流浪地球》	刘慈欣	Andrzej Jankowski	Rebis	2020 年 10 月 27 日
Koniec śmierci 《死神永生》	刘慈欣	Andrzej Jankowski	Rebis	2021 年 1 月 1 日
O mrówkach i dinozaurach 《当恐龙遇上蚂蚁》	刘慈欣	Andrzej Jankowski	Rebis	2021 年 7 月 27 日
Ciemny las 《黑暗森林》	刘慈欣	Andrzej Jankowski	Rebis	2022 年 1 月 1 日
Konfucjusz. Analekta 《论语》	孔子	Katarzyna Pejda	Wydawnictwa Uniwersytetu Warszawskiego	2019 年 1 月 30 日

作品	作家	翻译	出版社	出版时间
Czowiek o fasetkowych oczach《复眼人》	吴明益	Katarzyna Sarek	Kwiaty Orientu	2019 年 3 月 28 日
Łkające ryby i inne opowiadania《迟子建短篇小说集》	迟子建	Magdalena Stoszek-Deng	Kwiaty Orientu	2019 年 5 月 1 日
Kroniki dziwnych bestii《异兽志》	颜歌	Joanna Karmasz	Tajfuny	2023 年 2 月 7 日
中国学术著作外译				
Historia masakry nankińskiej《南京大屠杀史》	合著	Rafał Darasz	Dialog	2021 年 7 月 13 日
Klucz do kultury chińskiej《中国文化的根本精神》	楼宇烈	Rafał Darasz	Dialog	2022 年 2 月 10 日
Bezmiar ptaków na pótnie utkany. Muzeum Chińskiej Sztuki Ludowej《中国民艺馆·百鸟绣屏》	合著	Piotr Machajek	Dialog	2022 年 12 月 1 日
Historia chińskiej porcelany《中国瓷器史》	辛德勇	Anna Wajcowicz	Wydawnictwo Adam Marszałek	2019 年 11 月 21 日
Redefiniowanie chińskiej literatury i sztuki《兴:艺术生命的激活》	袁济喜	Filip Szymborski	Wydawnictwo Adam Marszałek	2021 年
Z notatnika tłumacza literatury polskiej i chińskiej《中波文学翻译随笔》	乌兰	—	Wydawnictwo Uniwersytetu Gdańskiego	2019 年 1 月 1 日
Charakter Chin《中国的品格》	楼宇烈	Magda Pieczatowska-Mysiak	Wydawnictwo Naukowe Grado	2023 年 5 月 23 日

注：表格内容由笔者整理，仅列举线上书店较容易获取或购买的部分书籍。

四　致力于中国文化研究和推广的波兰人

西方汉学的奠基人是明清时期远渡重洋的传教士利玛窦，而波兰汉学研究的先驱则是耶稣会传教士卜弥格。他不仅被誉为波兰的马可·波罗，还扮

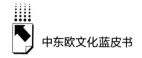

演着明朝最后一个外交官的角色。

近代以来，波兰还涌现了不少具有影响力的汉学家和外交家。按照时间脉络，汉学期刊《华裔学志》创始人鲍润生，致力于推广中国语言、文化和文学的雷米吉乌什·克维亚特科夫斯基，编撰了首部波汉词典《汉语快速阅读词典》的多曼·维鲁赫，创立了别具一格的汉字学习法的扬·维普莱尔，推进中国现代化教育体系建设的夏伯龙，中国佛学和通俗文学专家杨·戈齐米尔·雅沃尔斯基，中国古典文学和当代文学翻译家奥尔吉尔德·沃伊塔谢维茨，首次将中国古典文献和形式逻辑融合研究的雅努什·赫米莱夫斯基，首个梳理了卜弥格生平与贡献的汉学家兼外交官爱德华·卡伊丹斯基，专注于早期白话文戏剧、中国宗教哲学研究的塔德乌什·日比科夫斯基，中国史问题专家罗曼·斯瓦温斯基教授，从事中国语言学研究的米切斯瓦夫·耶日·库斯勒，中国古典文学和当代文学研究专家兹比格涅夫·斯乌普斯基，中波近代史和中波关系研究专家扬·罗温斯基，大力促进中波文化交流的外交家孔凡，中国传统战略思想研究专家克日什托夫·加夫利科夫斯基，当代国际关系专家博格丹·古拉尔赤克等，他们都为中国文化"走出去"并走进波兰做出了巨大贡献。

此外，还有波兰各大高校汉学系教授或涉及中国文化研究的相关机构专家，如华沙大学儒家思想研究专家卡塔热娜·佩伊达、中国当代戏剧文学研究专家莉迪亚·卡萨莱沃、中国专有名词学家伊雷娜·卡乌日斯卡、中国宗教问题研究专家玛乌戈热塔·莱利加、雅盖隆大学实用汉语研究专家爱娃·扎伊德勒、波兹南亚当·密茨凯维奇大学中国当代戏剧和诗歌研究专家伊莎贝拉·瓦布兹卡、华沙社会科学与人文科学大学亚洲研究系中国文学和外交研究专家马钦·雅克比、罗兹大学中国外交政策专家多米尼克·米热耶夫斯基、托伦哥白尼大学中国戏剧研究汉学家马切伊·萨特科夫斯基等，为推动波兰社会更好地理解当代中国文化提供了智力和学术支持。①

---

① 《【智库编译】波兰的汉学研究：历史与现状》，北京外国语大学网站，https：//cees. bfsu. edu. cn/info/1121/2360. htm，最后访问时间：2024 年 2 月 1 日。

(一)汉学家

汉学家,是指从事中国古代、近代或现当代人文社会科学研究的外国学者。据不完全统计,波兰历史上出现过 30 多位具有突出贡献的波兰汉学家[①],以下主要列举其中 4 位 21 世纪最具影响力的汉学家的生平经历和重要贡献[②]。

1. 史罗甫

史罗甫,波兰汉学家,华沙大学汉学系教授、博士,曾任波兰科学院东方委员会委员,主要研究方向为中国文学研究、宗教研究等。其主要贡献是与捷克最著名的汉学家雅罗斯拉夫·普实克、东方学家吉里·贝卡、印度学家共同编撰了《东方文学辞典》(*Dictionary of Oriental Literatures*)。该辞典共三卷,分别为"东亚卷""南亚和东南亚卷""东亚和北非卷",约 2000 篇文章,填补了西方学术界长期以来对东方文学研究的空白,简明扼要地介绍了亚洲和北非几乎所有的文学作品,其中由史罗甫主编的第一卷就涉及中国文学。[③] 此外,他还出版了 7 部关于中国文学的著作和多篇学术论文。因认识老舍本人,史罗甫能获取关于老舍的第一手资料,被誉为"第一个广泛研究老舍短篇小说和最经典的长篇小说的专家",其代表作有《论中国现代作家老舍小说的嬗变(附传记和参考书目)》(*The Evolution of a Modern*

[①] "Kategoria:Polscy sinolodzy",维基百科官网,https://pl.wikipedia.org/wiki/Kategoria:Polscy_sinolodzy,最后访问时间:2024 年 2 月 1 日。

[②] 这里主要指现在仍在世或近五年内刚逝世的波兰汉学家。

[③] Jaroslav Průše 编 *Dictionary of Oriental Literatures* [第一卷(Vol. 1:East Asia)主编 Zbigniew Słupski,第二卷(Vol. 2:South and South-East Asia)主编 Dušan Zbavitel,第三卷(Vol. 3:West Asia and North Africa)主编 Jiří Bečka],George Allen & Unwin 出版社,1974,Cambridge Core(剑桥电子期刊和电子图书数据库)官网,https://www.cambridge.org/core/journals/china-quarterly/article/abs/dictionary-of-oriental-literatures-general-editor-jaroslav-prusek-vol-1-east-asia-226-pp-edited-by-zbigniew-slupski-vol-2-south-and-southeast-asia-191-pp-edited-by-dusan-zbanitel-vol-3-west-asia-and-north-africa-213-pp-edited-by-jiri-becka-london-george-allen-unwin-1974-each-volume-585/60C832F58E3BBA200D0D28A5C3B7EEF9;Taylor & Francis 出版集团官网,https://www.taylorfrancis.com/books/mono/10.4324/9781003060642/dictionary-oriental-literatures-1-zbigniev-slupski-jaroslav-prusek,最后访问时间:2024 年 2 月 1 日。

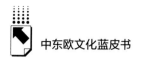

Chinese Writer. An Analysis of Lao She's Fiction with Biographical and Bibliographical Appendices）[1]。

2. 施石道

施石道，波兰汉学家、政治学家、中国传统战略思想研究专家，波兰科学院教授，主要研究方向为心理学、亚非历史、中国古代系统思想、比较研究等。他曾留学北京大学，获华沙大学历史学博士学位。其突出贡献是创办了波兰科学院历史研究所 19~20 世纪亚洲北非史料研究室、政治研究所东亚研究中心、华沙社会科学与人文大学东亚文明中心。此外，他还创办了由马尔沙维克出版集团主办的学术期刊《亚太地区：社会—政治—经济》（*Azja-Pacyfik：Społeczeństwo-Polityka-Gospodarka*）并担任主编。[2] 他曾在亚欧多所大学授课，[3] 并发表了中西方哲学思想、中西方文明对比和跨文化对话等主题的著作和学术论文，并提出阻碍西方学术界充分描述和客观分析中国现实的原因包括心理机制差异、文化价值术语翻译困境等。

3. 博格丹·古拉尔赤克

博格丹·古拉尔赤克，波兰汉学家、政治学家、外交官和记者，华沙大学教授、博士，主要研究方向为新闻学、汉学、当代国际关系等。现任华沙大学欧洲研究中心主任，曾任波兰驻泰国、菲律宾和缅甸大使，熟悉

---

① Zbigniew Słupski, *The Evolution of a Modern Chinese Writer. An Analysis of Lao She's Fiction with Biographical and Bibliographical Appendices* (Prague：Oriental Institute in Academia, 1966), WorldCat 全球联机联合目录数据库官网，https：//search. worldcat. org/zh - cn/title/The - evolution-of-a-modern-Chinese-writer-an-analysis-of-Lao-She's-fiction-with-biographical - and-bibliographical-appendices/oclc/160112; V. Semanov, "Zbigniew Stupski, *The Evolution of a Modern Chinese Writer*（*Book Review*），" *Archív Orientální* 36（1968）：521-524, Proquest 数据库官网，https：//www. proquest. com/openview/54b83fb17bcc54c09fe737dd096eb794/1？pq - origsite=gscholar&cbl=1817606，检索日期：2024 年 2 月 1 日。

② "Początki pisma", 华沙社会科学与人文大学官网，https：//swps. pl/nauka - i - badania/ nasze-dzialania/nowosci-wydawnicze/czasopisma/2291-azja-pacyfik，最后访问时间：2024 年 2 月 1 日。学术期刊《亚太地区：社会—政治—经济》始办于 1998 年，其创刊人为施石道教授——时任托伦亚太协会主席、马尔沙维克出版集团董事长。

③ 施石道曾在那不勒斯东方大学学院（意大利最大的东方研究中心），巴黎高等研究实践学院（举办了关于中国军事思想主题的博士生研讨会），中国人民大学、台湾政治大学，日本早稻田大学，曼谷法政大学等高校讲学。

中国及东南亚等亚洲国家全球经济地位、欧盟国际问题等。他曾在布达佩斯，格拉纳达，里加，新德里，中国台北、北京和厦门等世界各地的高校和科研院所讲学，同时以专家身份多次接受媒体访谈。① 博格丹·古拉尔赤克教授著述颇丰，撰写了包括《波兰—中国：昨天、今天、明天》②（*Poland-China. Yesterday，Today，Tomorrow*）、《伟大复兴：中国转型及其结果》③（*Wielki renesans. Chińska transformacja i jej konsekwencje*）、《新征程：习近平新时代》④（*Nowy Długi Marsz. Chiny ery Xi Jinpinga*）在内的近 30 部关于中国、缅甸和匈牙利的书籍以及《中国重返世界舞台中心》⑤（*Powrót Chin do centrum światowej sceny*）等 300 多篇论文，并表示中国正迎来巨大的机遇和挑战，而中美关系的发展将是未来的研究焦点。

4. 马丁

马丁，波兰汉学家、文学家、翻译家，华沙社会科学与人文大学人文学院院长，亚洲研究系和东亚文明中心主任，教授，主要研究方向为中国古典文学、中国古代文化、东亚地区政治和社会问题等，开设了关于中国和东亚文学、艺术、文化外交等领域的课程。曾任华沙国家博物馆东方艺术收藏馆

---

① 博格丹·古拉尔赤克教授是波兰广播"TOK FM"、电视节目"To był dzień na świecie"（这是世界的一天）和专家访谈节目"ExKatedra"的常驻嘉宾，华沙大学欧洲研究中心官网，https：//www. ce. uw. edu. pl/zmiany-w-instytucjach-rp-zadania-polski-w-nato-wizja-europy-dwoch-predkosci-prof-bogdan-goralczyk-w-programie-exkatedra-w-superstacji/，https：//www. ce. uw. edu. pl/o-azjatyckim-tourne-amerykanskiego-sekretarza-stanu-prof-bogdan-goralczyk-w-to-byl-dzien-na-swiecie/，检索日期：2024 年 2 月 1 日。

② *Poland-China. Yesterday，Today，Tomorrow*，马尔沙维克出版集团官网，https：//sklep. marszalek. com. pl/pl/biblioteka-azji-i-pacyfiku/2977-polandchina-yesterday-today-tomorrow. html，最后访问时间：2024 年 2 月 1 日。

③ *Wielki renesans. Chińska transformacja i jej konsekwencje*，波兰最大的图书社区网站 Lubimyczytać. pl 官网，https：//lubimyczytac. pl/ksiazka/4864049/wielki-renesans-chinska-transformacja-i-jej-konsekwencje，最后访问时间：2024 年 2 月 1 日。

④ *Nowy Długi Marsz. Chiny ery Xi Jinpinga*，波兰最大的图书社区网站 Lubimyczytać. pl 官网，https：//lubimyczytac. pl/ksiazka/4992238/nowy-dlugi-marsz-chiny-ery-xi-jinpinga，最后访问时间：2024 年 2 月 1 日。

⑤ "*Powrót Chin do centrum światowej sceny*，" CEEOL 中东欧多语种电子期刊（Central and Eastern European Online Library）官网，https：//www. ceeol. com/search/article-detail？id=882912，最后访问时间：2024 年 2 月 1 日。

研究员、华沙社会科学与人文大学国际部办公室主任、亚当·密茨凯维奇研究所亚洲项目负责人。他精通现代汉语和古代汉语，其突出贡献是出版了《中国原貌》（*Chiny bez makijażu*）等 7 部受到高度评价的著作，翻译了《庄子．南华真经》（*Zhuangzi. Prawdziwa Księga Południowego Kwiatu*）等 2 部中国经典著作，编写了对外汉语教材《现代汉语口语和写作教程》（*Współczesny język chiński. Mówię i piszę po chińsku*），接受"中国访谈"栏目采访等，致力于中国文化对外推广事业。目前，他专注于《吕氏春秋》典籍研究，担任欧盟委员会当代中国研究专项"中国视野"（"China Horizons"）科研团队的负责人之一。①

（二）外交家

外交家，是指具备外交技巧的政治家、外交使节或领袖，擅长处理国际关系和协调国家之间的矛盾，促进国际合作和稳定。目前，波兰共和国共派遣驻华大使 11 名，② 其中，现任波兰共和国驻华特命全权大使为古天卫。此外，波兰在中国成都、广州、上海、香港 4 座城市设有领事馆，历届总领事及其团队为促进中波文化交流与合作、增进双方友谊发挥着重要作用。③ 以下主要介绍其中 4 位 21 世纪最具影响力的波兰驻华外交家的生平经历和重要贡献④。

1. 爱德华·卡伊丹斯基

爱德华·卡伊丹斯基，外交家、汉学家、作家。他出生于中国哈尔滨一个波兰工程师家庭，接受中国高等教育，归国后，20 世纪下半叶又多次以外交官身份前往中国。卡伊丹斯基擅长写作、绘画，精通汉语、医学、工程

---

① "Marcin Jacoby"，华沙社会科学与人文大学官网，https：//swps. pl/marcin-jacoby，最后访问时间：2024 年 2 月 1 日。

② "Kategoria：Ambasadorowie Polski w Chinach"，维基百科官网，https：//pl. wikipedia. org/wiki/Kategoria：Ambasadorowie_ Polski_ w_ Chinach。

③ 《大使馆 领事馆》，波兰共和国政府官网，https：//www. gov. pl/web/zhongguo/embassy-consulates，最后访问时间：2024 年 2 月 1 日。

④ 这里主要指现在仍在世或近五年内刚逝世的波兰外交家。

学，长期从事中波文化交流和汉学研究，出版了许多相关的书籍和文章，其突出贡献就是出版了《明王朝的最后使者卜弥格传》《长城的巨影——波兰人是怎么发现中国的》《我生命里的中国》等 20 余部著作，内容涵盖中国历史、文化、艺术、建筑、医学、经济等领域，特别是介绍了波兰汉学家先驱卜弥格的生平及其对中国地理、医药等的研究成果。他曾任波兰驻华使馆商务处多项职位（1963~1968 年）、波兰驻华使馆一等秘书（1971~1972 年）、波兰共和国驻广州总领事（1979~1982 年）、格但斯克大学东亚研究中心委员会副主席。此外，他还被授予波兰政府颁发的 Bene Merito 荣誉勋章（2015 年）及获得多项中国荣誉，以表彰他在海外推广中波历史文化的功绩。①

2. 兹济斯瓦夫·戈拉尔奇克

兹济斯瓦夫·戈拉尔奇克，波兰资深外交官、教师、社会活动家、公关人员、政治顾问，博士。他曾在中国北京大学、对外经济贸易大学读书，曾任波兰驻华大使馆二等秘书和一等秘书（1972~1977 年）、波兰驻华大使馆参赞（1990 年）、波兰驻华大使（1994~1999 年）、波中友好协会会长（2000~2015 年）。他曾获得中国政府颁发的众多荣誉称号，包括北京市荣誉市民（他是第一位获得中国对外籍人士最高国家勋章的波兰人，2001 年）、上海市白玉兰荣誉奖（表彰杰出外籍人士为上海经济建设、社会发展和对外交往做出的积极贡献，2010 年）等。戈拉尔奇克致力于中国问题研究、中美关系和中波关系研究，出版著作有《中共与美国》（*Komunistyczna Partia Chin a Stany Zjednoczone*）等。他与汉学家博格丹·古拉尔赤克是兄弟，妻子为中国人，女儿已是汉学家，儿子是波兰驻华大使馆经济商务处参赞。

3. 孔凡

孔凡，波兰汉学家、外交官。他曾就读于中国北京大学国际关系学院，

---

① "Zmarł Edward Kajdański-pisarz i dyplomata, badacz i pasjonat kultury Dalekiego Wschodu", 格但斯克市 gdansk. pl 官网，https: // www. gdansk. pl/wiadomosci/Zmarl - Edward - Kajdanski - dziennikarz-pisarz - i - dyplomata - badacz - i - pasjonat - kultury - Dalekiego - Wschodu, a, 178889, 最后访问时间：2024 年 2 月 1 日。

长期从事中国语言、饮食文化、汉学研究，出版了《中国饮食艺术与传统文化》等著作。他退休后，担任了华沙社会科学与人文科学大学教授，为学生开设了汉语、中国经济、中国外交、中国礼仪和烹饪文化等课程。孔凡曾两度任职波兰驻华大使馆，包括波兰驻华公使衔参赞（1991~1994年）、波兰驻华大使（2000~2004年），在职期间，多次建议波兰文化部、大剧院、出版社加强与中国的文化交流，并促成了波兰华沙国家大剧院200多名演职人员首次访华演出（2001年）、波兰玛佐夫舍歌舞团访华巡演（2004年）、合办波兰音乐周、合拍电影（2005年）、波兰电影节、博物馆展览、图书馆交流会等文化活动。此外，还推动中波高校、文化组织、社会机构建立合作关系，定期开展学术研讨会，围绕中波历史、文学、政治、经济等问题进行探讨与交流。孔凡认为，在中波文化交流上，翻译领域可大有作为，应当重视。[1]

4. 林誉平

林誉平，资深外交官，曾任波兰共和国驻香港总领事（2001~2004年）、波兰共和国驻越南大使（2004~2009年）、波兰外交部外事司司长（2012~2015年）、波兰共和国驻华大使（2015~2017年）。他为自己命名"誉平"，寓意"爱护和平"。其在任职期间，促成了第一届北京肖邦国际青少年钢琴比赛的举办，推动了中波两国在文化艺术领域的交流与合作，此外，波兰总统杜达于2015年11月访华，2016年6月习近平主席对波兰进行国事访问，并在波兰"丝绸国际论坛2016年年会"上发表了题为《携手同心　共创未来》的重要讲话，而林誉平大使在其中，秉持积极沟通、深入合作的外交政策，起到了推进"一带一路"倡议、提升战略合作伙伴关系的作用。[2]

① 《世历所黄立弗：一位波兰资深外交家的中华情》，中国社会科学院网站，2016年12月22日，http://www.cass.net.cn/xueshuchengguo/wenzhexuebulishixuebu/201612/t20161222_3354198.html。
② 《波兰的"灵魂"——访波兰驻华大使林誉平》，人民网，2016年12月6日，http://theory.people.com.cn/GB/n1/2016/1206/c367658-28928775.html。

结　语

中国文化在波兰的传播得益于两国之间长期的文化交流与合作。波兰官方和民间的中国文化学术机构，如孔子学院和高校汉学系，为波兰人民提供了学习和了解中国文化的平台，促进了中波文化交流的深入。此外，涉及中国文化研究的出版社和出版物，以及致力于中国文化研究和推广的汉学家和外交官，都在不同程度上推动了中国文化在波兰的传播。近年来，中波文化交流虽受到新冠疫情的冲击，但在逐步完善的中波文化交流机制的保障下，总体而言，中波官方和民间文化交流活动日渐频繁，文化教育合作得到进一步深化，举办的中国文化活动多样化和现代面貌特征明显，中国文化在波兰的影响力逐渐增强，在波兰的传播也取得了显著成效。例如，汉语教育在波兰越来越受欢迎，越来越多的波兰学生选择学习汉语，参加 HSK。中国传统节日如春节、中秋节等在波兰得到了广泛宣传，中国文学、电影、音乐、艺术展览等文化产品也越来越受到波兰人民的喜爱。

然而，中国文化在波兰传播也面临着一些困难与挑战。语言障碍是其中之一，波兰语与汉语差异较大，这给汉语教学和文化传播带来了一定的难度。此外，由于文化背景的不同，波兰人民对中国文化的理解和接受程度也有所不同，需要更多的跨文化交流和沟通来增进相互理解。然而展望未来，随着中波两国关系的不断深化和"一带一路"倡议的推进，中国文化在波兰的传播有望迎来更加广阔的发展空间。因此，中波双方需要共同努力，克服文化差异带来的挑战，加强文化交流项目的多样性和互动性，提高中国文化在波兰的影响力和吸引力。目前，中国已建立了19家波兰语教学点，在习近平新时代中国特色社会主义思想的指导下，人才培养机制逐渐完善。例如，在教学当中注重对学生语文能力的培养，重点锻炼学生"用外语讲好中国故事"的实用能力，为在波兰传播中国文化的事业建设提供专业能力强、语言水平高，具有国际视野、创新意识和跨文化交际能力，能够直接参与国际竞争与合作的国际化复合型人才。

B.10
罗马尼亚的中国文化研究报告

唐妍彦 贾晓泽 郑明明*

摘　要：　随着中国日益走近世界舞台的中央，中国文化软实力在海外的影响力也逐步扩大。作为第三个与新中国建交的国家，罗马尼亚与中国的文化交往其实可以追溯到 400 多年前。新时期，中罗各项文化交流频繁、文化交互不断增强。本报告在总结罗马尼亚中国文化研究的发展渊源以及现有汉语语言教学点的基础上，梳理罗马尼亚具有代表性的官方和民间机构及其举办的相关活动，并进一步整理专注于中国文化研究的罗马尼亚汉学家及出版物，最后提出未来罗马尼亚中国文化研究的发展对策。

关键词：　罗马尼亚　中国文化　孔子学院　汉学

　　1949 年 10 月 5 日，罗马尼亚便与中国建交，成为继苏联和保加利亚之后世界上第三个与中国建交的国家，并于 1951 年、1965 年和 1994 年签署了三份《中华人民共和国政府和罗马尼亚政府文化合作协定》，为两国文化交往指明方向。[①]　自此以来，中罗两国以文明互鉴与文化交流为推动和维系两国人民友好感情的强劲纽带，友谊得到进一步巩固。自 2004 年中罗

---

　*　唐妍彦，广东外语外贸大学国际治理创新学院助理研究员，法学博士，主要研究方向为中东欧区域国别研究、全球投资治理；贾晓泽，广东外语外贸大学国际治理创新学院硕士研究生，主要研究方向为国际法、区域与国别研究；郑明明，广东外语外贸大学国际治理创新学院硕士研究生，主要研究方向为商务英语、区域与国别研究。
　①　《悠悠中罗情，千年心之约——〈中罗文明和文化交流对话文集〉在罗出版》，中华人民共和国驻罗马尼亚大使馆官网，2020 年 10 月 2 日，http://ro.china-embassy.gov.cn/sghd/202010/t20201002_ 2848032.htm。

两国建立全面友好合作伙伴关系之后，中罗关系持续稳步发展，双方高层交往频繁，两国传统友谊继续深化，人文领域交流日益密切，民心距离不断拉近。

一　罗马尼亚中国文化研究的发展渊源

中国和罗马尼亚分属东西方文化，无论是历史渊源、文化背景还是文学传统、民族心理，均截然不同。但中罗两国文化交流持续不断，早在 400 多年前，罗马尼亚著名学者斯帕塔鲁·米列斯库便远赴中国，以亲身经历撰写了《中国漫记》《亚洲纪实》等著作，将古老的中国文明介绍给罗马尼亚民众，也是较早向西方社会系统介绍中国的欧洲使者之一，开创了中罗文化交流的先河。[①] 罗马尼亚的官方语言是罗马尼亚语，与中文相比，两者在语法结构及语音系统等方面存在显著差异，罗马尼亚语在人称、时态、语气及语态方面存在复杂变位。[②] 正是由于语言的隔阂，近现代的罗马尼亚汉学研究起步相对较晚，直至两国建交，罗马尼亚对中国的认识水平才随着国家间的交往而发生变化，罗马尼亚开始培养本土汉学家，并逐渐在汉学领域有所突破。1950 年 9 月 4 日，中国教育部下发通知决定由清华大学牵头设立"东欧交换生中国语文专修班"，帮助留学生掌握汉语发音及声调，并系统学习汉语词汇及语法。根据中国外交部《致罗马尼亚驻华大使馆备忘录》的记载，罗马尼亚留学生除学习汉语外，还研修了中国历史课程。依照文化交流友好协议，中国和罗马尼亚还于 1956 年分别在北京外国语大学和布加勒斯特大学开办罗马尼亚语、汉语教学项目，使罗马尼亚的汉学研究得以起步并迅速发展。

---

① 《悠悠中罗情，千年心之约——〈中罗文明和文化交流对话文集〉在罗出版》，中华人民共和国驻罗马尼亚大使馆官网，2020 年 10 月 2 日，http：//ro. china‐embassy. gov. cn/sghd/202010/t20201002_ 2848032. htm。

② 《我们如何爱上中国：罗马尼亚汉学家眼里的遥远东方》，中国政法大学网站，2022 年 1 月21 日，http：//gjhzjlc. cupl. edu. cn/info/1134/10664. htm。

罗马尼亚处于"一带一路"建设中连接欧亚大陆关键区域的中东欧地区，与中国已经携手走过了 70 余载，两国关系始终保持友好合作的主旋律。近年来，罗马尼亚中国文化研究呈现多元化、机制化、长远化发展趋势。深入分析罗马尼亚中国文化研究发展现状，针对不同维度展开分析，既对深化中国与罗马尼亚的文化交流，增强我国的国际竞争力和提高话语权具有重要意义，又能为国别政策的制定提供科学依据，推动罗马尼亚中国文化研究高质量发展。

二 罗马尼亚的汉语教学

罗马尼亚汉语语言教学点是促进中国文化走进罗马尼亚最为重要的窗口之一，也是中国文化在罗马尼亚传播和推广的重要助推器。近年来，越来越多专注于汉语教学和文化传播的罗马尼亚机构，助力两国人民跨越千山万水，为中罗两国交往架起了友谊的桥梁，为推动中罗关系健康稳定发展、增进两国人民福祉发挥了重要作用，也为中罗合作开辟了更广阔的空间。

（一）开设中文专业的罗马尼亚高校

自 2013 年起，罗马尼亚在大学预科学校和高中阶段引入了汉语课程，这为两国间更广泛的文化交流奠定了基础。2014 年，罗马尼亚教育部正式将汉语引入学校课程，大大增强了汉语学习的普及性。截至 2021 年底，罗马尼亚开设中文本科专业的大学共六所，分别是布加勒斯特大学、锡比乌卢奇安·布拉卡大学、克鲁日巴比什·波雅依大学、布拉索夫特来西瓦尼亚大学、迪米特里耶·坎泰米尔基督教大学以及阿拉德瓦西里·戈尔迪什西部大学；有三所尚未开设中文专业的大学①，则面向全校学生开设中文学分公选

---

① 三所大学分别是雅西格里戈尔·波帕医药大学、阿拉德奥雷尔·弗拉伊库大学、巴克乌瓦西里·亚历山德里大学。

课。除此之外，还有九所大学①作为孔子学院下设教学点，开设中文兴趣课。在中东欧地区的十三个国家中，罗马尼亚开设中文及相关专业的高校数量仅次于波兰，在中东欧地区排名第二。② 其中，最具代表性的罗马尼亚高校有布加勒斯特大学、锡比乌卢奇安·布拉卡大学、克鲁日巴比什·波雅依大学、布拉索夫特来西瓦尼亚大学。

1. 布加勒斯特大学

布加勒斯特大学外语学院的汉语语言文学系创建于 1956 年，是罗马尼亚历史最悠久的汉语语言文学系，其成立标志着汉语言文学专业正式纳入罗马尼亚的高等教育体系，罗马尼亚汉语教学开启了。布加勒斯特大学设立了罗马尼亚第一个汉语教学点，③ 在很长一段时间里也是罗马尼亚高等学校中唯一设置汉语言文学专业的大学。与罗马尼亚其他大学相比，布加勒斯特大学汉语言文学专业规模最大，还组织翻译过《论语》《列子》《荀子》《庄子》等诸多国学名著。目前，共有教授 2 人，讲师 2 人，助教 1 人，还有专门的中文讲师负责中文会话、语言实践等课程。④ 自 1956年布加勒斯特大学正式开办汉语言文学专业至今，这所高校已培养出 400 多名汉语人才。⑤ 最近 15 年，汉语言文学专业每年招生（包括 13～15 名受奖学金资助的学生，以及 25 名自费学习的学生），本科主要课程包括汉语实践教学、现代汉语、中国古典和现代文学、中国文明（中国思想史）、翻译

---

① 九所大学分别是布加勒斯特农业科学与兽医大学、蒂米什瓦拉理工大学、蒂米什瓦拉西部大学、阿尔巴尤利娅大学、特尔戈维什特瓦拉希亚大学、特尔古穆列什乔治·埃米尔·帕拉德医药科技大学、雅西库扎大学、加拉茨多瑙河下游大学、苏恰瓦斯特凡大公大学。

② 高伟、吴应辉：《中东欧高校中文教育发展比较及推进策略》，《云南师范大学学报》（对外汉语教学与研究版）2022 年第 2 期。参见曹瑞红《罗马尼亚中文教育发展的国别特色及推进方略》，《现代语文》2023 年第 10 期。

③ 张晓雅：《罗马尼亚汉语教学与推广情况研究》，硕士学位论文，山东师范大学，2014。

④ 参见布加勒斯特大学汉语语言文学系官网，https：//orientale.lls.unibuc.ro/home/chineza/，最后访问时间：2024 年 3 月 26 日。

⑤ 参见布加勒斯特大学汉语语言文学系官网，https：//orientale.lls.unibuc.ro/home/chineza/，最后访问时间：2024 年 3 月 26 日。

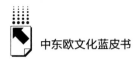

理论与实践等，实现理论课程与实践课程相结合。[①] 毕业生大部分从事翻译、教师、科研及外交等方面的工作，为中罗两国友好交往做出重要贡献。自 2006 年起，布加勒斯特大学汉语教研室开设了硕士课程和博士课程，形成了高等中文教育体系本硕博一体化的人才培养模式，使布加勒斯特大学成为创办高层次汉语教育及中国文化研究中心的理想之地。

2. 锡比乌卢奇安·布拉卡大学

2007 年 12 月，卢奇安·布拉卡大学在罗马尼亚开设了第一所孔子学院。随后 2010 年，卢奇安·布拉卡大学成立了汉语系，隶属于文学院，汉语言文学专业课程全部由锡比乌孔子学院的汉语教师教授，开展汉语言文学专业本科层次的教学。目前，汉语言文学专业已经成为卢奇安·布拉卡大学的特色专业，学生人数逐年增加。汉语言文学专业的课程丰富，涵盖了汉语语言、语法系统以及中国文学等课程。[②] 具体包括汉语语言学、中国文化与文明、汉语口语技巧、中国古典文学概论、中文写作等。[③] 其首届 7 名毕业生中就有 4 名成功申请到奖学金前往中国攻读汉语国际教育专业硕士学位。卢奇安·布拉卡大学汉语系依托其孔子学院，积极开展与中国高校的合作，开展国际论坛、学术讲座等活动，为罗马尼亚学生介绍学院汉语课程、文化课程、奖学金、夏令营、汉语等级考试等项目和大学中文专业，点燃了当地学生学习中文的热情，坚定了罗马尼亚学生探索中华文化魅力的志向。

3. 克鲁日巴比什·波雅依大学

克鲁日巴比什·波雅依大学汉语言文学专业隶属于文学院的亚洲语言文学系，始建于 2008 年初，最初的名字为亚洲研究系，下设日语语言文学、汉语言

---

① 参见布加勒斯特大学汉语言文学系官网，https：//orientale. lls. unibuc. ro/home/chineza/，最后访问时间：2024 年 3 月 26 日。

② 参见卢奇安·布拉卡大学汉语系的课程表，https：//litere. ulbsibiu. ro/wp-content/uploads/ 2024/03/doc01489520240311155227. pdf。

③ 参见卢奇安·布拉卡大学汉语系的课程表，https：//litere. ulbsibiu. ro/wp-content/uploads/ 2024/03/doc01489520240311155227. pdf。

文学和韩国语言文学三大专业，后更名为亚洲语言文学系。① 2023～2026 学年的汉语言文学专业最新教学计划设置了必修科目 143 个学分，选修科目 37 个学分，以及专业实践科目 12 个学分、体育科目 4 个学分、学士考试 20 个学分。学生要想获得汉语言文学专业的学士学位，需要修满 180 个学分。② 汉语言文学专业提供的必修课包括汉语基础概念、汉语交流与精读、中国文明、中国语言学、比较文学、中国古典文学、汉语综合课程等，选修课包括中国艺术、比较诗歌学、规范语法、政治家与文学、文学中的尼采主义、翻译学等。2014 年 3 月，巴比什·波雅依大学正式批准将汉语纳入外语的选修语言之一。③

4. 布拉索夫特来西瓦尼亚大学

布拉索夫特来西瓦尼亚大学的汉语言文学专业同样隶属于文学院的文学文化研究系，学习期限为 3 年，采用全日制教育形式。汉语言文学专业在布拉索夫特来西瓦尼亚大学不仅开设了罗马尼亚语的学习课程，还能通过英语、法语、德语进行学习，提升学生使用汉语进行有效沟通的批判性思维和实践技能。汉语言文学专业的学生学习汉语文学潮流和理论、中国文学的重要作品以及理论语言学的主要模型和概念。除此之外，汉语言文学专业还有针对性地培养学生适应特定中文沟通情况的沟通能力。④ 汉语言文学专业的毕业生大多成为语言学家和从事语言学领域的研究助理、文化顾问、中文口笔译员等工作。2023 年，布拉索夫特来西瓦尼亚大学的汉语言文学专业继续与中国西安外国语大学合作，为汉语言文学专业课程的学生提供海外学习的机会。⑤

---

① 参见克鲁日巴比什·波雅依大学亚洲语言文学系简介，https：//lett. ubbcluj. ro/departamente/departamentul-de-limbi-si-literaturi-asiatice/，最后访问时间：2024 年 3 月 20 日。
② 参见克鲁日巴比什·波雅依大学汉语言文学专业课程介绍，https：//lett. ubbcluj. ro/curricula-licenta/，最后访问时间：2024 年 3 月 16 日。
③ 《罗马尼亚克鲁日大学孔子学院》，浙江科技大学人文学院网站，2021 年 9 月 5 日，https：//hies. zust. edu. cn/info/1062/2311. htm。
④ 布拉索夫特来西瓦尼亚大学文学院网站，https：//litere. unitbv. ro/ro/programe－de－studii/licenta. html，最后访问时间：2024 年 3 月 16 日。
⑤ 《布拉索夫特来西瓦尼亚大学文学院 2023—2024 年业务计划》，布拉索夫特来西瓦尼亚大学文学院网站，https：//litere. unitbv. ro/images/documente/hotarari－rapoarte/Plan%20stratetig%202016-2020. pdf。

（二）孔子学院与孔子课堂

迄今为止，罗马尼亚共有 5 所孔子学院，[1] 在组织和开展各类汉语教学和文化活动方面发挥了显著作用，它们积极主动参与"一带一路"倡议，以语言互通促进政策沟通、贸易畅通、民心相通，在助推汉语和中华文化走入罗马尼亚的同时，极大地带动了中罗两国在人文交流方面各领域、全方位的合作。

2007 年由北京语言大学和锡比乌卢奇安·布拉卡大学合作开设的锡比乌卢奇安·布拉卡大学孔子学院是罗马尼亚第一所孔子学院。锡比乌卢奇安·布拉卡大学孔子学院成立 17 年来，继承并发扬了中罗两国相互支持语言教学的传统，取得了一些标志性的成绩，如推动锡比乌卢奇安·布拉卡大学设立中文专业，对锡比乌市乃至整个罗马尼亚中文教育发展具有里程碑的意义；成立本土教师培训中心，为中东欧地区培养、培训大批优质中文师资等。[2] 锡比乌卢奇安·布拉卡大学孔子学院高效整合其汉语教育资源，牵头推进多个孔子汉语班在罗马尼亚落地运行。

克鲁日巴比什·波雅依大学孔子学院成立于 2009 年，与中国浙江科技大学联合成立，是罗马尼亚第二所孔子学院。[3] 克鲁日巴比什·波雅依大学孔子学院有一个藏书超 15000 册的现代化图书馆和一个中华文化展览厅，并长期开设汉语、太极拳、中国书法、中国文明及文化等课程。2011 年，克鲁日巴比什·波雅依大学孔子学院入选全球先进孔院。克鲁日巴比什·波雅依大学孔子学院于 2014 年获中国国家汉办批准设立了胡内多拉地区和克鲁日地区两个孔子课堂，拥有汉语教学点 9 个。

布加勒斯特大学孔子学院成立于 2013 年，2021 年由中国政法大学与布加勒斯特大学签署关于合作建设布加勒斯特大学孔子学院的协议。布

---

① 孔子学院全球网站，https：//ci. cn/qqwl，最后访问时间：2024 年 3 月 24 日。
② 《锡比乌卢奇安·布拉卡大学孔院成立十五周年庆祝大会顺利召开》，北京语言大学新闻网，2022 年 11 月 20 日，http：//news. blcu. edu. cn/info/1011/23808. htm。
③ 巴比什·波雅依大学官网，http：//confucius. institute. ubbcluj. ro/。

加勒斯特大学孔子学院在罗马尼亚全国推动建立了 13 个汉语教学点，分布在布加勒斯特各区及巴克乌、加拉茨、雅西等城市，为罗马尼亚的汉语教育注入了发展动能；布加勒斯特大学孔子学院协助罗马尼亚教育部编写完成了罗马尼亚《初高中汉语教学大纲》并获罗马尼亚教育部批准。[1]

布拉索夫特来西瓦尼亚大学孔子学院成立于 2012 年，由中国沈阳建筑大学与布拉索夫特来西瓦尼亚大学在布拉索夫合作建立而成。[2] 建院伊始，针对不同学习对象开设汉语教学、商务汉语、太极拳、书法、围棋等 10 余门课程，得到大学生及罗马尼亚当地民众的好评。还与中国驻罗使领馆密切配合，积极组织参与各项文化推介、学术研究讲座和学术会议活动。[3]

康斯坦察奥维第乌斯大学孔子课堂由中国北京语言大学与康斯坦察奥维第乌斯大学于 2019 年合作开设，是罗马尼亚第一家独立的孔子课堂，其前身是锡比乌卢奇安·布拉卡大学孔子学院的下属课堂。该孔子课堂依据成人、中学生和小学生的不同学习需求，设有 14 个不同等级的汉语课、中国文化讲座等学术课程，并定期开展太极、书法等中国文化体验项目。

三　罗马尼亚中国文化研究学术机构及学术活动

中罗两国文化领域的学术机构十分活跃、交流活动的开展十分频繁，推动两国和两国人民之间的友谊更加深厚，成为促进中罗文明交流的桥梁和纽带，推动中罗文明交往中思想的交流和文化的融通。

[1]　孔子学院全球网站，https：//www.ci.cn/site/3371004000/，同参见布加勒斯特大学孔子学院官网，https：//unibuc.ro/despre-ub/resurse-educationale/institute/institutul-confucius/？lang=en。
[2]　布拉索夫特来西瓦尼亚孔子学院官网，https：//confucius.unitbv.ro/。
[3]　《吴勇：沈阳建筑大学与罗马尼亚特来西瓦尼亚大学合办孔子学院助力中罗经贸、人文合作》，中国日报中文网，2019 年 12 月 17 日，https：//column.chinadaily.com.cn/a/201912/17/WS5df83aaca31099ab995f1e8b.html。

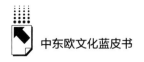

（一）学术机构

设立于罗马尼亚的中国文化研究学术机构，是推动中国文化深入罗马尼亚的关键桥梁，同时是推动中华文化"走出去"的有力支撑。近年来，越来越多专注于研究和传播中国文化的学术机构在罗马尼亚出现，助力两国人民民心相通，为中罗合作提供了更多的可能性，成为传播中国文化、维系两国人民友谊的重要纽带。

1. 罗马尼亚中国研究中心

罗马尼亚中国研究中心（以下简称"罗中研究中心"）成立于2012年，是罗美大学亚洲研究系下设的中国研究中心。罗中研究中心与数所中国著名高校和大型企业建立了友好合作伙伴关系，为罗马尼亚学生赴华实地调研、实习工作开辟了稳定渠道。此外，罗中研究中心定期开展汉语课程，开展中国经济课题研究、中国国别研究探讨会等学术活动，多层级、全方位提升罗马尼亚学生对中国文化、经济、政治的认知，为中罗的人文交往与经济合作搭建学术桥梁。迄今为止，罗中研究中心已多次接待了中国社会科学院来访的众多专家学者，为中罗两国学术交流营造了和谐氛围，打通了两国文化沟通交流的渠道，[1] 已与中国国内多家研究机构建立了紧密、长期、稳定且富有成效的合作关系，促进两国文化发展和交融。

2. 布加勒斯特经济研究院国际关系学院中国研究中心

2019年12月，罗马尼亚最负盛名的高等教育机构——布加勒斯特经济研究院国际关系学院正式成立中国研究中心，首任研究中心主任为拉杜·穆塞泰斯库教授，中国研究中心充分发挥布加勒斯特经济研究院的跨学科优势，以中国社会现状为研究切入点，开展广视域、深层次、跨学科研究分析，建立中国研究数据库和专业知识库，联系中国高校开展合作研究，打造精品学术产品，广泛涵盖中国经济、社会、文化、政治、外交、历史等领域，将有关中国文化研究、经济学、国际关系和地缘政治学知识传授给罗马

---

[1] Romanian-Chinese Studies Center，罗中研究中心网站，https：//csrc.rau.ro/。

尼亚学生，同时提升罗马尼亚各界对中国国情动向的认知和了解，以期推动两国开展宽领域、深层次、高质量务实双边合作。[①] 布加勒斯特经济研究院中国研究中心的成立满足了罗马尼亚与中国进一步扩大合作的需要，为越来越多对中国文化产生兴趣的学生提供了机会。

3. 布加勒斯特中国文化中心

布加勒斯特中国文化中心是中国政府在罗马尼亚首都设立的非营利性中国文化推广机构，位于罗马尼亚布加勒斯特市，是一个高水平的中国文化体验中心、中国艺术培训中心以及中国研究中心，定期开展中国文化研究活动、中罗学术研讨会、中罗教学交流等学术活动。[②] 仅 2024 年 1~4 月，该中心已举办十次中国文化推介活动，[③] 包括汉字发展史主题展览、太极拳讲座、"元宵灯谜之夜"、"春之幻"春节主题艺术展、故宫藏品展览等。该中心举办的活动均免费，为罗马尼亚人民打开了了解中华文化的宝贵窗口，为罗马尼亚民众体验中国传统节日提供了机会，增强了广大罗马尼亚人民探索中国文化的积极性与主动性。布加勒斯特中国文化中心对弘扬中华文化魅力、加强中罗人民沟通对话、建设两国人民深厚友谊、深化中罗文化交流与务实合作具有重要价值。

（二）学术活动

罗马尼亚的中国文化学术研究历史悠久、国家特色鲜明，其中，罗马尼亚高校在中国与罗马尼亚的文化交流互鉴、学术研究的历史上发挥了重要作用。在高校中举行的多彩多样的活动，不仅能够促进两国不同文化、不同文明之间的碰撞与交融，也为热衷学习汉语、了解中国文化的罗马尼亚民众提供了宝贵机会。

---

① "Romania's University Launches Center to Promote Research in China", Belt and Road Portal, Dec. 11, 2019, https：//eng. yidaiyilu. gov. cn/p/112291. html.

② Centrul Cultural Chinez din Bucureşti，布加勒斯特中国文化中心网站，https：//www. cccbucharest. org/。

③ 布加勒斯特中国文化中心官网，https：//www. cccbucharest. org/zh/blank-6。

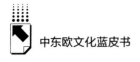

1. "汉语桥"系列中文比赛

自 2003 年罗马尼亚首次参与并举办"汉语桥"世界大学生中文比赛以来,"汉语桥"在罗马尼亚已经走过了 21 个年头。"汉语桥"为罗马尼亚学生提供了汉语展示的舞台,激发了大家学习中文的热情和兴趣,助力罗马尼亚学生实现中文梦。2023 年最新一届"汉语桥"世界大学生中文比赛罗马尼亚赛区决赛由中国教育部中外语言交流合作中心主办,中国驻罗马尼亚使馆和布加勒斯特大学孔子学院承办,在布加勒斯特国际学校(ISB)举办,共有来自罗马尼亚赛区的 17 名参赛选手角逐冠军,以最佳状态展现出良好的中文水平、深厚的知识储备,以及对中国国情地理和人文历史知识的丰富了解。

2. 学术会议

罗马尼亚孔子学院作为在罗传播中华文化与文明的主要平台,长期以来积极主办各类有关汉语教育以及中华文化推广的学术会议,成为中国文化研究、人文交流、合作发展的一个重要门户,在中国文化传播、中外合作、学术研究等方面取得了丰硕成果。

2021 年 6 月,首届罗马尼亚中文教育本土化建设学术研讨会顺利召开。该研讨会由罗马尼亚布加勒斯特大学孔子学院、布加勒斯特大学外国语学院东方语言文学系中文专业主办,针对罗马尼亚的汉语教学现状及问题展开了深入讨论,对罗马尼亚中文教育的发展具有深远意义。2022 年 4 月,该研讨会部分会议的论文被《罗马尼亚中文教育本土化建设研究》一书收录出版。

2022 年 11 月 5 日,由中国政法大学外国语学院与罗马尼亚布加勒斯特大学孔子学院等机构共同主办的"首届翻译与文化传播研讨会"以线上形式成功举办,该研讨会讨论了翻译对促进中华文化传播、提升中华文化软实力和增进中外了解的途径与意义。

2023 年 10 月 30 日,中国—中东欧国家高校联合会第八次会议和第二届中国—罗马尼亚大学校长论坛在罗马尼亚布拉索夫特来西瓦尼亚大学成功举办,来自 32 所中国高校和 16 所中东欧国家高校的 80 余名校领导及代表参加会议。其间，中国教育国际交流协会向罗马尼亚布拉索夫特来西瓦尼亚大学颁发了 2023 年度最佳合作伙伴奖。

2024 年 3 月，"基于《欧洲汉语能力标准》的欧洲中文教育标准体系构建"研讨会在罗马尼亚布加勒斯特大学孔子学院召开，来自 10 余个国家和地区的 50 余名汉学家及国际中文教学专家参加会议，共同探讨如何继续构建和完善欧洲的中文教育标准体系，以促进汉语作为二语教学学科的建设及欧洲的国际中文教育的可持续发展。

3. 学术讲座及文化活动

除了学术会议之外，由罗马尼亚高校、中国驻罗马尼亚大使馆举办的各种传播中国文化、内容丰富多彩的学术讲座也受到罗马尼亚人民的欢迎。

2022 年 6 月 22 日，布加勒斯特大学孔子学院为罗马尼亚大学生举办了主题为"中国文化采英"系列中华文化体验活动，包括趣味汉字比赛、汉服介绍讲座、茶文化讲座等，帮助罗马尼亚大学生深入了解中华文化，为中罗语言文化交流和民心相通创造机会。

2022 年 11 月 15 日，由中国驻罗马尼亚大使馆主办的"敦煌文化环球连线——走进罗马尼亚"线上专题讲座顺利进行，旅罗侨胞、罗籍汉学家、留学生代表等 100 多人同敦煌研究专家相聚云端，感受敦煌文化的独特魅力和了解丝绸之路的古老历史。

2023 年 11 月 20~24 日，布拉索夫特来西瓦尼亚大学孔子学院举办了"我和中国"中国文化周活动，吸引了包括学校师生在内的当地 200 余名民众参加，为罗马尼亚民众提供了一个深入了解中国文化和中国社会的机会，有利于促进跨文化交流对话，增进了中罗两国人民的相互了解和友谊。

2023 年 12 月 13 日，布加勒斯特中国文化中心举办"中国故事"系列讲座，来自罗马尼亚政界、学术界、教育界、商界、新闻界等人士，以及罗马尼亚 3 所学校的师生，共 100 余人出席。该讲座通过对汉字的解说、舞蹈表演、非物质文化遗产体验等具体活动，让参加者身临其境感受中国文化。

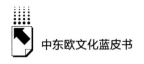

四　罗马尼亚中国文化传播的民间组织及交流活动

（一）民间组织

民间组织是罗中关系中非常具有活力的一部分，这些组织影响着罗马尼亚人民对中国的态度、看法乃至中国的国家形象，构成了罗中关系的社会基础。在罗马尼亚，传播中国文化的民间组织主要包括三种类型：第一种是友好组织，如中罗友好协会、罗中之家和中罗协会等；第二种是文化中心，包括北京罗马尼亚文化学院、伊爱州"尼古拉·米莱斯库"中国文化中心等；第三种是罗马尼亚中国工商会（欧盟中国商业协会成员）等商业性民间组织。此外，还有一些自媒体加入传播中华文化的行列。

其中，具有代表性的民间组织是罗中之家，作为罗马尼亚的一个民间机构，其拥有1000多名会员，在全国各地和布加勒斯特设有13个地方办事处，在中国主要城市拥有外交事务方面的专家、记者和代表。罗中之家组织举办了许多经济、教育和文化活动，诸如中国新年的年度晚会、阿拉德市的"中国文化与文明"国际研讨会、中国电影节、"水立方"歌曲比赛、亚洲音乐节、国际电影节等，这些活动将罗马尼亚人民和中国文化紧密联系起来。罗中之家每年举办各种中国特色活动，还发布六期的杂志。

（二）民间交流活动

中罗民间交流活动种类丰富，以电影节、音乐节及文化周等活动为主流。为庆祝中华人民共和国成立73周年暨中国和罗马尼亚建交73周年，由《欧洲时报》、罗中之家、罗马尼亚国家电影中心联合主办，罗马尼亚凤凰文旅承办的首届罗马尼亚中国电影节在首都布加勒斯特"联盟"影院举办开幕式。除布加勒斯特外，该电影节展映影片将在阿拉德和克卢日两个重要城市巡映，《十八洞村》《红海行动》等十部近年来新拍摄的中国电影将与当地观众见面。罗马尼亚著名演员 Dorel Vişan，罗中之家、孔子学院等机构代表，巴比什·波雅依大学孔子学院学生及公众参加了观影活动。

共度传统节日也是民间组织的重要活动项目之一，每年罗马尼亚首都布加勒斯特都会在端午节举行龙舟友谊赛。举办地点往往在罗马尼亚首都布加勒斯特北郊，罗马尼亚的庆祝中国传统节日活动在东欧国家中最为活跃，时常吸引数百名观众。在端午节期间，人们还积极参与包粽子、编中国结、书法、茶艺、折纸、脸谱化妆等活动。①

中国的不同地区也通过和罗马尼亚民间组织合作举办活动的方式来传播自己独特的文化魅力，如 2023 年辽宁省系列文化活动在罗马尼亚首都布加勒斯特举行，以"山海有情，天辽地宁"为主题的旅游周由罗马尼亚的中国文化中心和辽宁省文化和旅游厅共同主办，旨在通过独特的沉浸式文化体验，建立持久的文化联系，增进中罗之间的友谊。

图书展览在罗马尼亚也是一种非常常见且广受欢迎的活动。创办于1994 年的高迪亚姆斯国际图书展由罗马尼亚国家广播电台主办，是罗马尼亚规模最大的书展，也是中东欧地区具有较大影响的国际书展。除此之外，2023 年在罗马尼亚首都布加勒斯特成功举办的第三届 BUCHINA 书展，就专门设置了"发现中国活动丛书"板块，《我们如何爱上中国》《中国扶贫进展》《中国共产党的 100 个关键词》等书籍成为展会的亮点。

五 专注于中国文化研究的罗马尼亚汉学家及出版物

（一）罗马尼亚汉学家

早在中罗建交初期，中国和罗马尼亚互派留学生就极大地促进了两国间的文化交流，罗马尼亚也由此培养出第一代汉学家。历代罗马尼亚汉学家大多到中国学习和生活过很长一段时间，对中国文化有了深入的理解和认识。从西方到东方，他们承担着贯通中西思想的重任。罗马尼亚汉学家回到罗马

---

① 《罗马尼亚龙舟赛庆祝中国传统节日》，新华网，2023 年 6 月 19 日，https：//english. news. cn/20230619/c9cbf66b0de24b36840e56f6f7c82dfe/c. html。

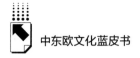

尼亚后发布的中国文化一系列研究成果,是中国文化在中东欧地区得以传播的关键。

1. 罗穆鲁斯·扬·布杜拉

罗穆鲁斯·扬·布杜拉的中文名为罗明,是罗马尼亚第一代汉学家中的佼佼者。他自 1950 年赴华留学起,先后在清华大学中国语文专修班和北京大学中国语言文学系就读,1956 年毕业后进入罗马尼亚外交部工作并担任高级中文翻译,1990 年成为第十一任罗马尼亚驻华大使。[①] 罗明在近半个多世纪的外交生涯中几乎为所有罗马尼亚主要领导人和中国的主要领导人做过翻译或陪同,亲身见证并参与构建了中罗友好关系。此外,他推动罗马尼亚教育部将汉语纳入大学入学外语考试科目之一,为中国更好地融入国际社会、走向世界舞台做出了重要贡献。

2. 安娜·布杜拉

安娜·布杜拉的中文名为萨安娜,是罗马尼亚著名的汉学家、中国近代史学家,享誉学界,素有"罗马尼亚汉学之母"之称,曾获第 11 届中华图书特殊贡献奖等卓越奖项。曾先后于罗马尼亚外交部、驻华大使馆和罗共中央历史与社会政治研究所任职,主要从事与中国文化、历史有关的研究工作。萨安娜潜心投身研究事业,自 1950 年赴华留学起,先后就读于清华大学预科班、北京大学历史系,1956 年起协助罗马尼亚驻华大使馆开展各项工作。在其半个多世纪的学术生涯中,萨安娜创作了多部介绍中国文化的相关专著,2015 年 9 月,国际儒学联合会授予萨安娜"国际儒学研究成就奖",以表彰其长期以来为传播中国文化、开展儒学研究、促进不同文明的沟通和中罗关系发展做出的突出贡献。

3. 伊丽亚娜·霍加·韦利什库

伊丽亚娜·霍加·韦利什库的中文名为杨玲,是罗马尼亚第四批留华学生,从 1955 年 9 月至 1962 年 6 月,在北京大学留学生专修班和中文系学习

---

① 《访罗马尼亚前驻华大使罗明》,北京大学国际关系学院网站,2013 年 8 月 30 日,https://www. sis. pku. edu. cn/teachers/kongfanjun/kongfanjun_ doc/1310890. htm。

长达七年，受到了严格、系统的汉语言文学专业教育。1962 年，杨玲回到罗马尼亚，开始在布加勒斯特大学任教。她将复杂的汉语和迥异的中国文化以罗马尼亚汉语学习者更能适应的方式呈现，以本土化为首要原则指引罗马尼亚汉语教材编写。其中，包括《中国古代文学作品选》（1972）、《中国戏剧艺术的形成与流变》（1983）、《古汉语：词法、句法、词汇》（1984）等专业教材。除此之外，杨玲还对中国文学作品翻译有深入研究，她与诗人、小说家和翻译家伊夫·马丁诺维奇合作，翻译出版了屈原的《楚辞》（1974）和中国古典名著《红楼梦》（1975）等中国文学巨作，并且编纂了第一部中国文学辞书《中国古代和近代文学词典》（1983）。

4. 弗洛伦蒂娜·维珊

弗洛伦蒂娜·维珊是罗马尼亚第二代汉学家代表性人物之一。著有《汉语语法、句法与形态学》《儒学讲义》等专门领域的研究书目。维珊教授不仅关注了中国古典诗集的翻译，出版了《中国古典诗歌选集》《论语》等译著，还对中国当代文学作品和欧洲汉学作品有深入研究，2014 年翻译了莫言的《蛙》，2018 年翻译了阿城的《棋王》，还翻译了法语版的《中国哲学》。曾于 2013 年获得汉语推广特别奖，于核心期刊发表与汉语教育和中文翻译相关的论文 20 余篇。

5. 鲁米尼塔·巴兰

鲁米尼塔·巴兰的中文名为白罗米，是罗马尼亚第三代汉学家的代表。白罗米自幼时起便与汉语结缘，20 世纪 70 年代初罗马尼亚政府设立汉语试点教学，其所在的小学开设了中文课程。其于 1987 年从罗马尼亚布加勒斯特大学汉语系毕业，于 1997 年在北京大学获得博士学位，现任职于布加勒斯特大学汉语系，是布加勒斯特大学孔子学院的外方校长。白罗米教授翻译出版了莫言的小说《天堂蒜薹之歌》《酒国》和中短篇小说《怀抱鲜花的女人》《有一匹倒挂在杏树上的狼》，余华的《许三观卖血记》，以及阿城的《树王》《孩子王》等诸多作品，于 2018 年获得了第 12 届中华图书特殊贡献奖。

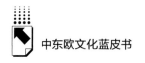

（二）罗马尼亚传播中国文化的出版物

自从尼古拉斯·帕塔鲁尔·迈莱斯库来华，将中国文化带入罗马尼亚，中国文化和文学通过书籍开始陆续传入罗马尼亚，书籍作为罗中两国交流的桥梁，在两国关系的各个历史时期中都发挥了不可或缺的作用。

1. 不同时期罗马尼亚的中国出版物情况

17世纪末，作为一名罗马尼亚旅行家，尼古拉斯·帕塔鲁尔·迈莱斯库根据自己的经历写出了一部脍炙人口的著作《中国漫记》，《中国漫记》全书共58章，其中前20章简要介绍了伟大的"中华帝国"，包括历史、领土、通往中国的陆路和海路、宗教、种族特征、科学文化、婚礼等。从第21章到第58章，则介绍了当时的15个省份，以及重要的城市。这本《中国漫记》引起了整个欧洲的政治界、科学界和学术界的兴趣，并因被视为了解中国知识的主要来源而大量流传，对欧洲了解中国产生了至关重要的影响。尼古拉斯·帕塔鲁尔·迈莱斯库因此成为最早向西方介绍中国的欧洲使者之一，被认为是罗马尼亚与中国关系的先驱。[①]

尽管罗马尼亚学者和民众对这个神秘的亚洲国家的表现充满了好奇，但1952年和1958年，每年最多仅出版6本与中国有关的书籍，研究者认为，出版物数量极少是受到罗马尼亚和中国的政治和金融环境的影响。到了罗马尼亚社会主义时期（1965～1989年），平均每年出版44本书籍，包括中文原著和译本：中国语言学、中国文学翻译（主要是小说）、中国政治、文化和公民方面的书籍，以及国家、历史和中国哲学。1968～1978年被认为是中罗关系在多个层面上的历史顶峰，1958年是1950～1965年每年出版作品数量中最多的年份，深化了两国之间的友谊。其中，绝大多数是中国文学、诗歌和小说作品，但也有一些有关中国文化和文明的政治作品。这一时期，罗马尼亚是中国最好的国际伙伴之一。

---

① Li, C., "The First Reception of Chinese Literature and Culture in Romania," *Management of Sustainable Development* 2（2016）.

2007 年后，罗马尼亚作为北约和欧盟成员国，在中欧战略伙伴关系的基础上，与中国的合作继续保持温和上升的趋势，并在此基础上两国签署了多项合作协议。罗中对出版活动影响最大的协议之一是《2013—2016 年文化合作计划》，该计划随后延长至 2022 年，该计划明确支持国家图书馆之间的合作、图书和出版物的交流以及中国和罗马尼亚主要出版商之间的直接联系，以自由市场需求替代国家部门，不仅导致国内图书产量显著增长，而且外国图书翻译也随之大幅增长。① 其数量有所增加，尤其是所涉及主题的多样性，主要包括中国历史、旅游、中医、文学和电影等。

2. 萨安娜教授的中国文学创作

罗马尼亚的中国文学作品绝大多数是翻译作品，创造性的文学作品只占一小部分，其中萨安娜教授的创作是罗马尼亚汉学研究发展进程中不可多得的瑰宝，她根据自身经历以及对中国历史文化的深入研究创作了众多脍炙人口的佳作，令罗马尼亚读者宛如身临其境地感受到中国文化的魅力。

萨安娜教授是中国历史研究领域获得博士学位的第一位罗马尼亚人，其《中国人民的抗日战争（1931—1945）》（*Lupta de rezistență a poporului chinez, 1931-1945*）由 Top Form 出版社出版，是罗马尼亚国内对中国抗日战争研究最为系统和深入的专书。1999 年，她的《象征的国度：从孔子到毛泽东》（*Țara simbolurilor. De la Confucius la Mao Zedong*）一书由派地亚出版社出版，该书对中国历史进程产生重要影响的人物进行了详细介绍，展示了他们历史性的丰功伟绩。萨安娜教授的《神州》（*Tărâmul zeilor*）出版于 2008 年，收录文章 40 余篇，反映了作者 1990 年再次来华后对中国文化的新发现和深切感悟。同年出版的《中国外交——历史和精神根源》（*Diplomația chineză. Premise istorice și spirituale*）以中国对外关系史为研究主线，在从多重视角梳理了中华民族对外交往的历史脉络的基础上，介绍了中国各个历史时期与外部世界的接触和采取的政策。2011 年，萨安娜教授专

---

① Gîță, C., Blaga, I. E. L., Chinese Literature in Romania, Social Credit System China-Spain Relations during the Transition Period（1976-1982）The Past：82.

注于介绍中国茶历史、茶礼仪、茶风俗的《中国茶文化》(*Povestea ceaiului*)由派地亚出版社出版。2014 年,安娜·布杜拉的《中国历史人物传》(*China—vieţi în vâltoarea istoriei*)选择性收录了作者从 20 世纪 70 年代末至 2013 年撰写的文章,共 24 篇,其中大部分曾在《历史杂志》上发表并收录于作者的其他书籍。[①]

六 罗马尼亚中国文化研究的发展对策

中罗同为新兴经济体,尽管相距遥远,但建交 70 多年来,两国人民通过文化交流架起的沟通桥梁从未被阻断,不仅增进了两国之间的相互了解和友好往来,扩大和巩固了两国在文化、教育等领域的交流合作,也让两国人民树立了不同文明相互借鉴的理念。罗马尼亚向东寻求合作,中国向西扩大开放,当中罗两国相向而行、双向奔赴时,对促进中东欧地区乃至中国和欧洲经济发展具有重大意义。在新时期中罗各项活动交流频繁、文化交互不断增强的情况下,中国文化在罗马尼亚的传播途径、发展业态、塑造品牌等方面仍然有巨大的进步空间,需要两国在政府互信互利、互惠共赢的基础上紧密合作,为中国文化传播与推广提供更加健康的可持续发展环境。

创新中国文化在罗马尼亚的传播途径。要想向罗马尼亚展示真实、立体、全面的中国,创新中国文化的传播途径是关键举措。目前,中国文化在罗马尼亚传播的主要途径包括举办中国文化节、欢乐春节、锡比乌国际戏剧节中国季、美丽中国图片展等活动。在未来的发展中,相较于观众参观欣赏式的活动,可以适当提高动手体验式活动的比例。动手体验式活动具有互动性强、体验度高等特征,能够较快地拉近体验观众与中国文化之间的距离,在体验中感受,往往更能帮助观众体会中国文化的内涵、精髓,了解中国文化的审美追求,传播中国文化的价值观念。

革新中国文化在罗马尼亚推广的业态。近年来,随着人工智能、虚拟现

---

① 丁超:《罗马尼亚汉学家萨安娜对中国历史文化的研究》,《国际汉学》2021 年第 2 期。

实等数字技术的迅速发展,中国文化推广新业态、新场景也应运而生,依托数字赋能和艺术设计给中国文化海外传播带来新体验,是推动中国文化产业"走出去"的关键举措。长期以来,在罗马尼亚的中国文化推广以传统文化产业为主,在数字产业化和产业数字化发展的趋势下,应当强化新媒体的主导作用,挖掘中国文化中最具代表性的图像、声音、标志作为文化符号,使其得到最具有效性、直接性和广泛性的呈现,让更具竞争力、更富创造力、更能体现中国文化特色的产品和服务在罗马尼亚落地生根。

强化中国文化在罗马尼亚交流的品牌。文化产品是文化的重要载体和表现形式。加快培育优质文化产品,持续打造中华文化品牌,是焕发中国文化生机活力、提升中国文化影响力的必然要求。强化更多具有连续性及创新性的文化品牌产品对增强中国文化在罗马尼亚传播的深远性和持久性有重要意义。除了目前在罗马尼亚比较有影响力的国际研讨会、中文比赛以及常用的电影、音乐、图片等艺术载体之外,饮食、服饰、时尚产品等亦可作为展现中国文化的独特魅力与时代风采的文化品牌载体,打造中国文化本土化表达的新形式。由此培养中国文化品牌的核心竞争力,让中国文化中具有中国特色、世界意义的文化精髓"走遍"罗马尼亚,展现出独特的魅力与风采。

B.11

塞尔维亚的中国文化研究报告

马曼露*

摘　要： 中国与塞尔维亚两国间的文化交流源远流长，近年来随着两国关系的不断加强，塞尔维亚对中国文化的研究也日益深入。本报告首先追溯了塞尔维亚早期的中国文化研究基础，包括主要成果、研究阵地以及著名的奠基学者。其次详细梳理了塞尔维亚在中国文化研究方面的重要机构，包括学术研究机构、中文教学点、官方文化机构及民间文化组织，以及知名汉学家，并回顾了近五年的中国文化研究成果，从而较全面地考察了当前塞尔维亚中国文化研究的现状。最后，本报告认为目前塞尔维亚存在中国文化研究力量薄弱、学术研究深度不足、中文教学成效有限等问题。为解决这些问题，两国政府应加大对中国文化研究人才的培养力度，扶持中国经典古籍译介以及中国文化的学术研究工作。通过数字化技术、举办更多的文化活动，以及促进两国文化产业领域的企业合作，更好地促进中塞之间的文化互鉴，加深两国之间的民心相通。

关键词： 塞尔维亚　中国文化　汉学

引　言

　　中国文化在塞尔维亚的传播已有近300年的历史，然而一直到1980年后因中国和前南斯拉夫社会主义联邦共和国（以下简称"南联邦"）关系逐步

---

　　* 马曼露，广东外语外贸大学区域国别学院（国际关系研究院）塞尔维亚语专业讲师，主要研究方向为巴尔干区域国别研究。

正常化，两国文化交流在政治外交的保障下才出现第一个高潮，彼时塞尔维亚学者对于中国的研究涵盖多个领域，数量可观，质量也可圈可点，逐步从"游记汉学"向"专业汉学"过渡。[①] 20 世纪 90 年代，随着南联邦的解体，方兴未艾的中南文化交流也被中断，塞尔维亚文化出版产业也经历了深刻的转型。而中国进入经济高速发展时期，中国文化在塞尔维亚的传播也在"一带一路"倡议背景下，特别是 2014 年以后有了质的飞跃。在这一年，塞尔维亚承办了第三次中国—中东欧国家领导人峰会，同年中国作为主宾国亮相第 59 届贝尔格莱德国际书展，继而贝尔格莱德中国文化中心在新贝尔格莱德落成揭幕，这些事件都成为两国政治文化关系中的里程碑。

一　塞尔维亚的中国文化研究基础

塞尔维亚早期中国文化研究的主要成果多为中华典籍的译介和各类游记[②]，很多中华典籍[③]通过欧洲其他语言文本转译为塞尔维亚语，翻译质量参差不齐，尤其是古典诗歌翻译。作为其中数量可观的一类，早期出自作家、学者、政治家或记者之手的文学游记成为研究现当代中国的珍贵原始资料[④]，为塞尔维亚读者描绘了不同历史时期的中国。

20 世纪 80 年代中期，中国文化研究有了自己的阵地，那时的塞尔维亚儿童报出版社创办了当时南斯拉夫第一份东方学研究杂志《东方文化》(*Kulture istoka*)，涵盖了中国哲学、宗教、文学、民俗文化等领域的学术研究成果。[⑤]

---

① 该时期不少中华典籍如《道德经》《孙子兵法》《论语》《大学》《中庸》《易经》等被译介出版。金晓蕾：《"后南斯拉夫时代"中国文化在塞尔维亚的传播》，《中华文化与传播研究》2022 年第 2 期。

② 彼时已有《论语》和《道德经》等中华典籍的节译本。

③ 这些中华典籍包括《孙子兵法》，由英国汉学家翟林奈的译本于 1952 年转译为塞尔维亚语；《水浒传》，由 J. 波波维奇于 1937 年从德文转译；《红楼梦》，由Ð. 佩阳诺维奇于 1952 年从德文转译；《金瓶梅》，由 M. 波波维奇于 1962 年从英文转译等。

④ 其中包括塞尔维亚诺贝尔文学奖得主安德里奇在 20 世纪 50 年代写的《访华手记》(*Putopis o Kini*)。

⑤ 金晓蕾：《塞尔维亚汉学史研究》，《国际汉学》2023 年第 3 期。

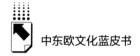
据统计，该杂志先后策划了 10 多个与汉学研究直接相关的专题，包括道教、禅宗、中医、武术等，刊发了 80 余篇相关的学术文章，其中塞尔维亚学者的原创文章有 30 余篇①。当时，该杂志刊发文章的数量和质量在塞尔维亚研究中国文化发展史上留下了浓墨重彩的一笔，其影响力和地位在塞尔维亚至今没有一份同类杂志能够超越。

随后贝尔格莱德大学开设的中文专业开始培养拥有较高专业水平的中青年汉学家，助力塞尔维亚的汉学研究逐步走向学科化和专业化。塞尔维亚第一位真正意义上的汉学家是学者德扬·拉兹奇②，他是塞尔维亚中文教育的发起人，也是推动塞尔维亚汉学研究学科化发展的奠基人。③ 但拉兹奇教授遗憾早逝，其博士生贝尔格莱德大学的普西奇教授担负起建设中文专业的重任，继而成为塞尔维亚当代汉学研究的领军人物。另一位不得不提到的塞尔维亚著名东方学学者是贝尔格莱德艺术大学教授杜尚·帕引，他作为《东方文化》杂志的创办人之一，以及该杂志任期最长的主编，在推介中国文化方面贡献颇多。

二　塞尔维亚的中国文化研究现状

2014 年以后，在"一带一路"倡议背景下，中国文化研究在塞尔维亚有了质的飞跃，并开始蓬勃发展。后文从重要机构、知名汉学家以及近五年的中国文化研究成果三个方面考察塞尔维亚的中国文化研究现状。

（一）重要机构

1.学术研究机构

贝尔格莱德大学语言学院东方学系是巴尔干地区第一个在大学里从事

---

① 据塞尔维亚国家图书馆提供的资料，在创办该杂志前塞尔维亚所有学术刊物上发表的同类文章才 10 篇左右。
② 汉学家、日本学家、文学理论家、翻译家。
③ 金晓蕾：《塞尔维亚汉学史研究》，《国际汉学》2023 年第 3 期。

东方研究，也是该地区教授汉语历史最悠久的系之一，它成立于 1926 年，该系自 1974 年开始设立中国语言文学文化讲席。一开始汉语只作为一门选修课，直到 1985 年在中国对外汉语界著名学者刘珣的帮助下成立了中国语言文学专业，开始了四年中文本科的培养，而后 1994 年开始招收现代汉语和现代文学方向的硕士研究生，① 现在贝尔格莱德大学东方学系是塞尔维亚国内培养本硕博人才的唯一基地。

中文专业目前聘有 1 名教授，2 名副教授，2 名助理教授，2 名高级讲师，还有 2 名外教。每两年，来自中国大学的教授会轮流担任客座讲师，每年中文专业高年级 3~5 名学生可以获得中国政府提供的为期一年的奖学金到中国大学交换学习。② 东方学系还建设了日汉文献图书馆，目前拥有丰富的专著以及系列出版物，包括词典、百科全书等。

另外，贝尔格莱德大学哲学院设立中国研究中心，该中心与中国西北大学合作，主要研究中国历史，即中国文化、社会、制度、哲学和建筑的历史。③

2. 中文教学点

塞尔维亚共有 5 所大学（3 所公立大学、2 所私立大学）开设中文课程，它们分别是贝尔格莱德大学、诺维萨德大学、尼什大学、麦加特伦德大学④、辛吉杜努姆大学。除贝尔格莱德大学外，其他大学基本依托与中国大学共建的孔子学院开设中文课程。

21 世纪初，塞尔维亚的汉语教育从首都向全国其他地方开始推广，同时从高等教育向基础教育普及。1995 年，第一所开设汉语课程的中学是贝

---

① 易树：《塞尔维亚汉语文化教学现状研究——以塞尔维亚梅加特伦德大学为例》，硕士学位论文，重庆大学，2015。

② "Историјат"，贝尔格莱德大学语言学院官网，https：//www.fil.bg.ac.rs/sr/katedre/orijenta listika/kineski-jezik-knjizevnost-kultura#istorijat，最后访问时间：2024 年 3 月 20 日。

③ 《中国研究中心》，贝尔格莱德大学哲学院网站，https：//www.f.bg.ac.rs/sr-lat/instituti/centar_za_kineske_studije#，最后访问时间：2024 年 7 月 14 日。

④ 麦加特伦德大学的"中国中心"成立于 2012 年，受到中国驻塞尔维亚大使馆文化处支持，旨在促进中塞两国在学术、文化、政治和经济等方面的合作与交流。

尔格莱德高级语言中学；2010 年，塞尔维亚国内历史最悠久的卡尔洛夫齐语言高中开始开设汉语课程。① 2011 年，随着塞尔维亚教育部出台《塞尔维亚中小学开设汉语教学的试点方案》，"汉语热"浪潮开始在全国兴起。次年，《塞尔维亚共和国中小学开设汉语课试点合作备忘录》被签署，各中小学可以根据自身教育发展提出申请，通过的学校由中国国家汉办派遣汉语教师，塞尔维亚教育部给予一定的资金支持开设汉语课程，目前已有上百位汉语教师赴塞尔维亚 8 个城市的几十所中小学②开展汉语教学。③ 截至 2018 年 3 月，塞尔维亚共有 66 所中小学开设汉语课程，④ 汉语课程的性质是兴趣班，不纳入国民教育系统，不属于选修课，也不计入学分。还有几所幼儿园也开设了汉语课程。⑤ 另外，当地一所文化机构"东方之家"⑥ 也开设了汉语课程。以官方为主、以民间为辅的汉语及中国文化教授模式涵盖了各个年龄段人群，为塞尔维亚当地居民和学生提供了学习汉语和感受中国文化的窗口。

中国国家汉办公派教师和志愿者成为塞尔维亚中小学汉语教学师资的主要构成人员，他们大多数是国内汉语国际教育、对外汉语和汉语言文学等专业的研究生，也包括塞尔维亚语专业的海外志愿者。⑦ 至于幼儿园阶段，由于孩子只能用母语学习，因此汉语课程只由本地的中文教师教授。⑧

---

① 《卡尔洛夫齐语言高中开设汉语课程》，中华人民共和国驻塞尔维亚共和国大使馆网站，2010 年 11 月 3 日，http：//rs.china-embassy.gov.cn/srp/zsgx/whjy/201011/t20101110_ 3370610.htm。
② 除前文一些中小学，还有贝尔格莱德第十二中学、弗拉迪斯拉夫·佩特科维奇小学等。
③ 李思敏：《塞尔维亚汉语语言教学与文化传播研究》，硕士学位论文，天津大学，2020。
④ 金越娇：《塞尔维亚贝尔格莱德市小学汉语教学情况调查》，硕士学位论文，黑龙江大学，2018。
⑤ 韩佳彤：《塞尔维亚克尼亚热瓦茨镇中小学汉语教学现状调查》，硕士学位论文，吉林大学，2016。
⑥ 该组织是一个向塞尔维亚传播中国文化的非营利性公益组织，创立于 1989 年，由前南斯拉夫国内研究东亚问题、热爱中国文化的学者、外交官、有贸易往来的商人和其他对东亚问题有兴趣的人士组成。
⑦ 杨倩：《塞尔维亚中小学汉语教学概况》，硕士学位论文，西安外国语大学，2016。
⑧ JOVANOVIĆ, Ana M., "Teaching Chinese at the University Level in Serbia: Examples of Good Practices and Possibilities for Further Developments," *Acta Linguistica Asiatica* 1 (2018).

3. 官方文化机构

目前，塞尔维亚共有 3 所孔子学院，即贝尔格莱德大学孔子学院、诺维萨德大学孔子学院和尼什大学孔子学院。贝尔格莱德大学孔子学院是中国传媒大学与国外大学合作开办的第一所孔子学院，于 2009 年成立。贝尔格莱德大学孔子学院除教授贝尔格莱德大学语言学院和其他学院学生汉语与中国文化外，还面向社会开展中国文化推广活动。此外，孔子学院设立了面向社会的中塞友好协会，许多政府要员、著名艺术家、运动员等都是该协会的会员。[①]

2014 年 5 月，诺维萨德大学孔子学院在中国驻塞尔维亚大使馆和中国国家汉办的倡议下创建，该孔子学院设立在诺维萨德大学哲学院内，中方合作学校是浙江农林大学。除开设了 A1 至 B2 的汉语课程，该孔子学院还开设了商务汉语、中国书法、国画、茶文化、太极拳、剪纸和中国传统歌舞等课程。[②] 目前，诺维萨德大学孔子学院在贝尔格莱德、诺维萨德的中小学已经开设 16 个汉语教学点，在卡尔洛夫齐语言高中设立了孔子课堂。已为 1000 余名学员提供汉语和中国文化技能培训，并成功地将汉语课程纳入诺维萨德大学的学分课程。此外，诺维萨德大学孔子学院还成功举办了包括"'一带一路'中国与塞尔维亚合作展望'国际论坛"，进一步提升了知名度和影响力。2017年 9 月，诺维萨德大学举办"第五届中国—中东欧国家教育政策对话"和"中国—中东欧国家高校联合会第四次会议"。诺维萨德大学孔子学院充分利用这一契机，增译诺维萨德大学网站中文版，帮助翻译会议资料，加大中外教育宣传力度，使塞尔维亚的汉语推广和中国文化传播迈上一个新台阶。[③]

[①] 《塞尔维亚贝尔格莱德孔子学院简介》，中国传媒大学国际交流与合作处网站，2020 年 4 月 21 日，https：//international. cuc. edu. cn/2020/0421/c3122a169666/page. htm? ivk_ sa = 1024320u。

[②] 除了哲学院的课程外，该孔子学院还在与其签署合作协议的合作机构开设课程，这些学校有"想象力园地"幼儿园、"乔尔杰·纳托舍维奇"小学、"裴多菲·山多尔"小学、"卡尔洛夫齐"语言高中、"斯维托扎尔·马尔科维奇"高中、"伊西多拉·塞库利奇"高中、"约万·约万诺维奇·兹马伊"高中、沙巴茨语言高中、普力马国际学校、诺维萨德市图书馆，同时在卡尔洛夫齐语言高中设立第一所孔子课堂。该孔子学院还与诺维萨德"老虎"武术俱乐部、麦加特伦德大学中国中心和中塞文化交流协会保持良好的交流和合作。

[③] 《诺维萨德大学孔子学院》，浙江农林大学国际合作与交流办公室网站，2019 年 5 月 20日，https：//wsc. zafu. edu. cn/info/1041/1174. htm。

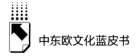

2023 年 9 月 27 日，尼什大学与江苏大学共建的塞尔维亚尼什大学孔子学院揭牌成立，① 成为塞尔维亚国内第三所孔子学院。

贝尔格莱德中国文化中心于 2020 年建成，它是巴尔干地区第一个，也是欧洲最大的一个中国文化中心，② 旨在成为深化塞尔维亚和中国之间文化与经济合作的重要平台。值得注意的是，现在的贝尔格莱德中国文化中心是在 1999 年中国驻前南联盟被炸使馆旧址上建立的。该文化中心的空间占据建筑的两层，面积近 6000 平方米。内部设有多功能厅、旅游推广厅、图书馆等大厅以及舞蹈、绘画、烹饪、茶艺、武术、乐器等教室。

2023 年 5 月 19 日，塞尔维亚教育部国务秘书伊维察·拉多维奇与中国驻塞尔维亚大使馆文化参赞徐鸿共同为鲁班工坊揭牌。塞尔维亚鲁班工坊由中国浙江旅游职业学院和塞尔维亚贝尔格莱德应用技术学院等单位合作设立，该工坊不仅提供以学历教育为主的课程，还为塞方中餐馆从业人员提供中式菜肴研发、制作和餐饮服务等职业培训。③

4. 民间文化组织

塞尔维亚民间也有一些中国文化爱好者自发成立的组织，如"东方之家"、诺维萨德"老虎"武术俱乐部④、塞尔维亚气功协会、中塞文化交流协会和麦加特伦德大学汉学俱乐部⑤等。

---

① 《我校与塞尔维亚尼什大学共建孔子学院正式授牌》，江苏大学网站，2023 年 9 月 28 日，https：//www.ujs.edu.cn/info/1062/174862.htm。

② 《中国文化中心在贝尔格莱德开幕：巴尔干地区第一个、欧洲最大之一》，B92 新闻网站，2021 年 5 月 10 日，https：//www.b92.net/biz/vesti/srbija/u-beogradu-nikao-kineski-kulturni-centar-prvi-na-balkanu-i-jedan-od-najvecih-u-evropi-foto-1855087？nav_id=1855087。

③ 《塞尔维亚鲁班工坊揭牌》，新华网，2023 年 5 月 20 日，http：//www.news.cn/2023-05/20/c_1129631954.htm；《中塞不断深化旅游合作》，人民网，2023 年 6 月 18 日，http：//zj.people.com.cn/BIG5/n2/2023/0618/c186327-40461293.html。

④ 该组织成立于 2009 年，目前开设功夫（包括散打、擒拿和南拳）、太极以及气功课程。诺维萨德"老虎"武术俱乐部网站，https：//wushuworld.info/wushu-klub-laohu-novi-sad，最后访问时间：2024 年 3 月 20 日。

⑤ 该俱乐部于 2014 年 11 月 15 日成立，目标是将各个专业背景的汉学家聚集在一起，提供有关中国的资讯、举办会议，推动与中国和塞尔维亚相关的信息交流。

（二）知名汉学家

目前，塞尔维亚最知名，也最具代表性的汉学家是拉多萨夫·普西奇教授。他于1985年毕业于贝尔格莱德大学哲学院哲学专业，其间他在贝尔格莱德大学语言学院选修汉语课程。毕业后，他先后在现在的北京语言大学和南京大学进修中文和中国古代哲学，并于1999~2001年先后拿到贝尔格莱德大学哲学院哲学专业硕士学位和博士学位。2003年6~8月，他作为访问研究员在南京大学和复旦大学工作，并于1998年开始在贝尔格莱德大学语言学院任教直到2012年被聘为教授。他先后讲授中国哲学史、中国宗教史、先秦哲学、道教研究、儒教研究、中国佛教研究、易学研究等专题。① 2006年，他当选贝尔格莱德大学孔子学院院长。

普西奇教授长期从事哲学研究工作以及文学和文本的翻译工作，研究领域涵盖中国哲学、中国宗教、中国历史、中国艺术、汉语和中国文学。他著作等身，至今已出版7部汉学研究专著，发表论文百余篇，在翻译了7部中国古典哲学和现当代文学作品的同时，创作了17部个人诗集。② 教研方面，普西奇教授主持编写的塞尔维亚第一套大学汉语教材《汉语教程》（1~4册），为塞尔维亚高等汉语教育的建设和发展奠定了重要基础。在出任贝尔格莱德大学孔子学院院长后，他更加努力致力于中国文化的推介工作，并于2009年创办了塞尔维亚第一份，也是至今唯一一份汉学期刊《贝尔格莱德孔子学院年刊》，该期刊每年出版一次，分两期，刊物开辟了"中国与世界""中国与塞尔维亚""中国作家文萃"等文化交流栏目，并于2016年被塞尔维亚教育部科学评审委员会列为学术期刊。③

① 金晓蕾：《塞尔维亚汉学史研究》，《国际汉学》2023年第3期。
② 普西奇教授的代表作有《婴儿与水：中国先秦哲学故事》（*Dete i voda：priča o filozofiji stare Kine*）、《太阳鸟：中国文明史精要》（*Ptica u suncu：osvovi kineske civilizacije*）、《文心雕龙：中国社会文化史》（*Zmaj izvajan u srcu pisma：ogledi iz drutvene i kulturne istorije Kine*）、《禅宗及其对中国艺术的影响》（*Uticaj zen budizma na kinesku umetnost*）、《爱之道——早期道教房中术研究》（*Dao ljubavi*）等。
③ 《年鉴》，贝尔格莱德大学孔子学院官网，https：//konfucije.fil.bg.ac.rs/wp/almanah-2/，最后访问时间：2024年3月20日。

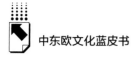
另一位不得不提到的研究东方艺术、哲学、文化的塞尔维亚哲学家、美学家是贝尔格莱德艺术大学教授杜尚·帕引，他同时研究中国的哲学、艺术和文化，著有《中国和日本的艺术哲学》① 《中国古典画美学》② 等，还参与编纂了《道教词典》③。

（三）近五年的中国文化研究成果

通过在塞尔维亚国家图书馆 COBISS 数据库以 "Kina"④ 为关键词进行搜索，以 "2020~2024 年" 为标准经过二次筛选，符合与 "中国" 相关的学位论文共 16 篇，包括本科论文 13 篇、博士论文 3 篇，与 "中国文化" 相关的论文共 2 篇，其中 1 篇是研究中国文化遗产和旅游发展⑤的本科论文，另 1 篇是探讨中国河南省少林寺武术文化意义⑥的博士论文。论文集共 10 本，其中与 "中国文化" 相关的有 2 本，一本是海外汉学家参与中国抗击新冠疫情的实录，⑦ 另一本是社会科学文献出版社出版的关于中国 70 年发展以及人类命运共同体建设的集册，⑧ 两本论文集均以英文出版。

图书类别中有两本专著被译为塞尔维亚语，分别是《儒、释、道、基督教与中国文化》⑨ 和《古中国的二十四小时》⑩；小说共 15 部，除中国外

---

① Пајин，Душан，*Filozofija umetnosti Kine i Japana*：［*druga zemlja drugo nebo*］（BMG，1998），p. 391.

② Пајин，Душан，и Dušan Pajin，"Естетика класичног кинеског сликарства," *Kultura* 161（2018）.

③ Pajin，Dušan，и остали，*Put zmaja*：*rečnik taoizma*（Draganić，2004），p. 236.

④ 塞尔维亚语，"中国"。

⑤ Симоновић，Теодора，и Teodora Simonović，*Културно наслеђе и развој туризма Народне Републике Кине*：*дипломски рад*，［Т. Симоновић］，2020.

⑥ Нешковић，Марта，и Marta Neškovi ć，*Антрополошка анализа борилачких вештина у манастиру Шаолин на почетку XXI века*：*докторска дисертација*，［М. Нешковић］，2021.

⑦ *We Share the Same Moon*：*A Faithful Record of Sinologists Fighting COVID – 19 with China*（Flieder-Verlag，2020），p. 195.

⑧ *China's 70-Year Development and the Construction of the Community with a Shared Future for Mankind*，Vol. 1-2，Vol. 8，Social Sciences Academic Press，2021，p. 521，p. 11，pp. 525-1082.

⑨ Tang，Yijie，и Јиђије Танг，*Konfu čijanizam*，*budizam*，*daoizam*，*hriš ćanstvo i kineska kultura*，Драслар，2020.

⑩ Zhuang，Yijie，и Јиђије Цуанг，*24 sata u staroj Kini*：*jedan dan iz života tamošnjih stanovnika*，Laguna，2021.

文出版社出版的英文版中国四大名著之二的《三国演义》（第一卷至第四卷）①、《水浒传》（第一卷至第四卷）② 以及《用英语演中国故事》③，值得关注的是以塞尔维亚语出版的《我的中国》④、《中国 I》⑤、《中国 II》⑥ 和《来自遥远东方的体验》⑦。《我的中国》是塞尔维亚作者的一部自传体作品，也是一部游记；《中国 I》《中国 II》是英国作者以 19 世纪的中国历史为背景的小说；《来自遥远东方的体验》是一部游记。还有 4 部以中文出版的小说，分别是《觉醒年代》上⑧、《觉醒年代》下⑨，《心灵之镜：张振中小说选集》⑩ 以及《锦绣》⑪。

诗集共 4 部，分别是《你是人间的四月天》（林徽因诗集）（以中文、英文出版）⑫、《新时代诗词集萃》（以中文出版）⑬、《二重奏》（以塞文、中文、

---

① Luo, Guanzhong, and Гуанжонг Луо, *Three Kingdoms*：［*Classic Novel in Four Volumes*］, *Vol. 1* (Foreign Languages Press, 2021), p. 6、20、595；Luo, Guanzhong, and Гуанжонг Луо, *Three Kingdoms*：［*Classic Novel in Four Volumes*］, *Vol. 2* (Foreign Languages Press, 2021), p. 4, pp. 597–1152；Luo, Guanzhong, and Гуанжонг Луо, *Three Kingdoms*：［*Classic Novel in Four Volumes*］, *Vol. 3* (Foreign Languages Press, 2021), p. 5, pp. 1153–722；Luo, Guanzhong, and Гуанжонг Луо, *Three Kingdoms*：［*Classic Novel in Four Volumes*］, *Vol. 4* (Foreign Languages Press, 2021), p. 5, pp. 1723–2340.

② Shi, Nai'an, и остали, *Outlaws of the Marsh*：［*Classic Novel in Four Volumes*］, *Vol. 1* (Foreign Languages Press, 2021), p. 17、538；Shi, Nai'an, и остали, *Outlaws of the Marsh*：［*Classic Novel in Four Volumes*］, *Vol. 2* (Foreign Languages Press, 2021), pp. 539–1072；Shi, Nai'an, и остали, *Outlaws of the Marsh*：［*Classic Novel in Four Volumes*］, *Vol. 3* (Foreign Languages Press, 2021), pp. 1073–603；Shi, Nai'an, и остали, *Outlaws of the Marsh*：［*Classic Novel in Four Volumes*］, *Vol. 4* (Foreign Languages Press, 2021), pp. 1605–2149.

③ *Stories of China Performed in English* (Foreign Languages Press, 2020), p. 260.

④ Арсић, Ненад М., и Nenad M. Arsić, *Moja Кина* (Чигоја штампа, 2022), p. 229.

⑤ Rutherfurd, Edward, и Едвард Радерфурд, *Kina. Tom 1* (Laguna, 2022), p. 503.

⑥ Rutherfurd, Edward, и Едвард Радерфурд, *Kina. Tom 2* (Laguna, 2022), p. 462.

⑦ Lana, Bel Veider, и Лана Бел Веидер. *Dogodovštine sa Dalekog Istoka* (Društvo za afirmaciju kulture Presing, 2023), p. 187.

⑧ 龙平平：《觉醒年代》上，安徽人民出版社，2022。

⑨ 龙平平：《觉醒年代》下，安徽人民出版社，2022。

⑩ 张振中：《心灵之镜：张振中小说选集》，华龄出版社，2020。

⑪ 李铁：《锦绣》，春风文艺出版社，2021。

⑫ 林徽因：《你是人间的四月天》，外文出版社，2021。

⑬ 田淑伍主编《新时代诗词集萃》，团结出版社，2020。

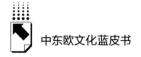

英文、世界语出版)① 和《曹操集》(以中文出版);传记类有《宋武帝传》
(以中文出版)②。

百科全书有 1 部,即《传统中医的关键概念》③,以塞尔维亚语出版;
词典类有 2 部,由商务印书馆出版的《规范字与繁体字、异体字辨析字
典》④ 和《新华字典》(汉英双语版)⑤;年鉴类有《中国文化文物和旅游统
计年鉴 2020》(以中文出版)⑥。

期刊方面符合检索条件的共 100 余篇,主要涉及国际政治、经贸管理、文
学等多个方面。其中,与"中国文化"相关的共有 10 篇。文学类有《诗歌与
非/可见的中国》⑦、《近距离观察中国:穿越时空》⑧、《中国古典诗词中的升
华》⑨、《"在井边你不会渴,在你姐妹旁边你不会绝望":中国妇女书信与姐妹
情谊》⑩ 和《波兰—塞尔维亚的意象中国马赛克》⑪;文化艺术类有《中国传统
音乐与西方编舞方法的艺术对话》⑫ 和《音乐作为中塞文化交流的工具》等⑬。

---

① Preradović, Ranko, и Ранко Прерадовић, *Dvoje = Twosome = Duo*, Univerzitet、Međunarodno udruženje naučnih radnika-AIS、Esperanto-Asocio, 2020, p. 29、25.

② 张金龙:《宋武帝传》,人民出版社,2021。

③ *Кључни појмови у традиционалној кинеској медицини*, Драслар, 2020, p. 231.

④ *Guifanzi yu fantizi, yitizi bianxi zidian*, (Shang wu yin shu guan, 2021), p. 55、422.

⑤ *Xin hua zi dian: Han Ying shuang yu ban = Xinhua dictionary* (Xin 1 ban), (The Commercial Press, 2021), p. 118、952.

⑥ 《中国文化文物和旅游统计年鉴 2020》,国家图书馆出版社,2020。

⑦ Ђерић, Зоран, и Zoran Đerić, "Поезија и не/видљива Кина," *Свеске* (2020): 5–7.

⑧ Đurković, Uroš, и Урош Ђурковић, "Kina izbliza: kroz prostor i vreme (Zvonimir Stopić, Goran Đurđević: Svila, zmajevi i papir: kineska civilizacija, kultura, arheologija i povijest. Zagreb: Alfa, 2021)," *Речи* (2023): 325–28.

⑨ Pajin, Dušan, и Душан Пајин, "Uzvišeno u klasičnoj kineskoj poezija," *Theoria* (2021): 173–91.

⑩ Левић, Сара, и Sara Lević, "Поред бунара нећеш ожеднети, поред сестре нећеш очајавати: Женско писмо и сестринства у Кини," *Књиженство* (2023).

⑪ Орсић, Срђан, и Srđan Orsić, "Пољско-српски имаголошки кинески мозаик," *Летопис Матице српске* (2021): 212–218.

⑫ Huang, Shengya, и Шенгја Хуанг, "Artistic Dialogue of Traditional Chinese Music and Western Approach in Choreography," *Accelerando* (2024).

⑬ Zhang, Yuanning, и остали, "Music as a Tool for Cultural Communication between China and Serbia: The Academic Exchange and the Performance (s) of the Collegium Musicum Choir in China," *Зборник Матице српске за сценске уметности и музику* (2022): 87–107.

三　对于塞尔维亚中国文化研究的思考

首先，塞尔维亚国内虽不乏可以教授中文的机构，但目前从事中国语言文学文化研究的学术机构却寥寥无几，专门从事汉学研究的人才也相当匮乏，而塞尔维亚国内的研究基金仅限于教学科研体制内的人员申请，限制了汉学研究的发展。中塞两国应加大对文化研究人才的培养力度，通过设立奖学金、开展交流互访项目等方式，鼓励更多塞尔维亚学者从事对中国文化的研究，支持更多塞尔维亚学生学习中国文化。

其次，现在的塞尔维亚青年学者热衷于翻译当代中国文学，但对于经典古籍的译介几乎是空白，对于学术和理论的研究更是凤毛麟角，使得研究深度受限。中塞两国政府可以设立特别基金用于扶持经典古籍的翻译以及中国文化的研究工作，继续支持塞尔维亚学术研究机构与中国高校和研究机构加强合作，共同开展研究项目，促进学术成果的交流与共享。

最后，塞尔维亚的中文教育虽投入大量资金进行人力推广，但大多只作为兴趣课，长期不受重视，外派的汉语教师又与当地的学生有交流障碍影响教学以及存在师资不稳定等问题，导致中文教育成效有限，并且攻读中文专业学位需要投入太多的时间和精力。因此，在中小学阶段接受中文教育的孩子很难直接成为专业汉学研究的后备人才，而真正攻读中文专业顺利毕业的人才也比较有限。普及中文教育并试图将中文纳入塞尔维亚国民教育体系还有很长的路要走，但中国政府可以通过数字化手段，如虚拟现实、在线教育等，推广在线中文以及文化类课程；可以通过举办更多的文化活动，如展览、演出、讲座等，增强与当地民众的直接互动；鼓励企业深化两国文化产业领域的合作，如共同开发文化产品、推动文化贸易等，实现互利共赢。

B.12
斯洛伐克的中国文化研究报告

黄敏颖 *

摘　要：　斯洛伐克作为共建"一带一路"的重要国家，同时是中国—中东欧国家合作机制的积极参与者，近年来在文化、经济、贸易等多个领域与中国的交往日益频繁，这种紧密的合作关系显著提升了斯洛伐克对中国文化研究的学术价值。在斯洛伐克，中国文化研究主要由斯洛伐克科学院东方研究所和考门斯基大学哲学院东亚研究学系主导，同时依托孔子学院和孔子课堂以及民间机构进行中国文化传播。过去五年，斯洛伐克的中国文化研究稳步发展，产出了高质量的学术成果并在实践中得到了广泛的认可与应用，为中斯两国的文化交流与合作注入了新的活力。

关键词：　斯洛伐克　中国文化　汉学　东方学

一　斯洛伐克开展中国文化研究的学术机构

（一）斯洛伐克科学院东方研究所①

斯洛伐克科学院东方研究所作为斯洛伐克科学院的下属机构，是斯洛伐克境内专注于东方学的顶尖综合性学术研究机构。该所建立于1960年3月1日，是在斯洛伐克著名阿拉伯文化专家、希伯来语专家、闪米特语

---

　　* 黄敏颖，广东外语外贸大学区域国别学院（国际关系研究院）捷克语专业教师，主要研究方向为中东欧区域国别研究、捷克社会与文化、斯洛伐克社会与文化。
　　① 原斯洛伐克科学院东方研究室，2005年1月起改用现名。

专家杨·巴高什的主持下成立的。1982 年，由于斯洛伐克科学院的组织架构调整，东方研究所被并入历史研究所和文学研究所。直至 1990 年 7 月，东方学研究所被重新独立出来，并由斯洛伐克科学院院士维克多·克鲁普担任所长。在他的领导下，研究所的科研队伍迅速壮大，科研水平也不断提升。

东方研究所研究范围广泛，涵盖了非洲、亚洲和大洋洲众多国家与民族的历史、语言、哲学和艺术等多个领域，尤其是在远东研究、东南亚研究、伊斯兰国家研究方面开展了全面、系统的深入研究。该研究所于 2018 年出版了《如何将东方语言转写为斯洛伐克语》（*Ako prepisovať z orientálnych jazykov do slovenčiny*）便捷指南，为学者和公众提供了语言参考。同时，该研究所开发了电子在线词典，收录了包括中文在内的 10 种东方语言的流行术语（非科学用语），并提供了正确的斯洛伐克语转录形式以及相应的释义。

东方研究所主办的《东方世界的昨日与今天》（*Svet Orientu včera a dnes*）文化杂志，致力于全方位展示东方各国的文化瑰宝，涵盖文化特色、传统习俗、艺术形式以及当代文化现象。文化杂志紧随时代潮流，敏锐地捕捉并反映东方文化的最新动态与演进趋势，内容广泛涉猎文学、艺术、音乐、电影、戏剧等多个领域。特色栏目包括资讯、东方与斯洛伐克、东方世界文化遗产、东方风味等，为读者提供了多元化的文化视角与深度的文化解析。杂志成功出版了 7 期，共收录了 11 篇与中国文化紧密相关的文章。其中，地理与历史类的文章有 3 篇，如《上海——一座开放的城市》（Šanghaj：otvorené mesto），语言文化与艺术类的文章有 3 篇，如《"美人"文学》（Literatúra "krásavíc"），社会风俗与传统类的文章有 5 篇，如《传统与现在》（Tradície a súčasnost）、《风水——和谐生活》（Feng-šuej：harmónia bývania）。这些文章不仅丰富了杂志的内容，还深化了读者对中国文化的理解和认识。

在汉学领域，东方研究所同样取得了显著成就。目前，所内共有丹妮拉·张·齐拉科娃（中文名为唐艺梦）博士、玛丽亚·伊斯特瓦诺娃博士两位杰出青年学者从事汉学研究。唐艺梦在 2020 年主持了一项国家级教育、科学、研究和体育部项目（VEGA）"近东、远东和大洋洲传统艺术中的动物象征"；2022 年，她以联合研究员的身份参与国家级项目"传统与创新——文化多样性和文明发展的塑造因素"的研究。伊斯特瓦诺娃博士则在 2023 年主持了一项国家级"复兴计划"项目"斯洛伐克媒体对'一带一路'倡议报道的话语分析"，从媒体视角分析了"一带一路"倡议在斯洛伐克的形象和影响。

此外，东方研究所下属的斯洛伐克东方学会作为非营利性机构，也发挥着举足轻重的作用。该学会致力于推动东方学在斯洛伐克的发展，定期组织研讨会、讲座等学术活动促进学者的交流与合作。同时，积极在各类平台上向公众展示最新的东方学研究成果，促进了东方学在斯洛伐克的普及与传播。

（二）布拉迪斯拉发考门斯基大学

布拉迪斯拉发考门斯基大学是斯洛伐克唯一一所开设汉学专业并有资格颁发学士学位和硕士学位的高校。1988 年，在国际知名汉学家马利安·高立克教授及其两位同事安娜·多莱扎洛娃、玛丽娜·恰尔诺古尔斯卡（中文名为黑山）的积极倡导下，哲学院决定创设汉学专业，这一新设专业最初隶属于英美系。随着学科研究的深入和特色凸显，学院内部行政架构进行了多次调整和优化。1994 年，东方语言文化系应运而生，以更好地反映学科的研究方向和专业特色。到了 2008 年 6 月，该系正式更名为东亚研究学系，下辖汉学、日本学和韩国学三个专业，均聚焦东亚地区的语言、文化、历史和社会等多个方面的研究。汉学专业汇聚了一批卓越的师资团队，包括雅娜·贝尼茨卡（中文名为贝雅娜）教授、萨沙·克洛茨布赫教授、卢博什·加伊多什（中文名为鲁博士）博士、唐艺梦博士，还有一批汉语母语教师叶蓉教授、尚毅、刘珊和郭雅婧，他们共同为汉学专业的教学和研究提供了坚实的支持。

汉学专业提供四年制本科和两年制硕士的学习，每届本科招生规模一般为 20 人，硕士为 10 人。四年本科课程由大类必修课程（46 学分）、专业必修课程（160 学分）和选修课程三大部分组成。① 大类必修课程有东亚语言研究概论、东亚历史、东亚文学、东亚思想史等。专业必修课程的学习分为两个阶段，即基础阶段和提升阶段，每阶段各为两年。在大一阶段，视听说类课程每周共 8 个课时，由斯中教师共同完成；语法类课程每周共 8 个课时，文化类课程每周共 2 个课时，均由斯洛伐克教师承担。大二阶段课程的主要目标是夯实语言基础，增设了每周 2 个课时的写作课程和每周 4 个课时的文本阅读课程训练读、写技能。大三、大四提升阶段每门课平均每周为 2 个课时，该阶段注重深化汉语知识，提高语言综合运用能力，开设文言文、商务汉语、报刊阅读、新闻和大众媒体语言等课程。同时，为进一步引导学生吸收本专业最新学术成果和对象国社会动态，培养学生的跨文化行为意识与能力，汉学专业开设中国现代文学、中国历史、当代中国发展热点问题等课程。此外，汉学专业的学生也可选择日本社会简介、韩国近现代史、汉语特别会话练习等课程作为选修课程。

两年硕士课程旨在巩固和提高学生汉语听、说、读、写、译的语言技能，加强词汇、语法、语用等知识，并强化学生运用汉语进行学术研究、论文撰写等的能力。课程体系与本科课程类似：大类必修课程（13 学分）包括东亚史选论、现代社会语境下的东亚国家文学、硕士学位论文研讨三门课；专业必修课程（65 学分）涵盖实用会话、汉语词法与句法、中国现代文学作品选、佛经阅读与分析、道经阅读与分析、语料库语言学等专业性更强、难度更高的课程；选修课程有学术汉语、中国政治概论等。

根据中斯两国教育部双边协定，两国政府设立了互换奖学金项目，双方每年互换奖学金留学人员，前往对方国家学习或研修，推动双边青年学生的交流互访。选派留学类别包括本科一年级、二年级学生，硕士、博士研究

---

① "Študijný plán-Schválený"，考门斯基大学哲学院网站，https：//ais2. uniba. sk/repo2/repository/default/ais/studijneplany/2023−2024/FiF/SK/boVA. xml。

生，双方互换的奖学金名额不超过 15 人/年，自 2021 学年起名额降为 10 人/年，选派专业包括汉学、医学、农学、机械工程等理工科专业。① 如表 1 所示，2019~2024 学年，东亚研究学系汉学专业共有 33 名学生获得该奖学金，并前往北京外国语大学、北京语言大学、北京第二外国语学院、上海外国语大学、复旦大学、华东师范大学等中国高校进行为期一学年至两学年的交流学习。

表 1　2019~2024 学年东亚研究学系汉学专业获得奖学金人数

单位：人

学年	2019/2020	2020/2021	2021/2022	2022/2023	2023/2024	2024/2025
人数	8	7	4	2	2	10

资料来源："Výsledky Výberových Konaní"，斯洛伐克学术信息机构网站，https：//www. saia. sk/sk/main/stipendia/vysledky-vyberovych-konani/。

　　汉学专业作为东亚研究学系的重要组成部分，通过培养学生深厚的学术素养和广阔的国际视野，致力于打造一批既能够深入研究中国文化，又能够与国际社会进行有效沟通的专业人才。2020~2024 年，汉学专业本硕毕业论文选题方向大致分为文学、语言学、翻译学和社会与文化四大类（见表 2）。其中，文学方向 18 个，主要以研究某一作家和作品为主，如《老舍〈猫城记〉中的反讽》（Satira v diele Zápisky mačacieho mesta of autora Lao She）、《巴金作品〈寒夜〉中的中国知识分子形象》（Obraz čínskeho intelektuála v diela Chladná noc od Ba Jina）；语言学方向 13 个，研究聚焦汉语词汇、语法及句法等语言知识，如《含有动物名称的成语》（Čínske frazeologizmy so zvieracím komponentom）、《汉语和斯洛伐克感叹词比较》（Komparácia čínskych a slovenských interjekcií）；翻译学方向 9 个，如《郝景芳中短篇小说〈北京折叠〉：中国科幻文学语境下的翻译与分析》（Poviedka Beijing zhedie autorky Hao Jingfang：preklad a rozbor v kontexte čínskej vedecko-fantastickej

---

① "Čína-Ročný Študijný Pobyt Na Základe Bilaterálnej Dokody"，斯洛伐克学术信息机构网站，https：//granty. saia. sk/Pages/ProgramDetail. aspx？Program＝96。

literatúry)、《浅析中国电子游戏〈原神〉的英文本地化》（Analýza anglickej lokalizácie čínskej videohry Genshin Impact）；社会与文化方向 38 个，涉及斯中跨文化对比、历史、传统民俗、社会生活等内容，如《中国和欧洲神话中"龙"的象征》（Symbol draka v čínskej a európskej mytológii）、《社会交往中的"关系"现象》（Fenomén guanxi v sociálnej interakcii）、《中国视觉艺术的"85 新潮"》（Nová vlna 85 v čínskom výtvarnom umení）。整体而言，社会与文化方向的选题占比最高、涵盖范围较广，论文的跨学科性也在持续增强，研究重点聚焦中国国情及社会现状。这不仅体现了汉学研究的深度和广度在不断拓展，也反映了全球化背景下跨文化交流和合作的重要性。

表 2　2020~2024 年汉学专业本硕毕业论文选题类别

单位：个

年份	文学	语言学	翻译学	社会与文化
2020	4	2	3	17
2022	5	6	5	8
2024	9	5	1	13

注：2021 年、2023 年无毕业生。

二　孔子学院和孔子课堂

（一）布拉迪斯拉发孔子学院

布拉迪斯拉发孔子学院是斯洛伐克第一所孔子学院，于 2007 年 5 月 17 日正式揭牌，由天津大学与斯洛伐克技术大学共建。① 起初学院仍处在筹备阶段，直到 2009 年 2 月中方院长丁树德教授赴任后，工作才正式全面开展。2017 年，天津大学和斯洛伐克技术大学立足于孔子学院的良好合作基础，

---

① "Úvod"，布拉迪斯拉发孔子学院网站，http：//konfucius.sk/sk/uvod/。

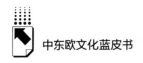

牵头成立了中国与中欧国家科技创新大学联盟，旨在加强中国与中欧高等院校之间的科技创新对话与合作。2018 年 12 月，该孔子学院因在汉语教学和中国文化传播等方面的突出贡献荣获"全球先进孔子学院"称号。

目前，该孔子学院是斯洛伐克境内汉语水平考试（HSK）和汉语水平口语考试（HSKK）的唯一考点，提供每周 2 个课时（每课时为 90 分钟）的汉语一到五等级的语言课程，并开设每周 1 个课时的书法课程。布拉迪斯拉发孔子学院下设 13 个汉语教学点，分布在首都布拉迪斯拉发、特尔纳瓦等主要城市，实现了从社会、高校、中学、小学到幼儿园的全覆盖。此外，还分别在尼特拉农业大学的经济与管理学院与米库拉斯·科瓦奇中学下设了孔子课堂。

米库拉斯·科瓦奇中学位于斯洛伐克中南部城市班斯卡-比斯特里察，是斯洛伐克第一所开设中斯双语教学的学校。在此实施的"中斯双语班"教学试点项目是一项极具创新性和前瞻性的重要工作。该双语班学制为五年，学生在第一学年除了学习斯洛伐克语、英语、道德教育等常规必修课程，还需要进行高强度的汉语课程学习，每周为 18 个课时（每课时为 45 分钟），后四年平均每周大幅降低为 5 个课时，此外设有额外的 16 个课时作为选修。从第二学年起，数学、物理、化学、生物、地理、体育这六门课程开始采用中斯双语授课，中文与斯洛伐克语授课的周课时分别占 40% 和 60%。到了第四学年、第五学年，学生在语言方面已经积累了一定的知识储备，并且语言技能得到了显著提升。这一阶段大部分课程仅使用中文授课，旨在深化语言学习、拓展语言应用领域。截至 2024 年夏季学期末，中斯双语班共培养了 4 届 85 名毕业生。大部分毕业生成功被斯洛伐克、捷克的知名高校录取，在学科方向上普遍选择了社会科学领域，特别是汉学、语言学和社会学等专业，也有部分学生选择了进入中国的高校学习，深入了解中国的历史、文化和社会现状。

（二）考门斯基大学孔子学院

考门斯基大学孔子学院（以下简称"考大孔院"）由中国国家汉办与

考门斯基大学于 2014 年 9 月签署协议设立，于 2015 年 10 月正式揭牌，中方合作院校为上海对外经贸大学。现任外方院长为考门斯基大学哲学院院长贝雅娜教授，中方院长由叶蓉教授担任。除了首都布拉迪斯拉发外，该孔子学院还积极拓展其影响力，在特伦钦、特拉瓦等地设立多个语言教学点，并开设了兹沃伦技术大学孔子课堂和中华武术孔子课堂。

在语言课程方面，考大孔院提供了初中高级汉语、少儿汉语基础、商务汉语以及根据个人特殊需求定制的一对一汉语培训等多样化的课程选择[1]，选用的教材包括《跟我学汉语》《HSK 标准教程》《快乐汉语》等。文化课程包括茶道、中国书法基础和武术基础，每周开设 1~2 次，此外还有不定期的中国茶文化概况、中国结编织、中国剪纸艺术、中餐烹饪等课程。每年孔子学院还会组织为期两周的夏令营活动，通过丰富多彩的活动和口语强化课程，让学生在轻松愉快的氛围中提升汉语水平，增强对中国文化的理解和兴趣。

考大孔院扎根校园、面向社会，服务斯洛伐克汉语学习者和中国文化爱好者，举办了多场春节联欢会、"我眼中的中国"夏令营摄影展、"孔子学院日"等文化活动。自 2014 年斯洛伐克首次举办"汉语桥"世界大学生中文比赛以来，这一活动已成为中斯文化交流的一大亮点。该比赛由中国驻斯洛伐克大使馆主办、由考大孔院和布拉迪斯拉发孔子学院轮流协办。2024 年 5 月 13 日，第 23 届"汉语桥"世界大学生中文比赛暨第十七届"汉语桥"世界中学生中文比赛斯洛伐克地区比赛在考门斯基大学礼堂隆重开幕，本次比赛共有来自 5 所大学和高中的 16 名学生参与。[2] 选手通过主题演讲、才艺展示、知识问答等环节展示了自己出色的语言水平以

---

[1] "Jazykové Kurzy"，考门斯基大学孔子学院网站，https：//konfuciovinstitut. sk/kurzy - a - seminare/jazykove-kurzy-2/。

[2] "Na Univerzite Komenského v Bratislave sa konal 23. ročník súťaže 'Čínsky most' v znalosti čínštiny pre univerzitných študentov cudzích jazykov a 17. ročník súťaže v znalosti čínštiny pre študentov stred ných škôl zo Slovenska"，考门斯基大学孔子学院网站，https：//konfuciovinstitut. sk/2024/05/ na-univerzite-komenskeho-v-bratislave-sa-konal-23-rocnik-sutaze-cinsky-most-v-znalosti-cinstiny- pre-univerzitnych-studentov-cudzich-jazykov-a-17-rocnik-sutaze-v-znalosti-cinstiny-p/。

及对中国文化的了解与热爱。经过激烈的角逐，夸美纽斯大学东亚研究系学生邵大伟和尼特拉帕罗夫斯卡高中学生曾诗萍脱颖而出，分别获得大学生赛和中学生赛的第一名，并代表斯洛伐克参加在中国举行的全球总决赛，与来自世界各地的选手共同竞技、交流。

（三）马杰伊·贝尔大学商务孔子学院

马杰伊·贝尔大学（以下简称"马大"）商务孔子学院位于班斯卡-比斯特里察，是斯洛伐克第一所以商务教学为特色的孔子学院，其中方合作院校为具有深厚经济学、管理学学科基础和丰富教育资源的东北财经大学。2019年9月17日，中国驻斯洛伐克大使林琳和马大校长弗拉基米尔·希亚德洛夫斯基教授共同为该校商务孔子学院揭牌。现任外方院长为马大副校长米洛斯拉娃·克纳普科娃副教授，中方院长为王建伟副教授。马大商务孔子学院提供一系列多层次的汉语课程，并开设了"中国语言文化基础""中国人的思维方式和生活方式""汉字与书法"等特色文化课程，面向马大师生及社会各界人士开放。[①]

目前，马大商务孔子学院已成功举办了三届国际商务汉语（暨国际中文）教师论坛，邀请国际中文教学科研领域的知名专家做经验分享，围绕国际中文教师的能力与素养、商务英语教学的经典案例以及语法教学法等方面进行深入探讨。随着该论坛的规模持续扩大，其知名度和影响力逐渐提升，2023年更是吸引了来自世界30多个国家和地区的超过200名师生踊跃参与。2024年4月，马大商务孔子学院还承办了斯洛伐克国际中文教育志愿者及本土教师的岗中教学研讨会，旨在让汉语教师和志愿者更好地交流经验，提高中国语言文化的教学能力和水平。[②]

---

① "Kurzy"，马杰伊·贝尔大学商务孔子学院网站，https://www.cib.umb.sk/kurzy/。

② "In-term Training and Seminar for Chinese Teachers and Volunteers in Slovakia Successfully Held"，马杰伊·贝尔大学商务孔子学院网站，https://www.cib.umb.sk/podujatia/pripravovane/in-term-training-and-seminar-for-chinese-teachers-and-volunteers-in-slovakia-successfully-held.html。

2020~2024 年，马大商务孔子学院与斯洛伐克国立科学图书馆的"上海之窗"中心开展深度合作，组织了超过 20 场文化沙龙活动。这些活动围绕丰富的主题展开，如古代诗词鉴赏、春茶品鉴会、庆新春贺元宵、品味中秋、民间舞蹈教学等，让参与者感受到中国文化的魅力和多元性。2021~2022 年，马大商务孔子学院精心策划了 4 场"我的中国故事"系列讲座，先后邀请了金融专业博士弗雷德里克·雷希、中文讲师卡塔琳娜·斯拉德科娃、青年模特维罗妮卡·赫勒科娃、青年汉学家玛丽亚·伊斯特瓦诺娃作为主讲嘉宾，他们分别分享了自己在中国不同城市学习、工作和生活的真实经历，生动展现了中斯两国文化的碰撞与融合。此外，为了让学生更直观地了解中国的现代科技和商业环境，马大商务孔子学院还在 2022 年 11 月组织了实践教学活动，带领学生参观了华为斯洛伐克总部，让他们有机会近距离接触中国的科技巨头。

（四）斯洛伐克医科大学中医孔子课堂

2016 年 9 月 12 日，由斯洛伐克医科大学与中国辽宁中医药大学合作创办的中医孔子课堂正式揭牌，标志着中医文化在斯洛伐克的传播进入了一个新阶段。该课堂设立在班斯卡-比斯特里察的卫生学院中，另下设 4 个汉语教学点，分别为马拉霍夫小学和幼儿园、布雷兹诺市文化中心、班斯卡-比斯特里察第一私立高中、班斯卡-比斯特里察艺术学院。中医孔子课堂将推广汉语、传播中国文化与中医药学教育相结合，逐步探索在斯洛伐克医科大学设立汉语国际教育本科或汉语国际教育专业硕士学位。[①] 中医孔子课堂立足于基础语言教学，实行特色鲜明的"中医+汉语"的课程模式，深入教授中医基础知识、脉诊、针灸、推拿、太极拳、易经等知识。斯洛伐克医科大学健康科学专业已将部分课程作为任选课或限选课纳入了其教学大纲。学生在本科二年级或研究生阶段，可以根据自己的兴趣选择学习"物理疗法""替代性疗法"

---

① 邰东梅、郭力铭、孙迪：《坚定文化信念，讲好中医故事——斯洛伐克"中医孔子学院"课程体系建设与实践》，《辽宁中医药大学学报》2018 年第 8 期。

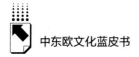

"针灸"等相关课程。① 这样的课程设置不仅丰富了医学教育的内涵，也为学生提供了更广阔的学习空间和更多的职业发展机会。

斯洛伐克医科大学卫生学院与中国辽宁中医药大学针灸推拿学院以中医孔子课堂为坚实桥梁，积极深化国际学术交流。双方共同策划并举办了多场中斯网络学术交流论坛，聚焦"抗病毒中药"、"心血管康复"以及"脊柱侧弯运动疗法"等前沿议题，旨在持续丰富和深化康复治疗专业的内涵，特别是在 2022 年 9 月，孔子课堂举办的"健康 2022"国际学术交流会议，成功吸引了斯洛伐克、捷克、加拿大、波兰等地近 70 名专家学者及学生踊跃参与，共同研讨中医养生领域的热点与趋势，为全球健康事业的蓬勃发展贡献了宝贵的智慧与力量。此外，中医孔子课堂不仅是一个学术交流平台，还发挥着作为中华传统文化传播载体的重要作用。自 2022 年起已连续三年举办了"国际中文日"和"国际太极拳日"庆祝活动，还组织了面向公众的中草药文化展览、素食文化体验以及针灸体验等活动，让公众在亲身体验中感受中医文化的博大精深。

三 有关中国文化研究的出版物

（一）主要期刊

1.《斯洛伐克东方研究》(*Studia Orientalia Slovaca*)

《斯洛伐克东方研究》是由夸美纽斯大学哲学院东亚研究系主办的学术期刊，面向全球公开发行。该期刊专注于研究博斯普鲁斯海峡和夏威夷之间、巴伦支海和印度尼西亚之间及其与世界其他地区的互动。自 2002 年创刊以来，它一直以半年刊的形式出版，每期精选不超过 10 篇文章，以英语为期刊语言。刊发的文章包括语言学、文学、历史、艺术和文化等领域，且均经过严格的双盲评审制度筛选。《斯洛伐克东方研究》已被 EBSCOhost 和

---

① "Štúdijný Program"，斯洛伐克医科大学卫生学院网站，https：//eszu.sk/wp - content/uploads/2023/09/FZ-Rocenka.pdf。

scopus 数据库收录，2023 年的 scopus 引用分为 0.8。期刊现任总主编为贝雅娜教授，副主编为鲁博士教授，编辑委员会则是由来自美国、捷克、法国、德国等多国的 22 名专家学者组成，其中包括中国北京外国语大学的李雪涛教授。①

　　近五年，该期刊总计发表了 6 篇针对中国研究书籍和文章的文学评论，以及 17 篇专注于中国文化研究的学术论文。在这些学术成果中，语言学研究的论文尤为突出，尤其聚焦词汇学的探索。同时，国别与区域研究的论文广泛覆盖了中国历史、民族、当代社会问题以及文学等主题（见图 1）。

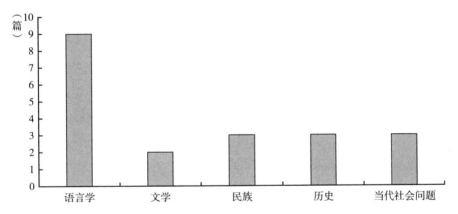

图 1　《斯洛伐克东方研究》近五年有关中国文化研究的学术论文主题及数量

　　资料来源："Studia Orientalia Slovaca"，布拉迪斯拉发夸美纽斯大学哲学院网站，https：//fphil. uniba. sk/en/katedry - a - odborne - pracoviska/katedra - vychodoazijskych - studii/studia - orientalia-slovaca/。

2.《亚非研究》(*Asian and African Studies*)

《亚非研究》创刊于 1965 年，由斯洛伐克科学院东方研究所主办，该期刊聚焦亚洲和非洲地区的经济、政治、外交、文化等重点议题，以及这些地区内对国际格局产生深远影响的重大事件，致力于推出一系列具有深度和影

---

① "Studia Orientalia Slovaca"，布拉迪斯拉发夸美纽斯大学哲学院网站，https：//fphil. uniba. sk/en/katedry-a-odborne-pracoviska/katedra-vychodoazijskych-studii/studia-orientalia-slovaca/。

响力的研究论文。该期刊为半年刊，分别于每年 5 月和 11 月出版，并实行严格的双盲审评议制度以确保学术质量。其主要的期刊语言为英语，同时包括法语和德语。《亚非研究》现已被收录于 DOAJ、scopus、ERIH PLUS、EBSCO host、CSA Worldwide Political Science Abstracts、WorldCat Catalogue 等多个国际知名的文摘书目与数据库，成为区域与国别领域中一个极具特色的重要学术平台。该期刊现任总主编是杜桑·马格多伦博士，副主编为玛蒂娜·赫布斯特，编委会共计 16 名专家，其中包括来自斯洛伐克、捷克、波兰、德国、澳大利亚、尼日利亚的东方学专家。① 2020 年以来，该期刊刊发了 8 篇涉及中国文化研究的文章。其中，古代哲学研究有 4 篇，分别探讨了李泽厚对康德哲学思想的深化发展、王守仁的伦理型认识论、班昭独特的女性观、张申甫哲学思想内涵；社会与文化研究有 2 篇，一篇以中国龙这一象征符号为研究对象，挖掘其背后所承载的丰富文化价值，另一篇从跨文化视角出发，对比分析了中国与中东欧国家在家庭价值观以及人道问题上的异同之处；语言与翻译研究有 2 篇，一篇研究中文语料库中话语使用的性别差异，另一篇为《春秋繁露》原文及其英译本的对比研究。

（二）书籍

1. 文学翻译与学术专著译本

此前，当代中国文学界的知名作家如莫言、余华、贾平凹等的作品已在捷克得到了广泛的译介和传播。鉴于捷克语与斯洛伐克语的相似性，斯洛伐克图书市场对中文作品斯洛伐克语译本的需求相对有限。因此，近五年，斯洛伐克翻译出版的中国文学作品数量相对较少，且主要集中在 2021 年。中国现当代文学译作有新生代作家棉棉的拟自传体长篇小说《糖》（*Cukrík*），由唐艺梦博士所译，全书以"自由和选择"这一历久弥新的主题为核心，讲述了一个动人的青春故事；《古代中国十二时辰》（*24 hodín v starovekej Číne*）

---

① "Asian and African Studies"，斯洛伐克科学院东方研究所网站，https：//orient. sav. sk/asian-and-african-studies/。

为英国伦敦大学学院中国考古学副教授庄奕杰所著，由伊斯顿图书出版，该书以两汉时期为时代背景，在史料基础上构建故事框架，以文学性手法展现古代中国的社会风貌和古人的日常生活。在中国古代文学领域，著名汉学家黑山女士的译作引人关注，她所译的《道德经》（*Tao Te Ťing*）和《荀子》（*Sün c'*）分别于 2021 年和 2023 年出版。此外，斯洛伐克还译介出版了约 10 部儿童绘本，如《骑着恐龙去上学》（*Jazda do školy na brontosaurovi*）、《你看看你，把这里弄得这么乱》（*Pozri na ten neporiadok*）、《世界上最棒的礼物》（*Najcennejší dar na svete*）、《杯杯英雄》（*Kde je hrdina?*）等。

斯洛伐克还译介出版了中国文化研究相关的学术专著，特别是聚焦中国历史和当代社会发展的书籍。其中，《中国地图集》（*Atlas Číny*）由捷克语译入，该书不仅展现了中国的地理地貌特征，还详细分析了中国内部的地域发展现状和未来趋势。斯洛伐克语译本《"一带一路"：中国崛起的天下担当》（*Čína a Nová hodvábna cesta*）出版于 2021 年，该书由中国人民大学国际关系学院教授王义桅撰写，深入探讨了"一带一路"倡议的深刻内涵、历史背景、意义及其实施路径。《中华帝国图解历史》（*Cisárska Čína：Podrobná vizuálna história*）于 2022 年由英语被译为斯洛伐克语出版，这部视觉编年史由中国大百科全书出版社和英国多林金德斯利公司合作推出，以精美的艺术呈现和文物摄影为特色，记录了中国从史前氏族到清朝末代的漫长历史。

2. 斯洛伐克本土有关中国文化的作品

2020~2024 年，斯洛伐克本土的作家和学者以斯洛伐克语或英语出版了数部有关中国文化研究的作品，大多聚焦在社会文化领域。其中，《他们是怎么样的》（*Akí sú?*）是由林盖亚出版社在 2020 年策划出版的系列丛书，主要介绍各个不同国家的国民性格特点。2022 年，该系列推出了《中国人是怎么样的?》（*Akí sú? Číňania*），呈现了中国人的生活习俗、社会结构、价值观念等方面内容。另外，有两部专著涉及中国文化中动物形象的阐释：2022 年出版的《动物和神话生物在全球文化中的作用》（*The Role of Animals and Mythological Creatures in Global Cultures*）中收录了两篇文章，分别探析

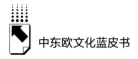

了"龙"和"蝙蝠"在中国文化中的深刻寓意；2023 年出版的《中东、远东和大洋洲文化中的龙和龙生物》（*Draci a dračie bytosti v kultúrach Stredného，Ďalehého Východu a Oceánie*）则是详尽分析了以中华文化圈为代表的中东、远东国家和大洋洲的"龙"及"龙"类生物问题及其正反面形象，其中第三章和第四章重点讨论了"龙"的创造和起源以及中国社会对"龙"的认知问题。在游记类作品中，帕维尔·德沃夏克的《我的中国十年》（*Moja čínska dekáda*）讲述了作者在中国经营旅行社的创业经历，穿插了中斯跨国婚姻家庭中的趣事；多米尼卡·萨克玛洛娃的《中国长城的猫毛和骆驼》（*Ma čací kožuch a ťava pri Čínskom múre*）则以幽默风趣的文风分享了作者在中国生活的所见所闻。

除了上述作品外，斯洛伐克有关中国文化的书籍还涵盖语言、艺术、哲学等多个领域。鲁博士教授的《实用语料库语言学——汉语》（*Praktická korpusová lingvistika：čínština*）介绍了汉语语法和语料库语言学的关键概念和范畴，系统讲解了语料库在语言学习和研究中的使用，这部工具类书籍为汉语学习者提供了新视角和新思路。唐艺梦博士所著的《破墨——中国大陆抽象水墨艺术》（*Breaking the Ink：Abstract Ink Art in Mainland China*）回顾了抽象水墨艺术在中国的发展历程。哲学领域的著作包括贝雅娜教授的《中国古代哲学思想》（*Staroveká čínska filozofia a myslenie*）和祖纳·维桑·科赞科娃的《树的智慧》（*Múdrosť stromu*）。科赞科娃还对中医理论与实践有深刻的见解，出版了《经络——生命之路》（*Meridiány：Dráhy života*）、《气功是良药》（*Cvičenie ako liek*）两部作品，分别介绍了中医的经络理论和气功疗法。

四　民间机构

在斯洛伐克，以华人社团为代表的民间机构为中国文化在当地的传播做出了突出贡献，如斯洛伐克—中国友好协会、斯中经济文化交流促进会、斯洛伐克中华文化传播促进会、斯洛伐克华文作家协会、斯洛伐克中国武术协会等。

斯洛伐克—中国友好协会致力于促进斯洛伐克与中国之间的友好关系在各个层面上的长期稳定发展，现任会长为卢荣玉，由著名汉学家黑山担任名誉会长。该协会与当地主要华人社团及斯洛伐克社会对华友好组织、友好人士和各界朋友保持着接触与联系，积极推动斯中两国之间在文化、经济、教育等领域的交流，以增进彼此之间的理解和友谊，促进双边关系的不断深化与发展，实现互利共赢。

斯中经济文化交流促进会成立于2008年11月19日，旨在发展与巩固斯中间经济、文化交流和社会层面的关系。在经济方面，与斯洛伐克有关政府部门、经商机构、行业协会及商会建立联系，为斯中企业提供贸易、经济、投资方面的最新动态和咨询支持；在文化交流方面，积极响应"讲好中国故事、传播好中国声音"的号召，发挥自身优势开展了一系列文化艺术活动，筹办艺术展览并多次邀请中国音乐家和乐团访斯演出。此外，组织成员踊跃参加侨界的各类公益活动，努力推动两国在"一带一路"框架内的各领域合作蓬勃发展。

斯洛伐克中华文化传播促进会为热衷于传播中国传统文化的各界人士提供了交流平台，连续多年承办"欢乐中国年暨中国文化日"活动，以文艺演出和民俗体验等方式彰显传统文化底蕴，让斯洛伐克当地民众近距离感受中国春节的喜庆氛围，进一步增进其对博大精深的中国文化的了解。此外，这些活动也让在斯华人感受到浓厚的乡情，大大增强了他们对民族文化的自信心和自豪感。

斯洛伐克华文作家协会由斯洛伐克华裔著名诗人李迅先生牵头于2019年3月成立，旨在鼓励在斯华侨以华文书写创作，推广具有思想性和艺术性的新时代作品。该协会会员包括《我住在鼹鼠的故乡》的作者刘东女士、斯洛伐克扬子文化中心及郭敏书院负责人刘洋女士、华人头条斯洛伐克站主编伏顺先生、米库拉斯·科瓦奇高中汉语教师孙汉田博士等华文文学爱好者。该协会定期和不定期地举办文学作品研讨活动，促进华文作家与斯洛伐克语作家的双向交流，弘扬和繁荣中华传统文化，架起了一座中斯文学、中斯文化交流传播的桥梁。

斯洛伐克中国武术协会成立于 2004 年 9 月 30 日，于 2008 年 4 月 4 日获得斯洛伐克共和国教育、科学、研究和体育部承认，随后陆续获得国际武术联合会、斯洛伐克奥林匹克和体育委员会、欧洲武术联合会的会员资格。斯洛伐克中国武术协会是斯洛伐克境内唯一负责统筹和管理所有中国武术相关团体的体育组织，该协会共有 10 个武术机构和训练中心，如斯塔拉·图拉武术中心、特勒纳瓦武术俱乐部、斯洛伐克武术队、禅拳功夫、斯洛伐克功夫联盟、武术学院等。[①] 该协会致力于以多种形式推动和发展长拳、南拳、太极拳、刀术、棍术、枪术等运动，定期举办比赛和研讨会等活动，提供了切磋交流、分享经验和学习技术的平台，促进协会会员之间的合作和友好关系。第一届斯洛伐克武术锦标赛于 2008 年举行，自 2016 年起固定每年举办一次，至今已举办了十一届。该比赛面向全球各武术运动团体开放，参赛队需以俱乐部的形式报名，参赛人数不限。本届赛事吸引了大量来自捷克、匈牙利和波兰等国的武术爱好者参加，其在中欧地区的影响力及竞技水平也在不断上升。此外，该协会也面向个人开设了功夫大师（Kungfu majster）、功夫少儿（Kung-Fu deti）、少儿南拳（Nanquan súťaž pre deti）等特色赛事（见表 3），向斯洛伐克社会各年龄层推广武术运动，将武术事业发扬光大。

表 3　2020~2024 年部分特色赛事参赛人数

单位：人

赛事	2020 年	2021 年	2022 年	2023 年	2024 年
功夫大师	31	—	39	30	29
功夫少儿	—	第一轮:48 第二轮:39	第一轮:27 第二轮:42	第一轮:41 第二轮:48	第一轮:71
少儿南拳	24	—	25	24	—

资料来源："Výsledky súťaží"，斯洛伐克中国武术协会网站，https：//www.wushuslovakia.sk/novinky-akcie/vysledky-sutazi/。

[①] "Členské Kluby Sačw"，斯洛伐克中国武术协会网站，https：//www.wushuslovakia.sk/sacw-o-nas/clenovia-sacw/。

结　语

2020~2024 年，斯洛伐克对中国文化的研究热度不减，展现出鲜明的新特点与活力，主要体现在研究领域的拓展、学术成果的丰富与汉语教育的普及等方面。斯洛伐克的中国文化研究不再只是单一的学科追求，而是成为社会广泛关注的焦点。

斯洛伐克科学院东方研究所和考门斯基大学哲学院东亚研究学系作为斯洛伐克中国文化研究的两大核心学术机构，不仅继承、延续了布拉格汉学学派的深厚传统，还在新形势下积极探索创新。斯洛伐克境内共开设了 3 所孔子学院、5 个孔子课堂，各孔子学院（课堂）定位清晰且各具特色，共同构建了一个多层次、广覆盖的汉语教育网络。各汉语教学点培养了大批"汉语+"的复合型人才，为中国文化研究的开展提供了智力支持和人才支撑。近五年，斯洛伐克学界涌现了一系列有关中国文化研究的著述、译作和论文，这些学术成果不仅包括了译介、中国古典文学和当代文学的研究，还从中国古代史、哲学思想史、跨界民族以及中国当代社会等多个议题拓展研究维度。与此同时，民间机构积极参与中国文化的传播实践，它们举办了丰富多彩的文化活动，增进了两国人民之间的友谊，促进了文化的相互理解。整体而言，斯洛伐克的中国文化研究在引导当地社会形成对中国的全面、客观认知上发挥了举足轻重的作用，为两国之间的友好合作奠定了坚实的文化基础。

B.13
斯洛文尼亚的中国文化研究报告

蒋 涌　谢毓玮*

摘　要：　自1992年，中国与斯洛文尼亚正式建交以来，两国在文化方面的交流不断深入，两国的友好交往甚至可以追溯到清朝乾隆年间。2013年，中国提出共建"一带一路"倡议，中国文化不断引起海外国家的重视。目前，卢布尔雅那大学中文系和孔子学院中研究汉学的学者帮助斯洛文尼亚对中国有了更加全面的认识，两种主要研究汉学的期刊的出版、东亚资源图书馆的建立也对促进斯中双边关系发展意义重大。从整体来看，近两年斯洛文尼亚对中国文化研究的热度不断提高，各机构致力于提升斯洛文尼亚与中国的合作水平，对该领域的研究与推广力度有所加大。

关键词：　斯洛文尼亚　中国文化　汉学　孔子学院

一　斯洛文尼亚的中文教学点

语言是文化与思想的载体，也是沟通交流的工具。最初，因该国进行汉学研究需要汉学研究的专业人才，部分大学才开设了汉学专业。1995年，卢布尔雅那大学文学院成立，同时成立了亚非研究系，也就是现在的亚洲研究系，该系的创始人是日本学家 Andrej Bekeš 博士、汉学家罗亚娜-罗什克博士和米加·萨耶博士。该系最初拥有日本研究和汉学研究教席，之后还引

---

* 蒋涌，博士，教授，广东外语外贸大学研究生院副院长，中东欧研究中心副主任，主要研究方向为中东欧研究、语言经济学；谢毓玮，广东外语外贸大学硕士研究生，主要研究方向为区域国别研究。

进了韩国课程研究、印度语言文化、波斯语讲座和伊朗研究的相关内容。这些地区（特别是东亚）在全球政治、经济、文化和科学进程中的相关性日益增强，所以这些学科对斯洛文尼亚社会科学和人文科学的发展尤为重要，对斯洛文尼亚的发展具有重要意义，同时，不同学科的引入极大地促进了文学院研究课程的拓展，并开创性地设立了新的学术课程，通过采用跨学科方法研究中国和日本的文化、历史、哲学、社会学、语言以及政治制度，让斯洛文尼亚公众深入了解东亚文化。在它们的帮助下，卢布尔雅那大学与中国、日本和韩国最负盛名的大学签订了多项合作协议。该系还致力于以更广泛、更全面的方法开展东亚研究。

（一）卢布尔雅那大学中文系

卢布尔雅那大学成立于 1919 年，是斯洛文尼亚成立最早、规模最大的高等院校。卢布尔雅那大学位于斯洛文尼亚的首都卢布尔雅那，校内的教育设施先进，学生可以攻读从本科到博士的各种课程，毕业后所获学历为世界各国所承认。该系的办学重点旨在超越狭隘的、以国家为导向的亚洲语言、文化、社会现实及其历史观，对亚洲地区进行当代专题研究。

目前，卢布尔雅那大学的亚洲研究系开设了第一阶段、第二阶段和第三阶段的 8 个学习课程。第一阶段（学士学位）包括汉学的单科课程、日本研究的单科和双科课程以及东亚文化的双科课程（分为汉学和韩国研究两个方向）。第二阶段（硕士学位）包括日本研究的单科和双科课程以及汉学的单科课程。第三阶段（博士学位），在卢布尔雅那大学文学院和社会科学学院的人文与社会科学跨学科学习计划中设置了亚非研究领域。

汉学的单科课程主要目标是培养学生理解和积极使用中国语言与文字的能力，并掌握与中国文化相关的文化主题常识。卢布尔雅那大学官网的资料显示，汉学的单科课程将通过培养使得学生能够在写作中被动使用 4000 个单词或主动使用 3000 个单词，并具有将要求不高的中文文学、媒体和理论文章连续翻译成斯洛文尼亚文和反向翻译的基本能力。此外，学生还能了解中国的社会、文化和历史及其在东亚地区的地位，以及了解中国文化语言圈

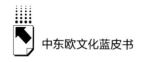

的历史、文化、艺术、哲学、政治和经济科学的不同理论观点。

而汉学的双科课程的主要目标是使学生在汉语书面和口语交流方面打下坚实的基础，并获得有关中国文化文明领域的历史、政治、思想和文化特点的一般专业教育，使专业毕业生具有跨文化意识，能够超越以欧洲为中心的世界观，对广义上的差异持开放态度，在人际关系中具有创新精神和沟通能力。

第二阶段（硕士学位）汉学的单科课程的主要目标是在积极使用中国语言和文字的基础上，掌握商业和经济、媒体和旅游等特定领域的语言能力，并发展文化和社会科学专业。该课程向学生介绍了不同的翻译技巧。除语言内容外，该课程还包括文化研究课程，深入探讨了对理解当代社会政治和文化进程等至关重要的主题。

该系还出版了两份同行评审科学期刊《亚洲研究》（原名《亚非研究》）和《亚洲语言学》，这两份期刊在国际学术界都享有很高的声誉。《亚洲研究》自 1997 年开始出版，是本地区东亚研究领域的第一本期刊，也是最重要的一本期刊。而《亚洲语言学》期刊专门研究东亚的语言、翻译和教学问题。

为了进一步支持相关科研和教学活动，该系还成立了四个研究中心：中文中心、中国台湾中心、日文中心和韩文中心。与此同时，该系和文学院与社会科学学院共同成立了东亚研究中心，又名东亚资源图书馆（EARL），作为东亚文字和数字资源的中央资料库。①

（二）卢布尔雅那大学孔子学院

为了传播中国语言文化，2010 年 5 月 26 日，斯洛文尼亚卢布尔雅那大学首个孔子学院正式成立，孔子学院是在中国教育部中外语言交流合作中心的监督下运作的机构。

中国驻斯使馆临时代办杨建中、斯总统夫人芭芭拉·图尔克、斯外交部

---

① "Oddelek za azijske študije o oddelku za azijske študije"，卢布尔雅那大学官网，https：//as. ff. uni-lj. si/o-oddelku-za-azijske-studije。

经济外交和发展合作总司长加斯帕里奇和卢布尔雅那大学校长佩约夫尼克，以及中国上海对外经济贸易学院（现为上海对外经济贸易大学）副院长徐小薇、上海市教委外事办副主任张沧海等中斯政府、教育和文化界 200 余位友人出席建院仪式。① 卢布尔雅那大学孔子学院建立的主要目的是在学生、社区和公司中推广汉语和中国文化，提供中国商业机会，并充当斯洛文尼亚和中国之间的桥梁。卢布尔雅那大学孔子学院是世界上为数不多的以商业为导向的孔子学院之一。②

卢布尔雅那大学孔子学院主要开设汉语课程。其学术伙伴是中国上海对外经济贸易大学，孔子学院大部分教学人员来自此大学。同时，卢布尔雅那大学艺术学院的汉学毕业生也正在教授汉语。目前，卢布尔雅那孔子学院有 1 名外方院长和 1 名中方院长，有 11 名汉语教师和汉语教师志愿者，有 9 名理事会成员。卢布尔雅那大学孔子学院的运营包括以下几个方面。

首先，商务孔子学院的建设。如今，在"一带一路"倡议的背景下，越来越多的斯洛文尼亚企业想要进入中国市场，但文化问题不容忽视，这也反映了在斯洛文尼亚建设商务孔子学院的必要性。卢布尔雅那孔子学院组织的商业研讨会提供了在中国市场开展业务时每个企业所需的关键技能。为此，卢布尔雅那孔子学院为公司组织了以下主题活动。第一，中国语言和文化：邀请斯洛文尼亚各公司的业务代表参加汉语课程，汉语课程的参加对象主要是汉语水平为基础和初级的人，以及有意向提高自己知识水平的学员，汉语课程将有 1 名中方教授讲解，其中部分课程是有关中国和商业文化的讲座。第二，商务文化与商务汉语课程：卢布尔雅那孔子学院积极发挥自身的商务特色，开设了特色学分课——如何与中国做生意，该课程涵盖了中国社会经济发展、文化商务等方方面面，兼顾文化教学和商务实践，尤其是进入知名企业实地考察，把脉企业发展并提出相应的企业拓展策略环节，极具特色。该课程自 2010 年开设以来，已有来自超过 30 个国家 1020 名学生选修。

① 中华人民共和国驻斯洛文尼亚共和国大使馆网站，http://si.china-embassy.org/chn/gyslwny/t365324.htm。

② 卢布尔雅那大学孔子学院官网，https://ki.ef.užni-lj.si/cn。

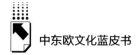
孔子学院也将课程和服务延伸至公司企业，2018年卢布尔雅那大学孔子学院聚焦旅游产业并开展一系列调研活动。通过调研，厘清了斯洛文尼亚旅游行业在接待中国游客方面存在的问题，寻找并确定了孔子学院服务斯洛文尼亚旅游的着力点。邀请业务代表参加与中国开展业务领域的研讨会，这些研讨会结合了学术和实践教育两种形式，这种模式的新颖性在于，他们能参加一次与所学内容相关的中国之旅，能够拜访在中国市场上已经获得过多次成功经验的斯洛文尼亚公司和外国企业家，并认识到中国的机会更多、市场很大，能扩大他们的业务，加强业务伙伴之间的合作，所有讲座将由中国市场上已经取得成功的国内外专家提供。第三，中国企业与斯洛文尼亚企业在经济方面进行的商务合作，给企业如海信（2018年海信收购斯洛文尼亚大型厨电企业Gorenje，并在斯洛文尼亚采列市设分公司）等经理层举行跨文化培训等工作，为马里博尔机场、大使馆、中斯总商会RTS等进行招聘，为商务人士开设汉语培训，为斯洛文尼亚旅游行业调研者开展培训工作；举行"一带一路"讲座；开通斯洛文尼亚支付宝服务等。卢布尔雅那大学孔子学院也在斯洛文尼亚主动承担了许多社会责任，为两国的交往奠定了基础，特别是对中国企业在斯洛文尼亚的发展贡献了力量。

其次，孔子学院也很重视汉语教学工作的开展。当下，中国在全球扮演越来越重要的角色，学生也越来越意识到汉语的重要性，汉语在2012年进入斯洛文尼亚国民教育体系之后，卢布尔雅那大学孔子学院为了学生可以进行系统的汉语学习，提供了以下课程。第一，中国语言与中国文化：欢迎所有有兴趣学习汉语的学生参加汉语课程，其中包括有关中国文化和身份的话题，这些课程将由中国讲师讲授。第二，中文商务语言：针对所有希望通过商务术语提升其中文技能的学生，卢布尔雅那大学孔子学院开设了中文商务语言课程，并组织HSK，对学生进行考前培训。第三，华人班：面向在斯洛文尼亚的华裔儿童，每学年为斯洛文尼亚华人社区的孩子提供周六汉语课程。该课程对于华裔儿童来说尤为重要，有助于提高华裔学生的母语水平。卢布尔雅那大学孔子学院在每周六都会开设专为华裔学生设计的汉语课程，教学对象为当地华裔学生和中斯混血学生，学生被分到零基础、初级水平、中级水平、高级水平等根据不同水平设置的四个班级中，方便不同汉语水平的学生学习。目前，与卢布尔雅那大学孔子学院合作的学校都已经建立了从幼儿园到大学全覆盖的垂直汉语教学体系。目前，卢布尔雅那大学孔子学院已经与当地 37 所中小学及幼儿园合作，一共设置了 33 个教学点。该课程主要由中国教师与斯洛文尼亚本土汉学家合作交叉授课。

除了为已开设的五个孔子课堂提供汉语课程的教学之外，孔子学院还组织了各种各样的文化活动，这些活动不仅丰富了课外活动，为学生提供文化体验，还在所有地区和周边城市进行了有效的中华文化推广和宣传。开设的文化活动包括：工作坊手工创作（具体有中国结、剪纸、书法、包饺子、茶艺、太极、中文歌曲等），开放日展览，即在当地某学校开放日期间布置孔子学院的展台，介绍汉语课程和中华文化活动，汉文化宣传的效果显著；各个孔子课堂会独立开展文化活动，此类文化活动会依据当地老师的特长和才艺来开展，虽然内容每年不固定，但已经成为一种常规活动，比如 2019～2020 年在卢布尔雅那孔子学院负责孔子课堂的汉语教师志愿者中有擅长武术和茶艺的老师，因此这一年卢布雅那孔子课堂就组织了武术和茶艺的文化课程及相关活动。"汉语桥"世界中学生中文比赛分为预赛、复赛和决赛三个环节，其中预赛由海外孔子学院举办，斯洛文尼亚的"汉语桥"比赛由不同的孔子课堂轮流举办，2019 年斯洛文尼亚"汉语桥"预赛在科佩尔举办，比赛由演讲、才艺展示和知识问答三个环节组成。除了面向中学生、大学生和成人的课程之外，卢布尔雅那大学孔子学院还为年幼的汉语学习者提供相关课程。汉语老师会通过富有创意的文化工作坊等活动，向学习汉语的儿童展示中国文化并引导他们学习日常交流中的基本用语。另外，孔子学院还为幼儿园、中小学组织了多种文化和语言活动，主要目的是让学龄前儿童和中小学学生了解中国文化，目前已有多所中小学与孔子学院进行合作，包括克拉尼孔子课堂、马里博尔孔子课堂、卢布尔雅那孔子课堂、普利莫斯卡大学科佩尔孔子课堂以及采列孔子课堂等。

除了与合作学校定期开展的活动外，孔子课堂还为广大群众组织其他课程和活动，包括农历新年庆祝活动、重阳节、元宵节、端午节。孔子课堂还提供暑期学校、体育活动、相关展览以及各种中国特色，如烹饪、中国结、剪纸、中国书法和中国灯笼制作等讲习班。目前，卢布尔雅那大学孔子学院的中华文化活动主要分为两类：一类是文化课，另一类是文化活动。文化课目前主要开设的有书法课、太极拳课和茶艺课。2020年开始，卢布尔雅那大学孔子学院新开设了面向汉语初级水平者的书法课，该课程由卢布尔雅那大学孔子学院公派教师教授，主要从汉字的发展演变、结构以及笔顺等方面讲解，学生会在课堂上学习书法，并且在老师的帮助下亲身体验书写汉字；卢布尔雅那大学孔子学院面向汉语初级水平者开设太极拳课，该课程由孔子学院公派教师教授；茶艺课由汉语教师志愿者授课，从2020年春季学期开始。卢布尔雅那大学孔子学院的中华文化活动会不定期举办，卢布尔雅那大学孔子学院本部和卢布尔雅那孔子课堂都会举办各种各样的文化活动，既有常规性的文化活动，如"汉语桥"比赛、中华文化讲座、端午节划龙舟比赛、重阳节敬老活动、春节的新年聚会等，也有结合各种主题进行的展览、演出、文化体验活动。①

二　书籍和期刊

（一）《亚洲研究》(*Azijske Študije*)

自1997年起，国际学术期刊《亚洲研究》在卢布尔雅那大学文学院亚洲研究系出版，是一份独特的跨学科期刊，致力于研究亚洲社会和文化，是斯洛文尼亚亚洲研究的第一本期刊，也是最重要的一本期刊。

它主要发表经过深入研究的学术文章，展示本领域高水平的学术成果。期刊发表的文章主要分析和解释亚洲（尤其是东亚）社会现实的不同方面和现象，特别是东亚社会体系中的社会现实，重点关注相关的政治、经济和

---

① 罗淳：《斯洛文尼亚卢布尔雅那大学孔子院中华文化活动研究》，硕士学位论文，中央民族大学，2020。

文化背景。这些贡献不再局限于对"外国文化"的了解，而涉及价值体系和结构的基本相对性。这种相对性是对具体的历史、经济、政治和文化因素进行洞察而形成的，这些因素构成了各自社会现实的理想基础。了解和理解这些不同的社会现实，是更好地、更一致地理解自身文化和文明的先决条件。该期刊刊载跨文化研究领域，尤其是亚洲跨文化方法论，文学、人类学、历史、艺术史和哲学领域的同行评审原创和翻译学术文章。它对亚洲研究专业的学生也特别重要，可以作为其学习的补充资料。《亚洲研究》还涉及亚洲文学、艺术、哲学、历史和社会学等领域，挑战了人文和社会研究领域跨文化研究的固有观点，由这些领域的一些世界顶尖学者和专家对过去、现在和未来的研究问题进行深入探讨。其学术使命之一是发表创新性的高质量文章，这些文章将在各自领域开辟新的研究领域，从而产生持久的影响。

《亚洲研究》每年出版三次，分别在每年的 1 月、5 月和 9 月。一般情况下，该期刊会出版特刊，专门讨论上述研究领域的特定专题。此外，每期还最多收录三篇除涉及专题之外主题的优秀学术文章。期刊大部分文章以英文发表，但在某些特殊情况下，它也会分别发表以中文、日文或韩文撰写的特定文章。该期刊的一个栏目专门介绍斯洛文尼亚的亚洲研究，在该栏目中，通常学者用斯洛文尼亚语发表亚洲研究领域的文章。①

（二）《亚洲语言学》(Acta Linguistica Asiatica，ALA)

《亚洲语言学》是一份专门研究东亚语言(其中以中文、日文和韩文为主) 的翻译和教学的期刊。ALA 是一份跨学科学术期刊，接受东亚语言学、翻译研究、东亚语言教学等领域的研究论文、调查论文、技术说明和代表作书评等其他投稿。ALA 文章主要用英语撰写，也刊登斯洛文尼亚语文章。

ALA 鼓励不同语言学科之间的相互联系，促进不同理论取向及其实际应用之间的对话，为现有研究主题提出新的方法，引起人们对相关问题的关注，并通报上述领域的最新研究成果和活动。ALA 曾经每年出版三次，直

---

① 斯洛文尼亚数字图书馆，https：//www.dlib.si。

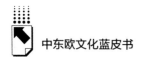

到 2014 年，开始以冬季刊物和夏季刊物每年出版两次，发表相关领域的
成果。①

（三）《斯洛文尼亚在中国的文化使者》

《斯洛文尼亚在中国的文化使者》一书是对斯洛文尼亚现代国际关系
史，尤其是斯洛文尼亚与中国最早的文化、意识形态和政治接触史的重要贡
献。该书不仅详述了刘松龄（本名为费尔迪南德·奥古斯丁·哈勒施泰因）
的个人生平、工作环境以及科学成就，而且还对其信件进行了整体收录。

斯洛文尼亚科学家和传教士刘松龄，于 1739 年来到中国，在清朝皇宫
任职 35 年。他渊博的天文和数学知识且通晓多国语言等的优势，深受乾隆
皇帝赏识，被授予清代钦天监监正。在刘松龄的主持下，中外能工巧匠用
10 年的时间完成了至今仍摆放在北京古观象台的天文仪器——玑衡抚辰仪，
使当时中国天文观测精度达到了空前水平。他将两国之间的相关文化联系起
来，对西方科学在中国封建时代晚期的引进和发展做出了卓越的贡献。

文化教育协会 KIBLA 与斯洛文尼亚共和国档案馆联合出版了该书的第
一版，该书成为斯洛文尼亚更广泛的跨文化项目的一部分，将理论与艺术结
合起来。一位在斯洛文尼亚居住了几十年的中国视觉艺术家——王慧琴，也
是该项目背后的主导力量和主要艺术发起人之一。该书首次出版是作为斯洛
文尼亚文集——《中国宫廷中的卡尼奥兰人》的翻译出版的，该文集由维
尔杰姆·马里安·赫里巴尔编辑，由门格斯镇博物馆于 2003 年发行。文集
的开篇是亚历山大-科斯蒂奇对"关于刘松龄研究"整个项目的介绍，欧盟
文化基金会 EACEA，法国文化部，德国联邦教育、科学及文化部以及斯洛
文尼亚共和国文化部和马里博尔市政府为该项目提供了资金支持。在第二部
分中，马特夫兹·科希尔介绍了开始和发展该研究的过程以及对刘松龄 20
世纪 90 年代中期以来作为斯洛文尼亚共和国档案馆和中国国家档案局的纽
带的分析。第三部分是亚内兹·斯科尔普撰写的一篇文章，其中包含了对专

---

① 斯洛文尼亚数字图书馆，https：//www.dlib.si。

著《中国宫廷中的卡尼奥兰人》部分译文的分析以及对主要成果的阐述。除此之外，该文集的编辑也获批在此书中重新出版刘松龄在中国时期的图像资料以及重要信件资料。

2003 年，为了纪念刘松龄的三百周年诞辰，学者在斯洛文尼亚门格斯举办了研讨会，分享了相关的研究成果。

三 学术机构：东亚资源图书馆

2016 年 5 月 17 日，卢布尔雅那大学文学院和社会科学学院的两名成员签署了一项协议，创建了东亚资源图书馆。该机构的宗旨是促进世界各地的学者、从业人员、学生和感兴趣的公众对东亚地区的了解和认识。

EARL 由四个部分组成，中国首都图书馆、中国台湾研究资料中心以及日本和韩国的机构都参与其中：中国角北京阅读、日本角、韩国角、中国台湾研究资料中心。EARL 是东亚语言和文化研究人员的中心参考点。EARL 确保广泛获取以东亚地区语言、英语和世界其他语言在线提供的数字化原始资料、数据、印刷书籍和电子资料等的独特收藏。EARL 的主要目的是促进建立一个更广泛的东亚机构网络，提供文献和其他教学资源，以促进该地区各国与当地以及该地区感兴趣的公众、学生和教师之间的了解。EARL 举办公开活动（讲座、演讲、圆桌会议），重点是参与合作伙伴相关的主题，以及斯洛文尼亚和国际公众感兴趣的主题。EARL 也会不定期出版通讯，介绍以往和即将举办的各种活动。

EARL 及其合作者也鼓励学者发表有关东亚问题的研究论文，迄今发表了以下与中国有关的文章：《菲律宾微妙的平衡行为——在中华人民共和国和美国之间做出选择》（2022）、《中国的太空之路》（2022）等。EARL 也出版以下刊物：学术期刊《亚洲研究》、学术期刊《亚洲语言学》、亚洲人文研究丛书以及亚洲研究系编撰的其他书籍。①

---

① 卢布尔雅那大学官网，https：//as. ff. uni-lj. si/o-oddelku-za-azijske-studije。

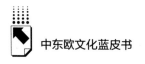

四 汉学家

（一）罗亚娜-罗什克

罗亚娜-罗什克，是斯洛文尼亚第一位汉学家，她的研究方向包括中国传统逻辑学、中国哲学和比较哲学，尤其是在中国认识论、跨文化方法论、比较哲学、中国古典逻辑和现当代中国哲学等领域；她是卢布尔雅那大学文学院亚洲研究系的共同创始人之一，之后长期担任系主任一职，在卢布尔雅那大学主要负责教授中国传统文学、中国当代文学、中国哲学以及中文阅读研究等课程。

罗亚娜在维也纳完成了本科和研究生的学习，攻读汉学专业和教育学专业，于1988年在奥地利维也纳大学获汉学博士学位。其间，她有过两段在中国留学的经历，分别是1980~1982年在北京语言学院（现北京语言大学）进修和1986~1988年在天津南开大学进修。她用德语撰写了题目为《国家理论与二十世纪初中国无政府状态的批评》的博士论文，论文的部分内容被翻译成了斯洛文尼亚语，于2002年出版，题目为《在安全和欲望的城墙背后——中国传统的国家理论》。

自1990年起，罗亚娜就担任卢布尔雅那大学汉语语言文化的研究员与讲师，自2004年起任学校的文化社会学教授。作为创始人之一的罗亚娜，在1996~2008年任亚非学系汉语教研室主任，自2005年起任学术期刊《亚非文集》总编辑，自2008年起任亚非学系主任。此外，曾于1995~1996年在台湾新竹教育大学担任客座教授，自2006年起在克罗地亚萨格勒布大学担任客座教授，并为汉学研究提供学术支持。目前，她还在奥地利维也纳大学担任客座教授。她曾多次获得中国政府与机构提供的奖学金，为她多次前往中国的北京、天津、台湾等城市进行实地考察提供了一定经济支持，为学术研究提供了更加翔实的资料。她还前往了世界各地多所高校进行学术访问，包括中国南开大学、燕山大学、台湾汉学研究中心、嘉义大学、云林科技大学、台湾政治大学，斯洛伐克布拉迪斯拉发考门斯基大学，德国柏林技术大学等高校。她几乎每年都会在中国大陆或台湾从事几个月或几年的研究工作。在她的研究领域之内，她出版了 27 部科学专著，在专著或论文集中发表了 150 多篇科学文章。除了在卢布尔雅那大学任职之外，罗亚娜还是欧洲中国哲学协会的成员，近年来，她还在各学术期刊上发表了多篇论文。其中，用斯洛文尼亚语发表的论文主要有《道家的生态人文主义和超越道义伦理的自然生命的真实性》（Daotični ekohumanizem in pristnost naravnega življenja onkraj deontološke etike，2023）、《全球危机与团结伦理》（Globalna kriza in etika solidarnosti，2020）、《中国传统中意识与外部文化的结合》（Strukturna zveza zavesti ter zunanjega sveta v kitajski tradiciji，2018）；用英语发表的有《人文主义、后人文主义和超人文主义欧洲和亚洲的跨文化语境》（2023）、《COVID-19 大流行期间种族主义的兴起和本体论》（2021）、《台湾当代哲学》（2020）等；用汉语发表了题目为《中国现代思想中的知识论——朝向一种新的整体》（2008）的论文。

由于多年以来出色的教学和科研工作，罗亚娜获得了许多享有盛誉的奖项，包括文学院特等奖（2008）、ARRS 杰出科学成就奖（2013）、卢布尔雅那大学金牌奖（2015）、Žiga Zois 国家重大科学成就奖（2015）、法国和中国台湾地区加强欧洲与中国台湾地区学术关系国家奖（2020）、卢布尔雅那大学最杰出研究成果奖（2022）和著名的伯特兰-罗素协会图书奖（2022）①。

（二）米加·萨耶

米加·萨耶是斯洛文尼亚汉学教授，也是卢布尔雅那大学亚洲研究系的创始人之一。1981～2015 年，米加一直作为该系的领军人物之一在文学院工作，两次担任其负责人，并做出了无数宝贵贡献以促进其教学和学术发展。在卢布尔雅那大学开设了汉语语言、中国历史和当代中国的政治经济发展等课程，深受学生喜爱。他于 2003 年任亚非学系主任，并于 2009 年起任汉学

---

① 卢布尔雅那大学官网，https：//as. ff. uni-lj. si/o-oddelku-za-azijske-studije。

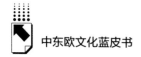

教授。此外，米加曾于1998年在中国成都大学担任客座教授，自2006年起，他还在克罗地亚萨格勒布大学担任客座教授，开设并教授中国历史和当代中国的政治经济发展等课程。①

米加于1972年从卢布尔雅那大学经济学院毕业，并于1977~1978年在中国南京大学进修中国历史，之后为了收集博士论文的文献资料，米加于1980~1981年再度前往中国南京大学进行实地考察。1993年米加开始在捷克布拉格查理大学进修学习。1995年，米加在卢布尔雅那大学获得了博士学位，用斯洛文尼亚语撰写了博士论文，题目为《中国明朝生产新形式发展缓慢的原因分析——以江南地区为例》。

1981年起，米加成为欧洲汉学学会的会员，并以学会委员会成员的身份多次参加了欧洲汉学学会的双年会，还参与筹办了2006年在卢布尔雅那大学召开的第十六届欧洲汉学学会双年会。此外，他还与维也纳远东科学院、中国第一历史档案馆、中国人民大学、台湾师范大学、台北利氏学社等高校和机构进行学术交流，积累了丰富的汉文化研究经验。

米加编纂的《汉斯词典》（Kitajsko-slovenski slovar）于1990年出版，是斯洛文尼亚的首部汉语词典。该词典共收录了约3000个汉字和1.13万个词语，通过在字词后标注汉语拼音和斯洛文尼亚语解释，为汉语学习者提供便利。通过多次在中国的考察和学术交流，他用三国语言发表了多篇论文，其中，用斯洛文尼亚语发表的论文包括《印度和中国在接纳西方文明历程中的一些对比》（Nekatorije istorieskije analogiji v adaptaciji Indiji i Kitaja k zapadnoj civilizaciji，2003）、《邓小平及其对当代中国政治与改革的影响》（Deng Xiaoping in njegov vpliv na politiko ter reforme sodobne Kitajske，1999）、《中日关系与东亚地区的世界秩序》（Japonskokitajski odnosi in svetovna ureditev v deželah vzhodne Azije，1997）、《中国何去何从？》（Jo pelda-eKina，合著，1996）、《中国明朝的丝绸生产》（Svilarstvo na Kitajskem v obdobju dinastije Ming，1993）等；用英语发表的论文主要有《刘松龄对斯洛文尼亚与中国

① 卢布尔雅那大学官网，https：//as. ff. uni-lj. si/o-oddelku-za-azijske-studije。

和韩国文化及政治关系的重要性》（2015）、《刘松龄：清朝耶稣会智慧的多元文化遗产》（2010）、《有关中国历史的不同观点》（2008）、《明朝苏州人民的叛乱》（2003）、《印度与中国在现代化进程中的异同》（2001）等；用汉语发表的论文有《中国和印度应对西方挑战的相似之处》（2002）。米加还在对比中发现，尽管中国和印度有着相差甚远的历史背景，但从面对西方挑战的历史进程这一角度进行研究，却存在着具有并行趋势的相似之处。此外，米加还用斯洛文尼亚语撰写了《中国元明史》（*Zgodovina kitajske：Obdobje Yuan in Ming*，1997）、《古代中国史》（*Starodavna Kitajska：Zgodovina Kitajske od najstarejih asov do dinastije Qin*，2002）、《中国近代史》（*Zadnja dinastija in izzivi sodobnosti：zgodovina Kitajske od vdora Mandurcev do ustanovitve ljudske republike*，2004）、《当代中国——政治与经济发展》（*Sodobna Kitajska：politini in gospodarski razvoj*，合著，2006）、《秦至宋代史》（*Veliina tradicionalne Kitajske-Zgodovina Kitajske od dinastije Qin do Song*，2009）等系列丛书，并且上述书籍还作为卢布尔雅那大学汉学专业的教材进行使用。克罗地亚萨格勒布大学也已把米加的《古代中国史》翻译成克罗地亚语，作为该校汉学专业的教材使用。

米加教授也是斯洛文尼亚汉学家中最早开始提出有必要提高对刘松龄历史意义重要性的认识的学者，并向更广泛的欧洲人揭示其在学术界极为重要的跨文化工作的广阔范围。早在 1986 年，他就与文化民族学家拉尔夫-采普拉克一起发现了哈勒斯坦在北京的墓碑。[①] 在这个研究领域，他还与斯洛文尼亚的几位民族学家和人类学家开展了合作研究，例如，与兹马戈-什米特克博士（现任美国加州大学洛杉矶分校非欧洲民族学和文化人类学教授）进行合作，之后发表了第一篇关于哈勒斯坦的文章。

（三）娜塔莎

自 2003 年起，娜塔莎进入卢布尔雅那大学文学院亚非学系工作，2003～

---

① 刘佳平：《斯洛文尼亚汉学研究概况》，《国外社会科学》2013 年第 4 期。

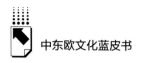

2006 年任初级研究员，2007～2009 年任助理教授，2009 年起任汉学副教授，负责教授中国艺术史，2010～2011 年作为非学系副主任的同时成为学术期刊《亚非文集》的编委会成员。娜塔莎是中国专题研究协会的创始人之一，也是第一届和第二届中国专题国际研讨会组织者之一。自 2004 年起，作为欧洲汉学学会的会员她曾多次参加欧洲汉学学会的双年会，并在 2012～2014 年担任该学会的委员会委员。此外，她还是亚洲美术与考古欧洲学会的发起人。

娜塔莎 2001 年毕业于卢布尔雅那大学文学院。出于对中国历史与艺术史的喜爱，她于 2001～2002 年在中国成都大学和四川师范大学学习，又于 2004 年前往武汉大学实地调研了中国秦代古墓和汉墓壁画。2006 年，她获得了卢布尔雅那大学文学院的历史博士学位，并用斯洛文尼亚语撰写了博士论文，题目为《秦汉时期帝王陵墓中的宇宙观反映及通过布局安排、墓穴建筑与艺术来理解世界》(Prostorska in umetnostna zasnova kitajskih cesarskih grobnic dinastije Qin in Han kot odraz kozmološke percepcije in razumevanja sveta)。

娜塔莎的主要研究方向为中国艺术史，包括中国传统艺术、佛教艺术与图像学、莲花图案与装饰及其他早期图腾、中国现当代艺术等。她对中国的墓穴艺术与中国人的宇宙观及其在艺术中的表现有着浓厚的研究兴趣，基于此兴趣，她完成了关于汉代墓穴艺术的博士论文的撰写。之后，她还继续研究了魏晋南北朝时期的墓穴艺术，尝试从佛教思想的角度研究其对古时汉人宇宙观的影响。在相关研究领域，她主要发表了以下文章：《刘海戏金蟾蜍》(Liu Hai draži zlato krastačo，2022)、《东亚与斯洛文尼亚》(2021)、《中国家具收藏家 Ivan Skušek》(Ivan Skušek ml. Kot zbiratelj kitajskega pohištva，2020)、《汉朝绘画作品在西方的传播》(2019) 等。她还参与了多个中国墓穴艺术的科研项目，包括中国帝王陵墓 (2003～2006)、中国传统关联性宇宙论在六朝时期佛教影像的艺术倾向中的反映 (2009)、魏晋南北朝的墓穴壁画 (2010)、亚非语言与文化 (2009～2013)、斯洛文尼亚的东亚收藏品 (2013～2018) 等。娜塔莎还曾前往德国柏林、俄罗斯圣彼得堡等地参加各类国际学术会议，前往中国武汉大学、中国台湾汉学研究中心访学，前往中国台湾地区以及斯洛伐克布拉迪斯拉发等地讲学。

（四）马蒂雅

马蒂雅是卢布尔雅那大学文学院电子学术期刊《亚洲语言学》的主编之一。作为欧洲汉学学会的会员，她曾多次参加欧洲汉语语言学学会的双年会，也是欧洲汉语语言学学会会员。在法国巴黎、中国北京等地各类国际学术会议上，都能看到她的身影。为了收集更丰富的资料撰写文章，她曾在中国上海、台北等地进行调研，并参加培训。

马蒂雅是 1999 年毕业于卢布尔雅那大学亚非学系的第一批学生之一，之后，她于 2003 年获普通语言学硕士学位，于 2009 年获普通语言学博士学位，并用斯洛文尼亚语撰写了博士论文，题目为《汉语语篇助词"了"的功能：语境与意义》（Mehanizmi delovanja besedilnega lenka le v kitajskem jeziku：sobesedilo in pomen）。该论文已被翻译成英文于 2009 年出版，题目为《汉语中的"了"：繁中有简，简中有繁》。求学期间，马蒂雅还拥有分别在北京语言文化大学（现北京语言大学）和华东师范大学学习的经历。

马蒂雅主要研究汉语语言学，包括研究汉字与编码两者之间的关系，中国大陆、香港、台湾地区所使用的汉字之间的关系，字体与编码之间的关系等。她给学生开设了许多实用的课程，如在"中文信息处理"这门课程中，学生可以了解到各种汉语软件。2009 年，马蒂雅开展了"网络素材及其在汉语语言教学中的应用"的研究项目，将汉语学习与互联网进行结合，为汉语语言教学提供进一步的应用研究。2013 年，她系统地梳理了斯洛文尼亚语论文中各种汉语注音法的使用历史，并分别对比了汉语拼音与韦氏拼音（Wade-Giles）、耶鲁拼音（Yale）等汉语注音法；在现行的部分汉语外来词及专有名词的斯洛文尼亚语拼写与变格规则方面，她提出了修订意见以供参考。此外，她还用英语发表了以下汉语相关论文：《双"了"句中的单个"了"》（2008）、《电视剧〈欲望都市〉中有关性表达的汉语翻译》（2008）等。①

---

① 刘佳平：《斯洛文尼亚汉学研究概况》，《国外社会科学》2013 年第 4 期。

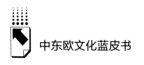

结　语

　　卢布尔雅那大学中文系和孔子学院是斯洛文尼亚中国文化研究的两个主要力量。孔子学院主要在斯洛文尼亚各地通过开设语言班、举办文化活动和比赛等形式来传播中国语言和文化，而卢布尔雅那大学则致力于培养能够深入中国文化研究的人才，包括出版了专业水平较高的期刊《亚洲研究》和《亚洲语言学》，并建立了专门的东亚资源图书馆来提供文献和其他教学资源。从斯洛文尼亚近年来开展的中国文化研究研讨会、发表的期刊文章与出版的书籍等可以看出，除了对中国古代思想、社会、文学等方面的研究以外，斯洛文尼亚学者也开始加深对有关现代中国的研究。

　　2021 年 12 月 8 日，在举办的"斯洛文尼亚与中国：中斯关系 30 年回顾与前景"线上研讨会上，卢布尔雅那大学社会科学学院荣誉教授马里安·斯韦特利契奇认为，文化可以促进合作，也会阻碍合作，在国际交往中十分重要。斯洛文尼亚研究中国的学者帮助本国对中国有了更加全面的认识，对促进斯中双边关系的发展意义重大，有必要继续加大该领域的研究与推广力度，提升斯洛文尼亚与中国的合作水平。

后　记

　　《中东欧国家文化发展报告》是由广东外语外贸大学"中国—中东欧人文研究科研创新团队"承担编写的国内首部公开出版发行的"中东欧文化"蓝皮书，目前已出版三册。前三册报告的研究已经覆盖所有中国—中东欧国际合作对象国，初步完成了对所有对象国文化发展概况的基础性研究和梳理工作。

　　然而，时代对中国和中东欧国家文化的研究提出了更高的要求，21世纪以来，中国成为世界上最重要的经济和政治力量之一，这使得世界各国对中国的文化、历史、价值观等方面产生了更多的兴趣和关注，也促使中东欧国家加大了对中国文化的研究力度。

　　更具体地来说，一方面，中东欧国家在与中国的合作中，需要更好地了解中国文化以促进跨文化交流与合作；另一方面，当前国际关系格局发生了深刻的变化，中东欧国家需要更加全面地了解世界上其他国家的文化和价值观，以适应国际关系格局的变化，提升自身在国际事务中的影响力和竞争力。这两方面的原因共同促使这些国家对中国文化的研究需求增多。由此，本系列蓝皮书的价值也受到部分对象国的关注，其价值从对内单向传播转变为对外双向传播。

　　结合此时代背景，在此三册的基础上，从本册报告开始，将以专题研究的形式对中东欧对象国的文化领域进行更深入、具体的介绍和研究。挖掘中国与中东欧国家在文化交流互鉴中有价值的理念、经验和成果，将有助于多维度地了解中国与中东欧国家之间的文化联系和互动规律，更好地服务于优秀中华文化走向世界。

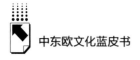

在此思路下,本书聚焦中国文化在中东欧对象国被认知、接受和传播的路径与情况,为中国文化研究补充更丰富的视角和理解,促进中国文化研究的多样化和全球化。

然而,文化是一个多维度、复杂的概念,囿于时间与篇幅,本书仍存在一些不足,我们将在今后的研究中继续在文化领域深耕,力争让本系列蓝皮书从更多元的角度对中东欧国家的文化以及中国与中东欧国家之间的文化互动进行更深入的研究和探讨,为深化中国与中东欧国家之间的关系、推动经济合作及提升中国国际形象做出更多切实贡献。

在此,我们再次衷心地对长期以来支持和帮助我们的专家、学者、编辑和读者致以诚挚的谢意,并希望能继续对本系列蓝皮书提出宝贵的意见和建议。

《中东欧国家文化发展报告》编委会

2024 年 7 月 28 日

Abstract

Research theme of this book is "The Study of Chinese Culture in Central and Eastern European Countries". Under the new development pattern of the "Belt and Road" Initiative and the cooperation mechanism between China and Central and Eastern European countries (CEEC), the dissemination of Chinese culture in CEE countries has been gaining momentum, highlighting the significance of studying this topic. By reviewing the process and characteristics of the dissemination of Chinese culture in CEE countries, it is evident that, supported by the "Belt and Road" Initiative and the China-CEE cooperation framework, the forms of Chinese cultural dissemination are diverse and impressive. The overall trend shows a proactive cultural export by China, active promotion by CEE countries, and a collaborative effort involving both Chinese and CEE countries, with multi-department cooperation and widespread participation from the public. Significant achievements have been made in multiple dimensions, including Chinese language education, literary translation, academic research, bilateral dialogues and so on. Additionally, traditional Chinese culture, such as Chinese medicine and martial arts, has also entered the cultural landscape of CEE countries, contributing Chinese wisdom and conveying Chinese concepts. However, the study also reveals that due to the varying inception times of Sinology in different CEE countries, some countries have not established specialized academic journals or research institutes of this field, leading to a lack of locally developed Chinese language textbooks. Moreover, the integrated talent cultivation system for Chinese language education at the undergraduate, master's, and doctoral levels urgently needs improvement. Therefore, bilateral and multilateral cooperation should be actively pursued to overcome geographical, academic, and institutional barriers, so as to

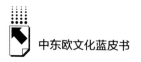

中东欧文化蓝皮书

promote the steady, healthy, and rapid development of Chinese culture in the CEE countries.

Keywords: China-CEEC Cooperation; International Cultural Dissemination; Chinese Culture; Overseas Dissemination

Contents

I General Report

B.1 Blooming Flowers Greet the Eyes as the East Wind Comes:
Report on the Spread of Chinese Culture in Central and
Eastern European Countries　　　*Mao Yinhui，Feng Baoen* / 001

Abstract: With the development of the "Belt and Road" and the China-CEEC cooperation mechanism, Chinese culture has been widely spreading in Central and Eastern European countries. The government, universities, sinologists, academic institutions, civil associations and other participants are contributing to breaking down the barriers in cultural exchanges and seeking more opportunities for bilateral and multilateral cooperation, so as to continuously make remarkable achievements in various fields such as Chinese language teaching, literary translation, academic research, and the construction of exchange platforms. In addition, Chinese medicine, martial arts and other national treasures have also blossomed in the garden of CEE countries, promoting Chinese wisdom and ideas. The wide dissemination of Chinese culture in CEE countries has consolidated the traditional friendship and given a new impetus to cultural exchanges and cooperation between China and CEE countries, as well as written a new chapter in the mutual understanding of civilizations.

Keywords: Chinese Culture; Central and Eastern European Countries; Overseas Dissemination

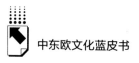
II Separate Reports

B.2 Chinese Culture Studies in the Republic of Albania

Feng Yue / 013

Abstract: China-Albania relations have a long history. The Chinese culture studies in Albania already started as early as in the 1950s and 1960s, and have shown new changes with the development of bilateral relations in the following decades. This report focuses on the Chinese culture studies in Albania, starting from the aspects of Chinese language teaching, Chinese cultural publications, sinologist, civil society organizations, academic and cultural exchange activities in Albania, to review the history and development of Chinese cultural studies in Albania, and then provide reference for promoting the further development of China-Albania cultural exchanges in the future.

Keywords: Albania; Chinese Culture; Book Translation; Cultural Exchange

B.3 Chinese Culture Studies in Bosnia and Herzegovina

Wang Xiaoyi / 029

Abstract: With the steady development of bilateral relations and increasingly frequent cultural exchanges between Bosnia and Herzegovina and China, Bosnia and Herzegovina continues to attach importance to the popularization and research of Chinese language and culture. Chinese culture studies in Bosnia and Herzegovina first started in 2011 and is currently in a stage of rapid development, mainly relying on the popularization and development of Chinese teaching in Bosnia and Herzegovina, as well as the promotion of local Chinese studies and cultural exchanges between the two countries by non-governmental organizations in Bosnia and Herzegovina. However, compared with other CEE countries, Chinese culture studies in Bosnia and Herzegovina is still in its initial stage, and the development of the discipline is restricted by the country's complex political system and cultural and educational development policies, and there are many problems that need to be solved.

Keywords: Bosnia and Herzegovina; Chinese Culture; Sinology; Chinese Education

B.4 Report on Chinese Culture Studies in Bulgaria

Liu Shuaijie / 046

Abstract: Bulgaria is an important country along the "One Belt, One Road" initiative. In recent years, humanistic exchanges between China and Bulgaria have become increasingly close, and the enthusiasm for Chinese language learning and Chinese culture studies in Bulgaria has continued to grow. This report focuses on the current situation of Chinese culture studies in Bulgaria from the perspectives of Chinese language teaching sites, Chinese culture-related institutions, Confucius Institutes and Confucius Classrooms and associations, the publication of Chinese culture-related books in the past five years, and major sinologists in Bulgaria, with a view to further deepen people-to-people and cultural exchanges between the two countries and provide reference for promoting the construction of the "One Belt, One Road" initiative.

Keywords: Bulgaria; Chinese Culture; Sinology; Chinese Studies

B.5 Report on Chinese Culture Studies in the Republic of Croatia

Xu Hengyi / 061

Abstract: This report reviews the history and current status of Chinese cultural studies and Chinese language teaching in Croatia. Croatian research on

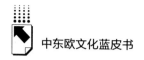

Chinese culture began with the initial contact of Jesuit Ivan Vreman with China in the 17th century and gradually developed slowly. After the 1990s, with the advancement of globalization, Croatia's focus on China expanded significantly, with research expanding from the initial travelogue-style overviews to various fields such as language, literature, culture, economy, and technology. In terms of language learning, Chinese language teaching in Croatia is mainly led by the Department of Sinology at the University of Zagreb and Confucius Institutes. The University of Zagreb began offering Chinese courses in 2004, and in 2024, Sinology has been elevated to an official undergraduate degree program. The Confucius Institutes have established several Chinese language teaching centers in Croatia, offering courses that cover both language and Chinese culture. Regarding research output, Croatian academic research on China covers multiple fields, including language, literature, culture, international relations, humanities and social sciences, healthcare, tourism, and environmental ecology. Renowned Sinologists such as Ivo Dragičević, Krešimir Jurak, and Ivica Bakota have played significant roles in promoting Sino-Croatian cultural exchanges. Overall, Chinese cultural studies and Chinese language teaching in Croatia are deepening, reflecting the increasingly strong social and cultural ties between the two countries.

Keywords: Croatia; Chinese Culture; Cultural Exchange; Humanities Exchange

B.6 Report on Chinese Culture Studies in the Czech Republic

Gao Xiaotong / 080

Abstract: In recent years Chinese culture has been gradually attracting the attention of the world. As an important country in the Belt and Road initiative, the Czech Republic has close people-to-people and cultural exchanges with China, and domestically there are many organizations and institutions specializing in Chinese cultural studies. At present, there are three universities in the Czech Republic offering majors in sinology or Chinese studies, two Confucius Institutes and three Confucius Classrooms, four scientific research institutes involved in Chinese culture studies, five journals publishing relevant research articles, and a number of civil organizations engaged in the promotion of Chinese culture. On the whole, compared to the past the interest in Chinese culture studies in the Czech Republic has slightly increased in the last two years, especially in Chinese literature, Chinese linguistics and social development in China.

Keywords: The Czech Republic; Chinese Culture; Sinology; Cultural Exchange

B.7 Report on Chinese Cultural Studies in Greece

Ling Haihui / 098

Abstract: As a nation with magnificent civilization and profound heritage, Greece has long established friendly ties with China. With the implementation of the Belt and Road initiative in recent years, attention of the Greeks on China has significantly increased, leading to a boost in Chinese cultural studies domestically. At present, main bases for Chinese cultural studies in Greece include three academic research centers, four Confucius Institutes and various associations dedicated to promoting Chinese culture. Current trends on Chinese cultural studies in Greece can be demonstrated as follows: Firstly, most of the research is concentrated on topics in the fields of philosophy, archaeology, history, traditional Chinese medicine and Chinese language. Secondly, translated books and monographs are the common types of research publication. Thirdly, first-generation Greek sinologists and Greek-Chinese translators are gradually emerging. In general, while Greece has witnessed rapid progress in Chinese cultural studies, there is still room for further improvement. The plan on establishing Sinology/ Chinese subject departments at universities offers a prospect of specialized and systematic development on Chinese cultural studies in Greece.

Keywords: Greece; Chinese Culture; Chinese Studies

253

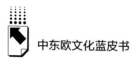
B.8 Report on Chinese Culture Studies in Hungary

Wang Mengyuan / 118

Abstract: With the further integration of China's "Belt and Road" Initiative and Hungarian government's "Eastern Opening" foreign policy, relying on a solid foundation of language teaching and sinology research, Chinese culture studies in Hungary have shown the characteristics of multiple research subjects, a wide range of research fields, and a high level of research in recent years. Chinese Department of Hungarian universities, Oriental studies research institutions and cultural institutions are the main body of Chinese culture studies in Hungary. The three most authoritative Oriental journals in Hungary are the main platforms for publishing academic achievements in Chinese culture studies. In the past five years, the academic achievements on Chinese culture have covered Chinese history, Chinese philosophy, Chinese language teaching, Sinology, linguistics, literary translation, etc., and have been presented in various forms such as journal articles, books, seminars, reading clubs, and cultural activities.

Keywords: Hungary; Chinese Culture; Sinology; Oriental Studies

B.9 Report on Chinese Culture Studies in Poland

Liang Xiaocong / 140

Abstract: On the basis of bilateral cultural cooperation agreements between China and Poland, the promotion of Chinese culture in Poland has developed steadily. In recent years, cultural exchanges between the two countries is blooming everwhere, taking on a new look of diversity and a combination of tradition and modernity. Chinese teaching points such as academic institutions of Chinese culture, the Sinology Institutes and Confucius Institutes in Poland have provided a platform for Polish people to learn Chinese and better understand Chinese culture. In addition, this report tries to tease out the publishing of books and papers in the field of Chinese culture research in the past five years, showing that Polish publishers pay high attention to the study of Chinese culture with undiminished enthusiasm, and that the relevant publications have gained popularity in the reader market. This report also describes the biographies and contributions of Polish sinologists and diplomats, who have devoted themselves to the dissemination of Chinese culture in Poland in the last few years. Overall, Chinese-Polish cultural exchanges have shown an increasing trend, cultural and educational cooperation has been further deepened in a comprehensive manner, and the influence of Chinese culture in Poland has been improving.

Keywords: Poland; Chinese Culture; Academic Institutions; Publishing; Sinology

B.10 Report on Chinese Culture Studies in the Romania

Tang Yanyan, Jia Xiaoze and Zheng Mingming / 178

Abstract: As China is getting closer to the center of the world stage, its cultural soft power is gradually expanding its influence overseas. Romania is the third country to establish diplomatic relations with the new China, but the cultural exchanges between the two countries can actually be traced back to more than 400 years ago. Since the beginning of the new era, there have been frequent exchanges of cultural activities and increasing cultural interaction between China and Romania. On the basis of summarizing the origins of the development of Chinese cultural studies in Romania and the existing Chinese language teaching sites, this report combs through the representative official and private institutions in Romania and their related activities, and further organizes the Romanian sinologists and publications focusing on the study of Chinese culture. Finally, it puts forward the countermeasures for the development of the study of Chinese culture in Romania in the future, so as to deepen the cultural exchanges between China and Romania.

Keywords: Romania; Chinese Culture; Confucius Institute; Sinology

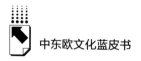
B.11 Report on Chinese Cultural Studies in Serbia

Ma Manlu / 198

Abstract: The cultural exchange between China and Serbia has a long and storied history. In recent years, as the relationship between the two countries has been continuously strengthened, research on Chinese culture in Serbia has become increasingly profound. This report first retraces the foundation of studies on Chinese culture in Serbia, including the main achievements, research platforms, and renowned founding scholars. It then meticulously details the key institutions involved in Chinese cultural research in Serbia, encompassing academic research institutions, Chinese language teaching sites, official and private cultural organizations, as well as prominent sinologists. The report reviews the achievements in Chinese cultural research in Serbia over the past five years, providing a comprehensive examination of the current state of Chinese cultural studies in Serbia. Finally, the report identifies issues such as the weakness of Chinese cultural research capabilities, insufficient depth in academic research, and limited effectiveness in Chinese language education in Serbia. To address these challenges, it is suggested that both governments should enhance the cultivation of cultural research talents, support the translation of Chinese classics, and promote academic research on Chinese culture. By leveraging digital technology, organizing more cultural activities, and fostering cooperation between enterprises in the cultural industries of both countries, a better cultural exchange and deeper mutual understanding can be achieved between China and Serbia.

Keywords: Serbia; Chinese Culture; Sinology

B.12 Report on Chinese Culture Studies in the Slovak Republic

Huang Minying / 210

Abstract: Slovakia, as an important participant in the Belt and Road

Initiative and China-Central and Eastern European Countries (CEEC) cooperation mechanism, has increasingly frequent interations with China in various fields such as culture, economy, and trade in recent years. This close cooperation has significantly enhanced the academic value and practical significance of Chinese culture studies in the Slovak. In Slovakia, Chinese cultural studies is primarily led by the Oriental Institute of the Slovak Academy of Sciences and the Department of East Asian Studies at the Faculty of Arts of Comenius University. Meanwhile, it relies on Confucius Institutes, Confucius Classrooms, and non-governmental organizations to promote Chinese culture. Over the past five years, Chinese cultural studies in Slovak has made steady progress, producing high-quality academic achievements that have been widely recognized and applied in practice, which has injected new vitality into the cultural exchanges and cooperation between Slovakia and China.

Keywords: Slovakia; Chinese Culture; Sinology; Oriental Studies

B.13 Report on Chinese Culture Studies in Slovenia

of Republic

Jiang Yong, Xie Yuwei / 228

Abstract: With the establishment of diplomatic relations between China and Slovenia in 1992, cultural exchanges between two countries have been deepened, and the friendship between two countries could date back to the Qianlong years of the Qing Dynasty. In 2013, China proposed the joint construction of the "Belt and Road" initiative, and Chinese culture has constantly attracted the attention of the overseas country. Nowadays, scholars in the Chinese Department of the University of Ljubljana and the Confucius Institute of Chinese Studies have helped Slovenia gain a more comprehensive understanding of China, and the publication of two major journals on Sinology and the establishment of the East Asian Resource Library are also of great significance for the development of bilateral relations

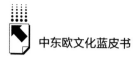中东欧文化蓝皮书

between Slovenia and China. Overall, over the past two years, Slovenia's interest in Chinese culture has increased, is committed to improving the level of cooperation between Slovenia and China. Slovenia has also stepped up its research and promotion efforts in this field.

Keywords: Slovenia; Chinese Culture; Sinology; Confucius Institute

权威报告·连续出版·独家资源

皮书数据库
ANNUAL REPORT(YEARBOOK)
DATABASE

分析解读当下中国发展变迁的高端智库平台

所获荣誉

- 2022年，入选技术赋能"新闻+"推荐案例
- 2020年，入选全国新闻出版深度融合发展创新案例
- 2019年，入选国家新闻出版署数字出版精品遴选推荐计划
- 2016年，入选"十三五"国家重点电子出版物出版规划骨干工程
- 2013年，荣获"中国出版政府奖·网络出版物奖"提名奖

皮书数据库 　　"社科数托邦"
　　　　　　　　微信公众号

成为用户

　　登录网址www.pishu.com.cn访问皮书数据库网站或下载皮书数据库APP，通过手机号码验证或邮箱验证即可成为皮书数据库用户。

用户福利

- 已注册用户购书后可免费获赠100元皮书数据库充值卡。刮开充值卡涂层获取充值密码，登录并进入"会员中心"—"在线充值"—"充值卡充值"，充值成功即可购买和查看数据库内容。
- 用户福利最终解释权归社会科学文献出版社所有。

数据库服务热线：010-59367265
数据库服务QQ：2475522410
数据库服务邮箱：database@ssap.cn
图书销售热线：010-59367070/7028
图书服务QQ：1265056568
图书服务邮箱：duzhe@ssap.cn

社会科学文献出版社 皮书系列
SOCIAL SCIENCES ACADEMIC PRESS (CHINA)

卡号：782428685618
密码：

S 基本子库
UB DATABASE

中国社会发展数据库（下设 12 个专题子库）

紧扣人口、政治、外交、法律、教育、医疗卫生、资源环境等 12 个社会发展领域的前沿和热点，全面整合专业著作、智库报告、学术资讯、调研数据等类型资源，帮助用户追踪中国社会发展动态、研究社会发展战略与政策、了解社会热点问题、分析社会发展趋势。

中国经济发展数据库（下设 12 专题子库）

内容涵盖宏观经济、产业经济、工业经济、农业经济、财政金融、房地产经济、城市经济、商业贸易等 12 个重点经济领域，为把握经济运行态势、洞察经济发展规律、研判经济发展趋势、进行经济调控决策提供参考和依据。

中国行业发展数据库（下设 17 个专题子库）

以中国国民经济行业分类为依据，覆盖金融业、旅游业、交通运输业、能源矿产业、制造业等 100 多个行业，跟踪分析国民经济相关行业市场运行状况和政策导向，汇集行业发展前沿资讯，为投资、从业及各种经济决策提供理论支撑和实践指导。

中国区域发展数据库（下设 4 个专题子库）

对中国特定区域内的经济、社会、文化等领域现状与发展情况进行深度分析和预测，涉及省级行政区、城市群、城市、农村等不同维度，研究层级至县及县以下行政区，为学者研究地方经济社会宏观态势、经验模式、发展案例提供支撑，为地方政府决策提供参考。

中国文化传媒数据库（下设 18 个专题子库）

内容覆盖文化产业、新闻传播、电影娱乐、文学艺术、群众文化、图书情报等 18 个重点研究领域，聚焦文化传媒领域发展前沿、热点话题、行业实践，服务用户的教学科研、文化投资、企业规划等需要。

世界经济与国际关系数据库（下设 6 个专题子库）

整合世界经济、国际政治、世界文化与科技、全球性问题、国际组织与国际法、区域研究 6 大领域研究成果，对世界经济形势、国际形势进行连续性深度分析，对年度热点问题进行专题解读，为研判全球发展趋势提供事实和数据支持。

法律声明

"皮书系列"（含蓝皮书、绿皮书、黄皮书）之品牌由社会科学文献出版社最早使用并持续至今，现已被中国图书行业所熟知。"皮书系列"的相关商标已在国家商标管理部门商标局注册，包括但不限于LOGO（ ）、皮书、Pishu、经济蓝皮书、社会蓝皮书等。"皮书系列"图书的注册商标专用权及封面设计、版式设计的著作权均为社会科学文献出版社所有。未经社会科学文献出版社书面授权许可，任何使用与"皮书系列"图书注册商标、封面设计、版式设计相同或者近似的文字、图形或其组合的行为均系侵权行为。

经作者授权，本书的专有出版权及信息网络传播权等为社会科学文献出版社享有。未经社会科学文献出版社书面授权许可，任何就本书内容的复制、发行或以数字形式进行网络传播的行为均系侵权行为。

社会科学文献出版社将通过法律途径追究上述侵权行为的法律责任，维护自身合法权益。

欢迎社会各界人士对侵犯社会科学文献出版社上述权利的侵权行为进行举报。电话：010-59367121，电子邮箱：fawubu@ssap.cn。

社会科学文献出版社